JN253967

パリ

都市空間を読む——1970年代から現在

移民

清岡智比古

映画

白水社

明治大学人文科学研究所叢書

パリ移民映画

都市空間を読む――1970年代から現在

装丁　清岡秀哉
カバー写真　清岡智比古
DTP　奥田直子

パリ移民映画＊目次

第五章　ボビニー、あるいは不在としての「パリ」――『アイシャ』試論

第六章　「ユダヤ人-アラブ人映画」——深化する「移民映画」の一潮流

はじめに

二十一世紀に制作されたフランス映画において、移民系の出自を持つ人物が一人も登場しない作品というのは、むしろ少数だろう。もちろん、移民系の登場人物を擁するすべての作品が、そのテーマを彼（女）（ら）が生きる移民性――文化、アイデンティティ、セクシャリティ、ジェンダー、あるいはもっと広く、ディアスポリックな民族性、など――に負っているというわけではない。とはいえこの数十年、フランス映画における移民性の重みが増し続けて――直線的に、ではないにせよ――今日に至っていることは間違いないし、キャリー・ターの言葉を借りるなら、「たとえフランス映画の主流が、〈フランスらしさ〉というものについて、白人的な、家父長的な、そしてヨーロッパ中心主義的な理解という覇権を今なお掲げ続けているとしても、周縁からの声《ヴォイスィズ》は［…］、フランス映画を、多文化的、多民族的社会としての現実に根差した、国家的アイデンティティ獲得のための闘争の場に変容させた(1)」のだ。そしてこの「周縁からの声」の主体が、そこで暮らすマイノリティ、つまり移民系の人々であることは言うまでもないだろう。

ただ一般に、「これまで移民映画が扱われるとき、社会問題としての移民の扱われ方ばかりが注目され(2)」てきたという見方は否定しがたい。フランスにおける研究について言うなら、それは移民映画を、フランス社会そのものを見据える材料とする傾向があったかもしれない(3)。実際、戦前も戦後も、あるいは「栄光の三十年」においても、フランスに流入する移民は増え続けてきたし、一九七三年の石油ショック以降は、移民を取り巻く外部的状況が激変し、同時に彼らの意識も変化していったわけだが、もし移民映画が、そうした状況の変化を内側から、いわば内なる「他者」を通してあぶり出すものであるなら、それはたしかに格好の「フランス現代史」のテキストであり得ただろう。言葉を換えれば、フランスにおいては、移民映画それ自体が持つ固有の価値を研究対象とする機会が、相対的に少なかったということだ[4]。

一方パリは、大革命以前のルイ＝セバスチャン・メルシエ以来今日まで、単に都市論の対象となってきたばかりでなく、「都市論そのものを連綿と育んできた場所[5]」であった。そしてついに一九九〇年代、いわゆる「郊外」が、パリ論の前景にせり上がってくるわけだが[6]、その言説には不可欠なタームがあった。「移民」である。すでに触れた通り、「郊外」――タームは「周縁」と書いた――の住民の中心は彼らだったからだ。ここで、二〇〇五年のパリ郊外の暴動における投石や放火などによって半ば固定してしまった、「荒れる郊外」という表現を想起しても不当ではないだろう。

しかし見過ごすことができないのは、地勢的にはパリの外側を指示するこの「郊外」を、仮りに質的存在として捉えるならば、それは城壁の記憶に守られた「パリ」の内部にも見出すことができるという事実だろう。そのとき「郊外」は、単なる地勢的な指標を越え、移民たちが生きる複数の文化が混成し、その結果文化的新生面が表出するトポスとして立ち現われてくる。内と外を従えた「パリ」が、移民映画論と出会う場所があるとするなら、それはこの地点以外ではない。

本書は、これまでフランスでは主に社会学的なアプローチが多かった移民映画について、都市空間論的な視点から、とりわけパリの空間分析的視点から論じてみようという試みである。つまり、かつて前田愛が『都市空間の中の文学』(1982)で切り開いた視点を基盤として、その後の都市論の知見を援用しながら、パリを舞台とした映画作品を分析しようという企図である。したがって本書においては、たとえばアンドレ・バザン（André Bazin, 1918-1958）が志向したような、全体を包括するような映画理論は探求されない。また、描かれた移民像が、描かれたパリの生成にいかなる構造的転換を強いたか、あるいはそれが逆向きに作用する際、どのようなダイナミスムが発効し、その結果何が構築されたかなどについても、他の機会に譲ることにしよう。本書はまず、これまで日本ではほとんど設定されてこなかった、移民映画と都市論の出会いを、パリを舞台として提示することを目標としたい。

ただもちろんこれまでにも、パリの「郊外映画」や「アラブ映画」を対象とした研究は成されてはきたし、[7]都市分析を援用した映画論——ないし映画分析を援用した都市論——も試みられてはきたが、[8]パリの「（質的な）郊外」を中心とし、なおかつそれを都市空間論的に扱った映画研究はなされていないと言っていいだろう。そして実際パリの移民たちは、その内部でも外部（＝郊外）でも活動し、神話的空間としての「パリ」との距離を伸び縮みさせながら、いつかパリの属性にも抜きがたい要素を組み込んでいるのだ。その在りようを、記号学的都市論の知見を援用した映画分析を通して、解明してゆこう。そこでは、都市論を支えるフィールドワークもまた、重要な役割を果たすはずである。もちろん、イギリスやアメリカでの研究成果も随時参照してゆきたい。本書は、映画をある種の媒体と見立て、なんらかの理論形成を目指すものではない。作品が生成するトポロジカルな意味空間を解きほぐすという方法で、パリ映画の分析を試みること。それが本書の目指すところである。

序章ではまず、パリを具体的に出現させてきた「城壁」の歴史について、概観しておこう。その「内」と「外」の関係のあり方は、〈パリ移民映画〉へと続く契機を胚胎しているのだ。

続く第一章では、パリという都市の性格と、「移民映画」の歴史を確認しておこう。本書で設定している〈パリ移民映画〉という視点は、その両者が出会った地点に見出され得るものだからだ。

第二～五章においては、一九八〇年代以降のフランス映画四作品が中心的に取り上げられるだろう。それらに共通するのは、主役が移民系の人間であること、そしてパリという土地の特性が、彼らの在りようと深く関わっていること、この二点である。それらの作品群を、ここでは〈パリ移民映画〉と呼ぶことにしたい。まずは作品名を列記しよう。

第二章　『イブラヒムおじさんとコーランの花たち』（2003）
第三章　『サンドイッチの年』（1988）
第四章　『オーギュスタン、恋々風塵』（1999）
第五章　『アイシャ *Aïcha*』[9]（2009、日本未公開）

それぞれの主人公は、第二章から順に、ユダヤ系の少年とアラブ系の老人、ユダヤ系の少年、中国系の女性、そしてアラブ系の若い女性であり、特定のエスニック・グループに偏らないことを心掛けた。また四作品は、制作年代的にも、八〇年代、九〇年代が各一本ずつ、そしてゼロ年代二本（二〇〇三年と二〇〇九年）という内訳であり、特定の時期に偏らないように配慮した。[10]

またパリとの関わりで言えば、第二～四章で取り上げる三本は、パリの内部を舞台としているものの、移民の生活に焦点を当てることによって、意味としての「郊外」を作り出していると言えるだろう。そして第五章の『アイシャ』だけは、パリ郊外のボビニーを舞台としているのだが、この作品がいかなる意味において〈パリ移民映画〉と看做しうるのかといえば、それは『アイシャ』では「パリ」が、いわば不在のトポスとして、登場人物たちの生き方に遂行的とも言えるメッセージを送り続けているからに他ならない。逆向きに言うなら、登場人物たちがパリを、そういうものとして認識しているということだ。生きられていない空間。しかしその空間は、生きられたボビニーという空間と同程度に、作品のテーマ形成に寄与している。

そして最終の第六章では、第二～五章までの論述を踏まえ、本書のテーマである〈パリ移民映画〉の下位区分としての、「ユダヤ人‐アラブ人映画」という視点を設定してみたい。パリ移民映画の中には、複数の民族性を背負った移民たちが登場する作品が少なくないが、ここで設定する「ユダヤ人‐アラブ人映画」とは、単にユダヤ人とアラブ人が登場する映画ということではなく、この両者の対立や共生などが、その中心的テーマとして描かれている作品群の謂である。ここでは、『これからの人生』(1977) から『戦争より愛のカンケイ』(2010) までの七作品を対象に、このテーマの発生からその現代における到達点までを追ってゆきたい。この視点を確立することは、今後制作されるであろう〈パリ移民映画〉の理解の一助になるはずである。

サスキア・サッセンは、ヨーロッパの歴史とはヨーロッパへ流入する移民の歴史である、との立場から出発し、グローバル化時代の都市の在りようについて発言を続けている。[11] そしてこの立場に触発されたヨセファ・ロシツキーは、そうした移民たちの多くが、最後はヨーロッパの大都市にたどり着くのであってみれば、ヨーロッパの歴史は、「国家《ネーション・ステイツ》ではなく、都市《シティーズ》という視点から書き直される[12]」べきではないのかと主張する。

ロシツキーが提示するこの「都市という視点」は、今わたしたちが相対しているフランスの「移民映画」についてもまた、有効だと言えないだろうか。わたしたちはここで、その視点としての「都市」をパリに設定することにしよう。そしてこのパリと移民映画の出会う地点にこそ、本書の可能性は開け始めるだろう。

序章　パリはどこにあるのか？――パリの「内」と「外」を形作る「城壁」

そもそもパリはどこにあるのか？　それは時間の中にしかない。ローマ帝国の、中世の、絶対王政の、革命の、第二帝政の、世界大戦の、そして二十一世紀のパリ。それがパリであり、それ以外はパリではない。

しかしわたしたちは、さらに問いを重ねることもできる。――では何が、パリを可能にしたのか？　何がパリを出現させたのか？　そしてこの問いは、より「現場」に近いところでなら、パリの「内」と「外」を分かつものは何なのか、という問いに読み替えることができるだろう。だとするなら、答えるのは難しくない。この一五〇〇年以上、造られては破壊され、組み上げては捨て去られた、いくもの城壁。それがパリの「内」と「外」の境界を形作ってきたからだ。そう、パリを出現させたのはいくつもの城壁以外ではない。城壁が「パリ」を召喚し、その神話の揺籃となり、分厚い物語を閉じ込めた。また城壁は「外」を締め出し、円環状の「外」を生み出し、同時に「外」から「内」へ向かう視線を遮り続けた。そして「外」はその存在の根拠を「内」に求めざるを得なかったが、それは実は「内」にとっても同様であり、つまり両者は、原理的に共依存的でしかありえない存在だった。そして忘れてはならないこと、それはこの境界／城壁もまた、時間の中にしかないことだ。

パリの城壁の更新の歴史について、まずはその一覧を、それぞれの時代の人口、画期的な建築物などとともに挙げておこう。[1]

	城 壁	時 代	範 囲	人口	
1	ローマ帝国時代の城壁	4世紀半ば	シテ島のみ	2万人	4カルティエ
2	フィリップ・オーギュストの城壁	1200年頃	周囲5キロ	5万人	ルーヴル要塞8カルティエ
3	シャルル5世の城壁	1370年頃	右岸のみ	20万人	バスティーユ要塞16カルティエ
		1550年頃	2（右岸）の撤去	28万人	アンリ2世
4	ルイ13世の城壁	1566～1641年頃	3に繋げて		
		1630年頃	シャルル5世の城壁不使用部分撤去		ルイ13世
		1660～70年頃	2（左岸），3，4の撤去	50万人	ルイ14世 解放都市宣言グラン・ブールヴァール完成（1705）
5	徴税請負人の柵	1784年頃	周囲24キロ	60万人	
フランス革命（1789）					
6	ティエールの城壁	1844年頃	周囲34キロ	100万	行政区は5のまま
		1860年頃		（180万・1870）	ナポレオン3世＆オスマンのパリ改造。行政区は6に。20区の誕生。
		1919年～	6の取り壊し	290万人	
		1973年	ペリフェリック完成	230万人	

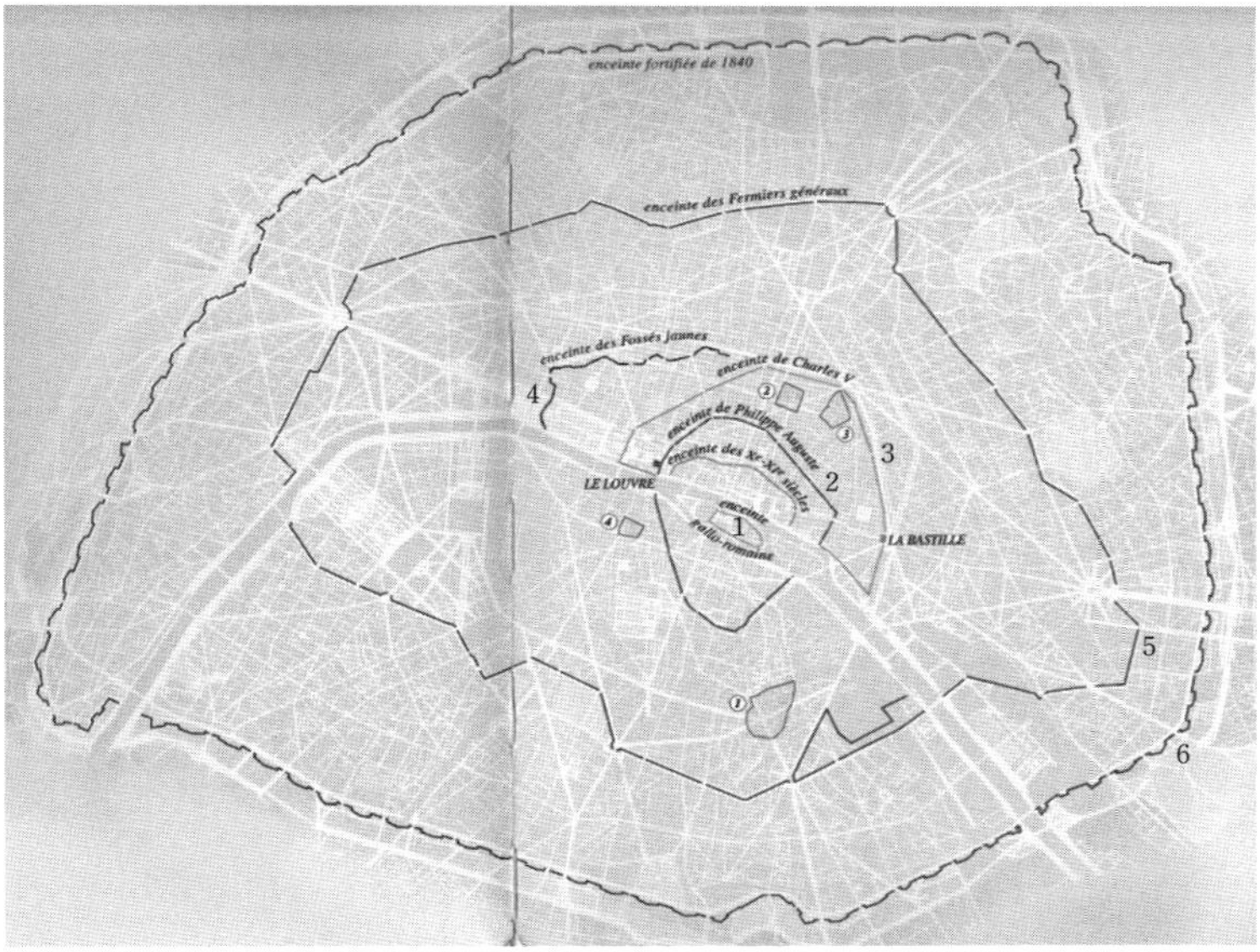

次に、一五〇〇年間の城壁を一つの地図に収めてみる[2]。

もちろん、中世の中頃（十〜十一世紀）には、右岸に城壁が造られた可能性があるし、またフォーブール・サン・マルセルなどには、その地域のためだけに小さな城壁が巡らされたこともある。しかし、本当に「パリの城壁」と呼べるのは、1〜6で挙げた六つのものであると言って差し支えないだろう[3]。城壁が建て替えられ、より大きなものへと造り変えられてゆく過程は、まさにパリが「脱皮」してゆく過程そのものである。

本章では、これら六つの城壁のうち、ティエールの城壁にしぼって、その成立から取り壊し、さらには跡地におけるペリフェリックの建設までを概観しよう。このペリフェリックこそが、現在のパリの「内」と

「外」を形作るものなのだ。だからこそその成り立ちを知ることは、〈パリ移民映画〉を理解する助けともなるはずである。

I ティエールの城壁

革命以降十九世紀に入っても、パリ、そしてフランスでは政変が続いていた。ただし、他国との戦闘について言えば、ナポレオンが「皇帝」という地位につき、革命の理念を掲げた戦争が、次第に帝国主義的様相を帯び始めて以降、それはいつもパリから遠く離れた地域で行われていた。

しかし一八一四年、パリは対フランス同盟軍の軍靴を聞くことになる。ナポレオン軍は敗北したのだ。[4]

ナポレオンはエルベ島に流されるが、翌一五年、彼はパリに戻ってくる。そして前年に味わわされた屈辱から、パリを再び城壁で守ることを命じるのだが、もちろん、城壁を完成させる時間はなかった。彼の天下は百日しか続かなかったからだ。

ナポレオンがついにセント・ヘレナ島へ流された後も、パリの城壁建築は、時の権力者たちにとって放置できない問題だった。喧々諤々の論争が続いたが、それは要約すれば、以下の二案に収斂していたようだ。

①パリを一つの城壁で囲み、相手方の侵攻を遅らせる間に、援軍の到着を待つ。

②パリを城壁で囲んだ上に、外部要塞を周囲に設ける。場合によっては、相手軍を挟み撃ちにする。

この二案はもちろん相違もあるわけだが、ともかくも「城壁を造る」という点では一致していた。ただそれにしても、やはり問題はあった。というもの、その城壁は徴税請負人の城壁——それはもともと不完全なもので、しかも革命時に破壊された部分も多かった——を再利用すべきなのか、それとも新たに造るべきなのか、さらには、仮に新たに城壁を造るとしても、それはいったいどの地区を囲繞すべきなのか、などという難問を解決する必要があったからだ。

そんな中、一八三〇年、七月革命が起こる。この革命は、亡霊のように復古したブルボン朝を倒したわけだが、結局は立憲君主制を選び取り、ルイ＝フィリップ（Louis-Philippe Ier, 1773-1850）を戴いた「七月王政」に行き着くことになった。[5] そしてこの七月王政の前半に当たる一八三〇年代、城壁問題は徴税請負人の城壁を修復する方向に傾き、工事も始まる寸前だった。

しかし一八四〇年、いわゆる東方問題に関連して、フランス対イギリスの緊張が高まると、急遽城壁は、十六の外部要塞を持つ、しかもよりサイズの大きいものを造るという決定が下されることになる。つまり、徴税請負人の城壁の外側に、新たな城壁を造ることになったのだ。この城壁は、時の首相の名をとってティエール（Adolphe Thiers, 1797-1877）の城壁と呼ばれることになった。

ただこの決定は、軍事上の要請のみによってなされたわけではなかった。徴税請負人の市門の外には、すでにいくつものにぎやかな街ができ上がっていた。つまりパリは、いつもの通り、旧い城壁を超えて成長していたのだ。新たな城壁は、こうした新しいパリをも守る役目を負っていた。[6] 城壁の建設は一八四〇年に始まり、四四年には完成した。[7] その頃、パリの人口はついに百万人を越えてゆく。

こうしてパリは、二重の城壁、つまり徴税請負人の城壁とティエールの城壁に囲まれることになった。ただ行政区としての「パリ」は、これもさまざまな論議があったのだが、結局「徴税請負人の城壁に囲まれた地域」のままと決定される。というのも、もし市域をティエールの城壁まで拡大した場合、二つの城壁に挟まれた「小郊外」(petite ceinture) と呼ばれるベルト地帯が新たな課税対象地域になり、その分入市税が増えるのは明らかだったが、一方でこうした増税は、ベルト地帯に育ちつつあった産業に対して、大きな打撃を与えるはずのものだったからだ。資本家たちの猛反発は聞き届けられ、結局行政区「パリ」の拡大は見送られることになった。

ではここで、ティエールの城壁を具体的に見ておくことにしよう。一言で言ってこれは、世界史上屈指の城壁だった。

まずその全周は三十四キロメートル[8]。稜堡も九十四台あり、これは単純に割り算すれば、三七〇メートル毎に一台配されている計算になる。城壁の幅は約一四〇メートル。内側から順に、砂利敷きの軍用道路[9]、短い斜堤、城壁、胸壁、監視線、四十メートルほどの濠、なだらかで長い斜堤、と続いていた。城壁自体は高さ十メートルあり、その頂上には大砲が据えられ、また城壁の内部にも、もう一門配されていた。さらに城壁の外側二五〇メートルは、ノン・アエフィカンディ (non aeficandi) と呼ばれる建築禁止区域[10]だった[11]。

次にこの城壁がどんなルートに造られたかだが、これは実質上説明はいらない。ティエールの城壁は、二つの森を考慮から外すとするなら、ほとんど今の「パリ」の境界と一致しているからだ。

このティエールの城壁は、後の元帥大通りとペリフェリックを、二つながら内包していた。元帥大通りというのは一つの通りではなく、第一帝政時代を中心とする元帥たち (maréchaux) の名が付けられた、二十二本の大通りの集合だ。これらが繋がることで、一つの大きな円を形作ることになる。元帥大通りは一般道、ペリフェリックは高速道路という違いはあるものの、この年子の兄弟のような二本の環状道路は、二〇〇メートルほどの距離をおいて並行し、二十一世紀の「パリ」を二重に取り囲んでいる。

つまりこのティエールの城壁は、まさに現代のパリの原型だと言えるだろう。シテ島の城壁から千三百年以上経って、ついに今のパリの雛型となる城壁が出現したことになる。そしてティエールの城壁が一周三十四キロメートルであるのに対して、その外側を走るペリフェリックのそれは三十五キロメートルなのだが、実はこれは、ほぼ山手線の描く円と同じ大きさなのである。

Ⅱ 「パリ」の拡大——徴税請負人の城壁の撤去と二十区の成立

ティエールの城壁完成から四年経った一八四八年、ルイ＝フィリップによる七月王政は打倒されることになる。二月革命だった。

喜安朗よれば、六十年間で三度目になるこの革命においては、関の酒場が重要な役割を果したという。というのもそれは、革命の主役だった労働者の結束を強めた場所であり、実際にさまざまな活動の発火点となった場所でもあったからだ。もちろん、六月蜂起もまた、その流れの中にあったのだろう。今回の革命は、フランス革命や七月革命と比べても、労働者の力が強く働いていた[12]。

しかし一八五一年末、皇子大統領（prince-président）と呼ばれていたナポレオン三世（Napoléon III, 1808-1873）がクーデタを成功させる。彼は翌五二年、最後は流刑された伯父に倣って、「皇帝」の地位に就いた。第二帝政の始まりである。

ところで、このナポレオン三世とセーヌ県知事ジョルジュ・オスマン（Georges-Eugène Haussmann, 1809-1891）が組んで行ったパリ改造は、大規模な都市計画の嚆矢として、広く知られているものだ。それは根本的にはやはり、成長し続けるパリに対応するためだったと言えるのだろう。前述の通り、パリの人口はすでに百万人を突破し、いわば飽和状態に達しつつあった。

一八五三年から十五年以上に渡ったこの改造では、シテ島のスラムを一掃し、交通のスムーズな流れを生み出すべく道を開き、繋ぎ、また各所に緑地を設けさえした。これらはすべて、人口問題と関連があった。そして都市のデザインという観点から、現代のパリの原型はこの時代に形作られたと言われることも多い。

ただこれも広く指摘されている通り、この改造には、革命的な勢力のゲリラ活動を封じるため、という面も少なからずあった。一八五三年という時点に立てば、フランス革命こそ六十四年前だが、七月革命も二月革命もまだ生々しい記憶だっただろう。権力側に身を置く者たちにとって、それがトラウマとなっていたのは想像に難くない。しかもパリの住人は、当然ながらパリの路地をよく知っている。ゲリラ戦になった場合、パリ以外から集められた政府軍の兵たちは、圧倒的に不利だったのだ。

そしてこの二人組の幾多の仕事の中で、ここで注目しておきたいこと、それは彼らが、パリの行政区域を拡大させたことだ。それまで徴税請負人の城壁に一致していた「パリ」は、一八六〇年、ティエールの城壁の位置まで拡大されたのだ。その結果、その時まで十二区だったパリは、現在と同じ二十区に生まれ変わることになる（地図参照）。

ではここで時間を巻き戻して、パリの行政「区」について、簡単に振り返っておこう。[13]

まずローマ帝国の属領だった最後の頃、ないし中世の初期において、パリは大きく三つの地域に分かれていた。シテ島、右岸、左岸。この三地域だ。

そしてフィリップ・オーギュストが城壁を築く一二〇〇年頃以前、パリは四つの街区（quartier）か

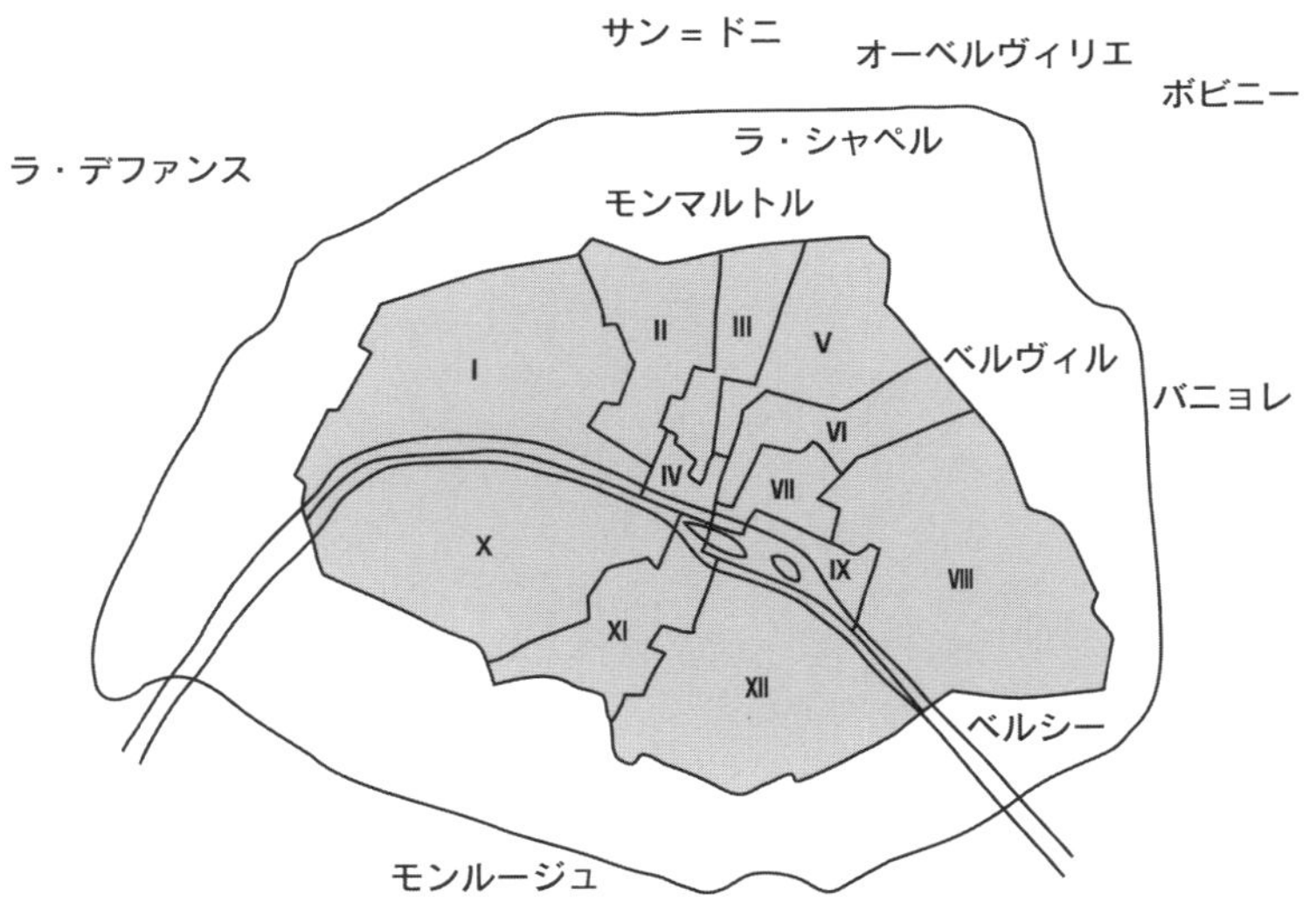

パリ 12 区とティエールの城壁（外側）

ら構成されていた。まずはシテ島、そして右岸の三街区である。[14]

そしてフィリップ・オーギュストの城壁が完成すると、パリの範囲は城壁に合わせて拡大、八街区にまで増えることになった。左岸にも、二つの街区が設定された。

十四世紀、シャルル五世の城壁が造られると、パリはこの新たな城壁に合わせて、一気に十六街区にまで膨らむことになる。ただしこの城壁は右岸にのみ造られたのであり、新しい街区も当然、右岸にだけ生まれることになった。つまり右岸は十四区、左岸は二区のままである。

十七世紀に入った一六三八年、ルイ十三世はパリの新しい境界を定める。右岸についてはほぼそれまでの境界、つまりフィリップ・オーギュストの城壁とシャルル五世の城壁を組み合わせたものだが、左岸については、右岸のルートにうまく接合するように、かなり面積が拡大された。

その後ルイ十四世はグラン・ブールヴァールの建設に伴い、右岸ではそれをパリの境界に定め、左岸では、後のミディ大通りをその境界とした。[15]

十八世紀に入った一七〇二年、ルイ十四世は従来の十六街区の線引きをやり直した上で、新たに四つの街区をパリに加え、合計で二十街区とした。この変更は、街区ごとの大きさの不均衡を是正する意味もあった。そしてこの約八十年後に、徴税請負人の城壁が造られ、課税地域は一気に拡大する。

一七八九年、大革命。この時は、主に新たな選挙区の設定を目的として、全体が六十の区（district）に分割された。それまでの二十街区が、それぞれ三分割された勘定だ。

しかし翌年になると、この六十区は早くも見直され、全体で四十八の自治区（section）に再編成される。そしてこの時同時に行われたのが、行政区パリの拡大だった。この時以降「パリ市」は、徴税請負人の城壁で囲まれた地域まで拡大したのだ。

そして九五年になると、この四十八自治区はそのまま四十八街区（quartier）へと名称が変更される。

その上でさらに、この街区が四つ集まったものを区（arrondissement）とすることにした。つまり、パリは十二区（＝四十八街区）となったのだ。

ただしこの区の線引きには、いくつか問題もあった。たとえば、右岸は九区に分割されているのに、左岸には三区しかないこと、区間の面積の差が大きすぎること、なにより区画そのものが奇妙に入り組んでいること、などである。こうした不都合が生まれたのは、選挙を前提として、各区の人口を均等にすることを最優先した結果だった。この状態は、一八六〇年まで続くことになる。

そしてついに、ナポレオン三世とオスマンの登場となる。彼らは、一八六〇年、徴税請負人の城壁を取り払った上で、パリの行政区をティエールの城壁まで押し広げた。そしてそれに合わせて、十二区は二十区へと拡大することになったのだ。

新しくパリに編入されたのは、二つの城壁に挟まれたドーナツ状の地域なのだが、この一帯は当時「小郊外」と呼ばれていた。小郊外は、十一の村全体と、十三の村の一部を含んでいたが、そのすべてがパリに編入されることになった。徴税請負人の城壁は、たとえばラ・シャペル通りを通っていたため、その北側に位置するバルベス地区、グット・ドール、シャトー・ルージュなどはみな、この時「パリ」に編入されたことになる。

ナポレオン三世とオスマンがパリの原型を作ったという場合、そこにはこの行政区域の拡大も含まれているのだろう。

Ⅲ　パリ・コミューン——ティエールの城壁の皮肉

一八七〇年、ナポレオン三世がプロイセン軍の捕虜となると、パリではまたも革命が起こった。群衆が議会に押しかけ、帝政の廃止、共和制の導入を宣言したのだ。これはその日付をとって、九月四日革命と呼ばれることもある。(16)

その後（選挙なしで）組閣された国防政府は、プロイセンとの戦争を続行するための臨時政府だった。ただし、戦争続行というのは革命を主導した人たちの意思であり、臨時政府自体は逆に、いつも降伏するポイントを探していたようにも見えるのだが。それでもとにかく、戦争は続けられた。

革命から十日ほど経つと、早くもパリ周辺にプロイセン軍の姿が見られるようになる。(17)そこからパリが包囲されてしまうまでに、そう時間はかからなかった。パリは孤立し、籠城を余儀なくされる。当時パリには、百八十万人ほどが住んでいたようだ。(18)

この時パリを守っていたのは、もちろんティエールの城壁だった。モルトケ（Helmuth Karl Bernhard von Moltke, 1800-1891）率いるプロイセン軍は、この長大な城壁を前にして、強引な攻撃を仕掛けるのを思いとどまり、兵糧攻めにすることを選択する。(19)その結果籠城は四か月以上続くことになるのだが、最後は飢えと寒波に襲われ、一月二十八日、ついにボルドーで成立したフランス新政府は、休戦協定にサインする。フランスの完敗だった。そしてその後三月一日、ドイツ軍(20)はシャンゼリゼを行進したのだ。

パリでは、その直後の三月二十六日、パリ・コミューンが起こる。それまでの帝政、国防政府、さらにはボルドー新政府までも含めた為政者たちに対する、蓄積した怒りが爆発したのだ。

身の危険を感じた新政府代表のティエールは、軍を引き連れて一旦ヴェルサイユに退避する。(21)それを見た革命政府は、さまざまな改革を推し進めていこうとする。政教分離、無償の義務教育、女性参政権……。

しかし、革命後のかじ取りは困難を極め、議会は紛糾し、ついにはティエール側に寝返るものさえ出てきた。

そして五月、ティエール率いる政府軍がパリに迫る。が、ここで一つ皮肉な出来事が起こる。政府軍を手こずらせたのは、かつて彼らのリーダー自身が造らせた城壁、ティエールの城壁だったのだ。

それでもドイツの協力を得て、メッスやスダンにいた捕虜フランス兵たちを合流させた政府軍は、五月二十一日、激しい砲撃の後、ポワン＝デュ＝ジュール門――パリの西南側――からパリに入場し、そこからいわゆる「血の一週間」が始まることになる。こうしてパリ・コミューンが瓦解した結果、政教分離等の改革は、果たされることなく終わった。(22)


ここで、最後の城壁を作らせた政治家、ティエールについて簡単にまとめておこう。

アドルフ・ティエールは一七九七年の生まれ。彼は十九世紀を代表する政治家の一人と言えようが、一方では、弁護士、歴史家という顔も持っている。(23) ルイ＝フィリップの七月王政においては、内務大臣や首相を務め、この時ティエールの城壁を作らせた。彼は立憲君主派だった。

二月革命に際してはナポレオン三世を支持。けれどもその後ナポレオン三世との間で確執があり、一時は国外追放される。

やがて六九年に政界復帰すると、七〇年の九月四日革命後の国防政府に名を連ね、七一年一月に成立したボルドー新政府では、代表として選出される。そして翌二月末、ビスマルクとの間で講和条約に調印したのも、ティエールだった。そして三月、パリ・コミューンが起こるのだ。

このように、ほとんどいつも陽のあたる場所にいたティエールだが、マルクスの「フランス内乱」においては、かなり手厳しい言葉が並んでいる。彼はプロイセン／ドイツと結託し、パリを売り飛ばした上で、十分に私腹を肥やしたというのだ。パリ・コミューンに対する徹底的な弾圧を見れば、その底流には、オスマンとナポレオン三世のコンビと共通する、革命に対する恐怖が感じられるだろう。アドルフ・ティエールが亡くなる一八七七年には、まだティエールの城壁は健在だった。

Ⅳ ゾーヌの「世界」

一八七一年を過ぎて、今パリには、ティエールの城壁だけが建っているわけだが、ここでもう一度、この城壁について簡単にまとめてみよう。

①建造は一八四一〜四四年、七月王政末期。
②後のペリフェリック（ないし元帥大通り）の位置に造られた。
③普仏戦争とパリ・コミューンを経験した。

しかし実はここには、この城壁の大きな特徴が抜けている。それは、

1　建築には巨費がかかり、また多くの労働者が必要とされた。
2　建築禁止区域には、一つの「世界」が作られた。

この内1については、言うまでもないかもしれない。この仕事は、地方から多くの労働者たちを受け入れた。

ただここで注意しなければならないのは、城壁建設が終わったからといって、彼らがすぐに故郷に

帰るわけではなかったという事実だ。この結果、パリの人口は増大し、建設終了後は失業問題さえ招くことになった。[24] いや、失業問題ばかりではない。「小郊外」の工場が呼びこんだ労働者たちとも関連して、住宅問題を引き起こすことにもなるのだ。

また2についてだが、これは少々説明がいるだろう。ティエールの城壁の外側にあった建築禁止区域は、またの名を「軍用地帯《ゾーヌ》」、そして一般にはこの後者を簡略化して、単に「ゾーヌ」と呼ばれていた。[25] 幅二五〇メートルのこのゾーヌには、城壁ができた当初から、ごくごく簡素なあばら家――板にタール紙を張ったような――が組み立てられ始めた。というのもそれは、いわゆる「建築」の範疇に入らなかったからだ。こうしたところに住んだのは、屑屋、アパッチと呼ばれたチンピラ、娼婦、そして下級の職人たちなどだったと言われている。もちろん、電気や水道はない。

ほどなく、彼らを相手にする飲み屋なども現れる。そして五三年以降、オスマンの改造によって中心部から立ち退かされた者の中には、家賃の安かった「小郊外」をさらに越えて、このゾーヌに住みついた人たちもいたのだろう。たとえばシテ島から、過密なスラムは一掃されたわけだが、その住民たちが、整備されたシテ島に再び住める経済的余裕があったはずはない。

そして一八七〇～七一年には、普仏戦争が遂行される。この間、パリはプロイセンに包囲されていたわけであり、ゾーヌに住むことはできなかった。彼らは一旦城壁の内側に退避することになった。[26] しかし戦後十年も経つと、彼らはゾーヌに舞い戻っていた。第一次大戦前夜のゾーヌの人口は「三万人以上」で、〝住居〟は「一万二千軒」ほどだったという。[27] 建築禁止区域、とはいうものの、実際の状況はまるで違っていたことになる。

このゾーヌについて、さきほど「世界」と書いた。ここまで見た通り、この世界を彩るのは、貧困、場末、吹き溜まり、荒廃、猥雑、というような言葉が喚起するイメージなのだが、それは一方では、管理社会を離れた自由、解放のイメージを伴ってもいた。だからなのだろう、休みの日になると、近隣の労働者家族が、ピクニックにやって来るようにさえなった。

ロマの女性たちは、トランプで占ったり、手相を観たりしていた。旅回りの歌手たちは歌って稼ぎ、飴やゴム風船、あるいは「プレジール」（時に「ウーブリ」とも呼ばれた小型の焼き菓子）を売る姿も見られた[28]。

これは一九〇八年の警視庁の報告によるものだという。この時期、斜堤には菜園が作られてもいたようだ。

それにしてもなぜ、第一次大戦を数年後に控えたこの時期、パリを守るはずの城壁はこんな状態なのだろうか。その理由を象徴的に語るのは、第一次大戦中にドイツ軍が開発した超巨大砲、パリ砲の存在ということになるだろう。一九一八年に投入されたこのパリ砲の射程距離は、一二〇〜一三〇キロメートル。直径六キロメートルほどのパリにおいて、城壁が役に立つはずもなかった。もちろん、パリを爆撃するだけなら、射程距離十五キロメートルのディッケ・ベルタ砲――一九一四年完成――でも十二分だったし、実際問題城壁がすでに無効であるのは、戦前から分かってはいたことだったのだ。

V　ティエールの城壁の撤去――ペリフェリックの誕生

大戦が終わった翌一九一九年、完全に時代遅れとなったティエールの城壁の取り壊しが決定する。工事はすぐに始まったが、その全長は三十四キロメートル。解体工事は順々に行うしかなかった。そしてゾーヌの住人たちもまた、順に立ち退きを余儀なくされた。

さて、この跡地に何ができたのか？ それはまず、ＨＬＭ（低家賃集合住宅）の前身であるＨＢＭ（低家賃住宅）、スポーツ施設、公園、そして通称シテと呼ばれる、パリ国際大学都市などだ[29]。

現在も十四区にあるこのパリ国際大学都市は、メトロとＲＥＲに乗り継げば、パリの中心から十五分ほどだ。路面電車トラムの駅もある。広大な敷地には三十七の学生寮がごくごくゆったりと配されているのだが、その最初の建物は、石油や航空事業に携わった実業家にして篤志家、アンリ・ドゥッシュ・ド・ラ・ムルト（Henri Deutsch de la Meurthe, 1846-1919）の寄付によるものだった。一九二三年に建築が開始され、落成は二五年[30]。もちろんこの大学都市に限らず、多くの低家賃住宅なども、二十一世紀のパリに〝現役〟として生き残っている。

一九四〇年代に入ると、すでにあった元帥大通りだけではパリを周回する交通をさばききれなくなり、新たな道の計画が模索され始めた。そして行きついたのが、ペリフェリック計画だった。幅六〇メートルの高速道路を、パリの周囲三十五キロメートルに渡って建設しようというのだ。もちろん、モータリゼーションへの対応こそ、これからの都市の命脈を握ると考えられたのだろう。建設が始まったのは一九六〇年、完成したのはオイル・ショックの年、一九七三年のことだった。

パリ国際大学都市は十四区、つまりパリの南の縁にあるわけだが、この敷地の南側は、クルマの途切れることのないペリフェリックが走り、敷地の北側にある正門の前は、左右に元帥大通りが伸びている。メトロＢ線の駅があるのも、トラムが走るのも、この元帥大通りだ。

この内側を走る元帥大通りと、外側を走るペリフェリックは、パリを二重に取り囲んでいる。その間の距離はほぼ二〇〇メートルほど。パリ国際大学都市は、この幅二〇〇メートルの帯状の地帯に横たわっている。二本の大通りは、まさにその程度の間隔をおいて、環状に並走しているのである。

パリはどこにあるのか、という問いから出発したわたしたちは、今ティエールの城壁以降の「パリ」の変遷をたどってきた。そして城壁はまた、都市としてのパリを可能にしたにとどまらず、その内部で暮らす人たちのアイデンティティの形成に、少なからぬ影響を与えてもきた。しかもそれは、「内」側で暮らす人間に「パリ人」という意識を与えただけではない。パリの「外」、つまり円環状の「郊外」に暮らす人々に対しても、そこが「パリ」ではないという事実を示すことで、やはり住民のアイデンティティに深く影響してきたはずだ。ここで考えなければならないのは、パリの神話化についてだ。パリが「パリ」として神話化されてゆく過程では、かならず「外」が必要だった。それは不協なものを放擲するための場所であり、視線というエネルギーを供給してくれるはずの、あいまいな主体でもある。つまり、「内」が成立するためには「外」が、「外」が生まれるためには「内」が必要なのだ。

この事情はもちろん、現代の城壁であるペリフェリックについても変わるところはない。いや、むしろそれは先鋭化していると言うべきだろうか。

一九七三年に完成したこの環状高速道路は、以来四十年間、「パリ」を囲繞してきた。松井道昭が指摘する通り、城壁はその性質上、内部を守る一方でその成長を阻害する[31]。そして、軍事的意味が失われた現代において、ペリフェリックの最大の価値はその高速道としての働きに移ったわけだが、それが依然ある種の「阻害」に寄与していることは否定できない。それは端的に言えば、「内」と「外」

の格差であり、それが先鋭化ということの意味なのだろう。そしてこの背景には、言うまでもなく、フランスに長く憑りついた植民地主義、それが培ったオリエンタリスム、及び植民地崩壊の結果としての移民たちの存在がある。

建築家である中島智章は、その著書『パリ　名建築で巡る旅』のあとがきで、もしペリフェリックが鉄道だったら、という想像を巡らせている[32]。なるほどもしそうだったら、つまり東京の山手線のようなものがパリにも造られていたなら、パリの「内」と「外」の関係は、今と同じではなかっただろう。鉄道なら、さまざまな路線がそこから伸びてゆくことができたし、なにより鉄道は心理的に、高速道路のような隔絶感を呼び起こすものではない。

しかし、ペリフェリックは造られてしまった。パリがまとった六度目の城壁であるティエールの城壁は今、七番目の城壁、ペリフェリックに姿を変えている。

第1章

〈パリ移民映画〉の誕生と発展

〈パリ移民映画〉は、パリと「移民映画」が出会った地点に成立する。具体的な作品分析に入る前に、まずはそうした事情を明確にする必要があるだろう。

序章においては、パリはどこにあるのかについて見てきたわけだが、この第一章では、パリとはいかなる都市であるのかについて、その〈神話化〉の過程に注目しながら、時間を遡って概観しておこう。神話化の成立と「郊外」の出現には、ある表裏の関係を読み取ることができるようだ。

その後、フランス映画史における「移民映画」の軌跡をもたどっておくことにしたい。その際わたしたちは、特にパリを舞台とした作品に注目することにしよう。前述の通り、「移民映画」とパリの出会う地点こそ、本書のテーマであるからだ。パリで生きられた――あるいはパリを生きた――映画群が、それぞれの「パリ」を映し出しながら、わたしたちの目の前に出現することになるだろう。

I　パリとはいかなる都市であるのか?――神話の形成と排除の論理

ヨーロッパの諸都市は、もちろんそこにさまざまなヴァリエーションが存在するのは言うまでもないが、それでも、ローマに起源を持つ城壁都市としての性格を共有している。それは城壁の建築が、ヨーロッパの「近代以前における都市計画の本質」[1]だったことの、直接の結果だったと言えるのだろう。パリもまたその例外ではなく、ローマ帝国の属領だった時代から、ごくわずかな期間を除いて、つねに城壁都市としてその命脈を保ってきた。すでに序章で見た通り、この城壁で囲繞された範囲の拡大こそが、そのままパリという都市の発展、生長だったのはまちがいない。港千尋が指摘するように、「時間的な発展と空間の構造が一致していることが、パリをいまだに大都市圏から切り離された、特別な空間にしている」[2]のだ。また、堀井敏夫の『パリ史の裏通り』、喜安朗の『パリの聖月曜日十九世紀都市騒乱の舞台裏』、松井道昭の『フランス第二帝政下のパリ都市改造』などが、豊富な具体例を通して指し示しているのは、パリは城壁によって囲まれてきたのだという、単純な事実の重さだとも言えよう。そしてもしパリ神話の存在を認めるとするなら、この守護者としての城壁こそが、その揺籃になったと言って差し支えないのだろう[3]。

今橋映子は、その編著書『都市と郊外』において、このパリの神話化の端緒をルイ＝セバスチャン・メルシエ（Louis-Sebastien Mercier, 1740-1814）の『十八世紀パリ生活誌　タブロー・ド・パリ』（1781-1788）に求めている。この「一五一二もの断章を積み重ねて、博物学的ともいえる周到さでパリを描写する」[4]作品は、同時に「個々人の差異を無化し、パリ生活の細部までをも一律のものとして言説、神話化してゆく作業」[5]であるとも言い得るというのが、その主張だ。

ここに付け加える作品があるとすれば、それはメルシエとほぼ同年代、大革命を挟んだ時代を生きたレチフ・ドゥ・ラ・ブルトンヌ（Restif de La Bretonne, 1734-1806）の『パリの夜　革命下の民衆』（1788-1794）であろう。自らをフクロウになぞらえたレチフは、昼間のパリを観察したメルシエと並行するように、夜のパリのルポルタージュ――そこにはフィクションも含まれていただろうが――を書きつける。この昼夜の観察記が、一体となって十九世紀に流れ込むことになる。

今橋はまた、このメルシエの著作が、十九世紀における「生理学（physiologie）」の流行を準備したことも指摘している。(6) そしてこうして出現した膨大な都市生活誌が、やがてパリをして神話的な空間、つまり「集団的想像力」の場としてゆく。なかでもゾラ（Émile Zola, 1840-1902）のパリを舞台とした諸作は、ゾラ自身が広範な読者を持つ「国民的作家」となったことで、とりわけ強い影響を与えただろう。また十九世紀ではもちろん、パリの遊歩者ボードレール（Charles Baudelaire, 1821-1867）やバルザック（Honoré de Balzac, 1799-1850）、あるいは絵画の世界ではマネ（Édouard Manet, 1832-1883）やカイユボット（Gustave Caillebotte, 1848-1894）らの果たした役割も、忘れることはできまい。

そして二十世紀。すでにナポレオン三世とオスマンによるパリ改造後であるこの時代、パリの神話化に影響のあった作家といえば、まずはルイ・アラゴン（Louis Aragon, 1897-1982）とヴァルター・ベンヤミン（Walter Benjamin, 1892-1940）を挙げるべきだろう。かつて拙論«Le roman et la ville ou l'esthetique surréaliste»(7) においては、アラゴンの『パリの農夫』（1926）を取り上げ、そこではシュルレアリスム美学の要諦「驚異」が、パリの持つ迷宮性と通底していることを述べた。そしてベンヤミンの『パサージュ論』（生前未刊）は、パリをレトロスペクティヴに探究する試みだと言えようが、この未完の大著が『パリの農夫』の影響下にあったことはよく知られている。もちろん同時代のアンドレ・ブルトン（André Breton, 1896-1966）による『ナジャ』（1928）なども、パリを集団的想像力の場として押し上げるのに影響がなかったはずはないだろう。

このようにして、個人の無名化、匿名化と引き換えに始まったパリの神話化は、その後も集団的想像力の揺籃としての属性を、繰り返し更新、深化させていった。それはパリ内部の人間だけでなく、外部からの視線も巻き込んでゆくものだった。

ただし注意しなければならないのは、今問題にしている神話化とは、必ずしも今日的な商業主義に貫かれたいわゆる「美と芸術と歴史の街」としてのパリのみを指しているわけではないという点だ。たとえば、パリ内で二十回以上引越しを繰り返したボードレール一人のことを考えてみるだけでも、その点は了解されるだろう。彼の詩群において、パリは時に腐臭を放ち、貧者が蠢き、梅毒の影に覆われている。これは、たしかに旧い「文学」的なパリのイメージだと指摘することも可能だろうが、少なくとも前述したような表面的な神話と一線を画していることは疑いない。神話化とは、美醜などに関わる二元論において形成されるわけではなく、こうした「悪」もまた、神話の一部を担っていたのだ。

では映画は、パリの神話化に与らなかっただろうか？　むろんそんなはずはないだろうが、パリを舞台とする映画の網羅的なリストを作るのは、事実上不可能だ。[8] 一九三〇年代の「詩的レアリスム」作品から始まって、戦後のフレンチ・フィルム・ノワール、ヌーヴェル・ヴァーグなど、映画技術が生まれて以来、パリはいつでもカメラを向けられてきたからだ。付け加えるなら、ジョルジュ・サドゥールの大著『世界映画史』においても、また、最新のフランス映画研究書に数えられる、フィル・ポーリー編集による包括的な四巻の論文集成（*French Cinema, I〜IV*）においても、「パリ映画」という項目が立てられているわけではない。[9]

とはいえ、たとえば日本での受容に限っていうなら、その出発点を形成したのは、やはり戦前の作品群だったと考えられるだろう。すでに一九二〇年代に『眠るパリ』を撮っていたルネ・クレール（René Clair, 1898-1981）は、三〇年代に入ると『巴里の屋根の下』や『巴里祭』を発表する。これらは、日本におけるパリの視覚上の神話化に、ほとんど決定的ともいえる役割を果たしたようだ。[10] ただし前者では、現実のパリの風景は一切登場せず、「隅から隅まで、［…］スタジオで作りだした偽もののパリ」[11]であったことは、確認しておく必要があるだろう。日本におけるパリ神話の出発点には、ロシア領ポーランド生まれの美術監督、ラザール・メールソン（Lazare Meerson, 1897-1938）のフィルターを通して見たパリが含まれていたのだ。

こうして拡散したイメージは、日本では戦後も生き続けることになる。それが更新されるのは、日本ではともに一九六〇年に公開された、ジャン゠リュック・ゴダール（Jean-Luc Godard, 1930）の『勝手にしやがれ』（1959）とフランソワ・トリュフォー（François Truffaut, 1932-1984）の『大人は判ってくれない』（1959）を待たなければならないだろう。しかしその時代以降は、むしろテレビの影響が強くなり、「詩的レアリスム」以上にパリ神話に貢献した映画作品は見当たらないようだ。無論これは、日本での受容に限った話ではあるが。

この項の最後に、こうしたパリの神話化の陰には、もう一つの論理が働いていたこと指摘しておきたい。今橋は書いている、「パリの神話性は、現実的な夾雑物を郊外に押しつけることによって保持しえた」[12]のだと。それはたとえば、荒又美陽が『パリ神話と都市景観　マレ保全地区における浄化と排除の論理』で指摘する、マレ地区で運用された排除の論理にも通じるものだろう。無論、排除されるものがある種の「汚れ」であるにしても、それは文脈を変えれば反転可能であるし、前述の通り、たとえばボードレール的な、あるいは「文学」的な「悪」は、むしろパリの神話化の側に与していたはずなのだ。土地の魅力を形成するものは、アンビヴァレントな諸要素であると言えるだろう。

ところで、こうした排除の論理の存在に人々が気づき始めるのと、彼らが「郊外」を発見するのとは、表裏の関係にあったように見える。一九八〇年代以降、フランスでは移民問題が社会の各所で噴出し、九〇年代に入ると、彼らの住む「郊外」が、さまざまな文脈で前景化してゆく。神話化された美しく華麗な「パリ」を成立させているのは、「夾雑物」――「文学」的な「悪」からも締め出されるような――を引き受けた「郊外」、つまりそこで生きる移民たちであるとさえ言い得ることに、人々は気づき始めたのだ。しかも質的な「郊外」は、単純に排除されるわけではなく、「パリ」の内部にも組み込まれている――。こうした意味で、「パリ」と「移民映画」が交差するのは必然だった。本書の出発点もそこにある。

Ⅱ 「移民映画」の軌跡

人類の歴史は、移住・移民のそれであった。多地域進化説に立とうと、単一説に立とうと、それは同じことだ。その意味では、わたしたちはすべて移民だということもできるし、実際たとえばギ・リシャールが監修した『移民の一万年史』は、まさにそうした視点に立つ著作だった。しかしわたしたちがここで措定しようとしてる「移民」とは、もちろんもっと限定的に意味づけられた存在である。

ラッセル・キングは、二〇一〇年、現代が「移民の時代」であると語られ始めたのは、一般に「過去の二十年あまり」であるとした上で、しかしこの一見単純に見える「移民」という概念の背後には、「非常に多くのヴァリエーションと複雑さが存在する」と指摘する。[13] そこでは、「空間的パターンや、時間的経過による変化、移動のタイプと形態、原因や結果」[14] などが、決して一様ではありえず、しかもそのケースごとの境界はきわめて不鮮明でしかありえないからだ。こうした傾向は、いわゆるグローバル化を背景に、この二十年、ますます強まっているようだ。

しかし、ラッセルの言う「移民の時代」というものが、一九九〇年代、つまり都市論において「郊外」が焦点化してくる時代以来の感覚であるとしても、その背後には無論直接的な歴史的経緯がある。ギ・リシャールは、「移民は二十世紀のはじめまでは、新しい国々に向けた旧大陸の住民たちのラッシュを意味する典型的にヨーロッパ的な概念だった」が、一方その逆向きの動きとして、「第一次大戦のおりの人口需要と、そのあと、とくにフランスでみられた工業の発展のための人口需要が、いちはやくアフリカとマグレブ［…］の労働力を誘い込んだ」点を指摘する。[15] この背景に、かつてのフランス植民地政策があったことは言うまでもない。

フランスにおける、マグレブ、及びアフリカからの移民については、以下のようにまとめることができよう。まずは、フランスがマグレブ支配に乗り出した一八三〇年代以降。この時代にも、マグレブからフランスへと向かう移民は存在した。第一次大戦後は、相対的には、スペインやイタリア、ベルギーなどヨーロッパ系の移民が中心だったが、第二次大戦後、特に一九五〇年代に入ると、マグレブからの移民が急増する。こうしたマグレブ移民の流入は、フランスの国策に従い、いわゆる「栄光の三十年」と呼ばれた時代にも続いた。ただ、一九六〇年代以降は、西アフリカやサハラ砂漠以南のブラック・アフリカからの移民も増えていった点を、見落とすことはできない。そして一九七三年の石油ショック以降、新たな移民は制限されるようになったが、すでにフランスに居ついていたアラブ系マグレブ系住民たちの家族呼び寄せは認められ、そうした形での移民は続くことになる。また、ヴェトナム戦争が終結し、中国が改革開放政策に舵を切った一九八〇年代以降は、アジアからの移民も増えていくことになる。以上のようなことと全体が、現在の「移民の時代」の背景となっているのだ。

こうした点を踏まえ、本書においては、この「移民」という語を、広い意味で使うことにしよう。その本人が、国境を越えて移住してきた場合はもちろん、そうした移住者の二世、三世まで含めて、ということだ。[16] それは決定的には、彼ら自身のアイデンティティに関わる問題に行き着くわけだが、彼らのアイデンティティのある層が、自らの移住者としての民族的出自と関わっている限りにおいて、ここでは彼らを「移民」と呼ぶことにしたい。そうした意味では、特にユダヤ人の場合、たとえば十九世紀に移民してきた人たちの後裔もまた、「移民」となりえるだろう。

このような意味で「移民」という語を使うとするなら、現在各国で制作される映画のうち、主役クラスであれ脇役であれ、「移民」が登場する作品は数多いと言えるだろう。そしてまた、「移民映画」という視点が成立しているのも間違いないところだ。とはいえ、この「移民映画」というものの定義についても、まだ広く共有されているとは言い難い。本書においても、上述した「移民」の場合同様、「移民映画」というものを厳密に定義することはせず、ただ、映画内の移民が背負う「移民性」なしでは、作品の主題の意味が変質してしまうような映画、と言うにとどめておこう。そして以下、この見方に沿って、「移民映画」の歴史を振り返っておくことにしよう。[17] それにより、本書の研究対象となる作品の位置がより明確になるだろう。

「移民映画」の誕生

映画史上ごく初期の移民映画の例としては、たとえば、ニューヨークを舞台とし、イタリア系ギャングによる誘拐事件を描くウォーレス・マッカッチョン(Wallace McCutcheon, 1862-1918)監督の『汚れた手 *The Black Hand*』(1906)を挙げることができるだろう。[18] また、ジョージ・ローン・タッカー(George Loane Tucker, 1880-1921)監督がニューヨークの売春の有り様を描いた『暗黒街の大掃蕩』(1913)、さらには、後の『ゴッドファーザーII』(1974)における、二十世紀初頭のイタリア系移民の表現に影響を与えたとされる[19] レジナルド・バーカー(Reginald Baker, 1886-1945)監督の『イタリア人たち *The Italian*』(1915)もまた、やはり初期の移民映画と言って間違いない。六つのパートからなるこの作品には、まだ雪の残るニューヨークを背景に、イタリア系移民の暮らしの現実が描き出されている。そしてこの『イタリア人たち』の二年後には、チャーリー・チャップリン(Charlie Chaplin, 1889-1977)が『移民』(1917)を発表する。映画の冒頭に映し出されるのは、横揺れする船の甲板で苦しげに横たわる人たちの姿だ。そこに、チャップリン演じるトランプ（＝ルンペン）氏が、トレードマークである山高帽にステッキという姿で現れる。彼らも彼も、ヨーロッパからの移民なのだ。船上での食事。その後参加した賭博に大勝したトランプ氏は、しかしその儲けを、金を掏られて泣いている母娘に与えてしまう。やがて、自由の女神の姿が現れる。[20] それに気づいた移民たちは、みないっせいに立ち上がる。が、彼らはあっという間に、係官が巡らせたロープに行く手を遮られてしまう……。この二十分ほどの無声映画は、作品内のほとんどすべてのフレームに移民の姿が存在する、まさに「移民映画」そのものである。「移民の国」アメリカは、自身の国歌的アイデンティティの模索の要請とも関連し、映画史のごく初期の段階から、この「移民」というテーマを取り上げていたと言えるだろう。

ではフランスではどうだったか？　アマル・ブー・ハケムは、その点についてこう書いている。

「移民」をテーマにしたフランスのフィクション映画は、一九七〇年代までほとんど皆無だった。ただし例外として、ジャン・ルノワールの『トニ』（1934）を挙げることはできる。この作品が描いているのは、イタリア系、スペイン系、そしてポーランド系の労働者たちの姿である。[21]

ジャン・ルノワール（Jean Renoir, 1894-1979）自身は『トニ』について、まだ作品が完成して間もない時期にこう書き記している。

作品の主題は南フランスの一角で実際に起こった事件を取材したもので、その場所はかなり荒涼たる風景がまだ残っていて、ドラマチックな映像を撮ることができました。住民は主にイタリア移民で、半ば労働者、半ば農民といった人たちです。これらの故郷喪失者たちは激しい情熱の持ち主で、『トニ』のモデルとなった男たちは、悲劇や民謡の主人公たちの宿命のしるしであるあの重苦しい雰囲気を引きずっているように私には思えました。[22]

注目すべきは、「故郷喪失者」という表現だろう。『トニ』において組み上げられた「ドラマ」にとって、彼らのそうした属性は不可欠の要素なのだ。『トニ』はたしかに「移民映画」である。[23]アマル・ブー・ハケムの右で引いた論においては、続いて二つの作品が言及されている。サシャ・ギトリ（Sacha Guitry, 1885-1957）の『シャンゼリゼを遡ろう *Remontons les Champs Elysées*』（1938）と、マルセル・パニョル（Marcel Pagnol, 1895-1974）の『よみがえり *Regains*』（1937）である。ただし前者については、移民をテーマとしているということではなく、登場人物の一人のセリフの中に、ユダヤ系移民に対する嫌悪が読み取れることを指摘しているのみである。

ジャン・ジオノ（Jean Giono, 1895-1970）の原作による『よみがえり』のほうは、南仏オービニャンのある貧しい村を舞台としている。三人しか残っていなかった村人の内の一人、夫を亡くした後も村にとどまっているラ・マメッシュは、元来イタリアからの移民である。彼女は、密猟者パンテュルルが結婚相手を見つけられさえすれば、村も再生するはずだと信じている。そして流しの研ぎ屋ジェデミュスに、彼が（半ば奴隷のように）世話している女を連れて来るよう交渉する。つまり、村の命運を握っているのは、移民女性だということになる。

そして『トニ』と『よみがえり』、これら一九三〇年代の移民映画の列に加えるべきは、すでに名前の上がっているサッシャ・ギトリの『九人の独身者 *Ils étaient neuf célibataires*』（1939）であろう。この作品こそは、本書が現在までに発見することのできた、〈パリ移民映画〉の第一作ということになる。[24]

物語の幕開きで示されるのは、在仏外国人全員を国外退去させるというニュースである。それを知ったある策士は、「六十歳以上で独身のフランス人男性募集」という広告を打った。そしてそれを見て集まってきた九人の浮浪者たちを、ポーランド人、アメリカ人、中国人、イギリス人、あるいは南米系のなどの移民女性たちに、偽装結婚相手として紹介しようというのだ。フランス国籍を得てパリに住み続けることが可能になった彼女らから、彼は法外な料金を受け取ることに成功する、しかも喜ばれて。女性たちのフランス語はみな明らかにネイティヴのものではなく、たとえばその点にも、この作品の「移民性」を見出すことができる。ただしこの作品における移民系の女性たちは、その多くが富裕層に属している。たしかにナイト・クラブで歌手として働く女性もいるが、ほとんどは富裕層だ。この点では、多くの移民映画と設定を異にしている。またこの作品は、たしかに軽いコメディとして構成されているが、一九三九年という制作年度を考えれば、そもそも「外国人全員の国外退去」という設定自体、「開戦を前にした外国人嫌いの盛り上がり」[25]と無縁ではないだろう。

そして続く一九四〇年代、五〇年代[26]、六〇年代までも含めた「移民映画」作品について、アマル・ブー・ハケムは一作も言及していない。たしかにこの時期は戦争もあり、また特に「一九五〇年代のフランス映画は基本的に三〇～四〇年代の映画の継続[27]」でしかなく、「栄光の三十年」に突入しマグレブ系移民が増えていた事実にも、カメラが向けられることはなかった。

そうした中、特筆すべき作品は、『セーヌ河畔のアフリカ ***Afrique sur Seine***』(1955)であろう[28]。監督は若きセネガル人、ポーラン・スマヌー・ヴィエラ(Paulin Soumanou Vieyra, 1925-1987)ら三人。当時セネガルを含むフランス植民地においては、アフリカ系住民の映画制作は禁じられていたため、高等映画学院で学んだヴィエラはパリで、たとえばサン・ジェルマン界隈を行き来するセネガル人学生や労働者たちの姿を撮影したのだ[29]。このドキュメンタリ風の作品は、一般に「ブラックアフリカ映画」第一作だと看做されている。本書の文脈に近づけて言うなら、「パリアアフリカ系移民映画」の第一作ということになろう。

一九六〇年代後半になると、『セーヌ河畔のアフリカ』に続いてアフリカ系移民を描いた『おお、太陽 *Soleil Ô*』(1967)が、ごく低予算で制作される[30]。モーリタニア出身のメドゥーン・オンド(Medoun Hondo, 1936-)監督は、まだ二十代前半という若さで、パリのアフリカ系移民を取り巻くさまざまな偏見、不公正を描いてみせたのだ。この『おお、太陽』というタイトルが、ダホメ(現ベナン)からカリブ諸島に連行された奴隷たちのことを歌った曲に由来していることも、語られる事象の文脈を示しているだろう。

「移民映画」の成長——一九七〇年代

一九六九年、ついにマグレブ系移民の生活を捉えた映画が生まれる。アリ・ガラン(Ali Ghalem, 1943-)監督の『メクトゥブ *Mektoub*[31]』(1969)である[32]。舞台はパリ郊外のナンテール。犇めき合うビドンヴィルの一軒に身を寄せた若きアルジェリア系移民が、夢の国だったフランスでの現実、差別と辱めに満ちた現実と出会う様子を、ほとんどドキュメンタリ風に追った作品だ[33]。一般的には、その完成度は措くとして、この作品こそがマグレブ移民を描いた最初の一本であると考えられている[34]。そして当然本作は、「パリマグレブ系移民映画」の嚆矢でもある。

翌年、クレール・エチェレリ(Claire Etcherelli, 1934-)の同名小説の映画化である『エリーズまたは真の人生 *Elise ou la vraie vie*』(1970)が制作される。監督はミッシェル・ドラッシュ(Michel Drach, 1930-1990)。アルジェリア独立戦争の真只中、ボルドー地方の貧しい家庭からパリに上京してきたエリーズは、やっと働き口を得られたルノーの工場で、アルジェリア移民の青年と出会い、恋に落ちる。

しかし、現場監督を殴って解雇された彼は、一斉検挙で連行され、エリーズの前から姿を消す……。イヴ・ガストーはこの映画について、「おずおずとではあるが、共生の問題を扱っている」[35]と指摘している。もちろん背景には、フランス帝国主義と、当時フランスに蔓延していたいわゆる「外国人嫌い」の風潮がある。

アラン・ジェシュア（Alain Jessua, 1932-）監督による『ショック療法』（1972）が舞台としたのは、ブルターニュ半島の海洋療養所だった。超高級リゾートと見まがうその施設には、若返りをもとめる「セレブ」たちが集う。そしてその若返り施術には、そこで働くポルトガル移民たちの肉体や血が使われているのだ。これが意味するのは、移民の身体を犠牲にしてよみがえる「西洋のブルジョアジー」[36]だと考えていいだろう。

そしてイヴ・ボワセ（Yves Boisset, 1939-）監督の『デュポン・ラジョワ *Dupont Lajoie*』（1974）は、パリのアリーグル広場で小さなカフェを経営するラジョワ氏の物語だ。家族とヴァカンスに出かけた南仏で、同じ宿泊施設にいた女性に暴行殺人を働いた彼は、その罪をアルジェリア移民の労働者になすりつける。やがてパリに戻ったラジョワ氏は、罪を着せられた青年の兄から、銃による報復を受けることになる。

また同じ年、アルメニア系ユダヤ人監督アンリ・ヴェルヌイユ（Henri Verneuil, 1920-2002）の『ジャン＝ポール・ベルモンドの恐怖に襲われた街』（1974）では、主役刑事が捜査の過程で、四十人ものアフリカ系不法移民と遭遇する。マリ出身の彼らは、古ぼけたビストロの地下カーヴにすし詰めで暮らしていたのだ。ただし刑事は、ビストロの主人との取引の材料として、移民たちを見逃すことにするのだが。

さらに翌年のナスール・クタリ（Naceur Ktari, 1943-）監督による『使者たち *Les Ambassadeurs*』（1975）

は、パリ有数の移民地帯グット・ドール[37]に住むチュニジア系移民――クラリ監督自身も同様である――たちが、ある殺人事件をきっかけに自分たちの権利に目覚める過程をとらえた作品だ。

この頃制作された作品としては、ジャック・バラティエ（Jacques Baratier, 1918-2009）監督の『バラックの町 *La ville bidon*』（1975）も話題を呼んだ[38]。舞台はパリ南東のクレテイユ。新都市建設のためにビドンヴィルから立ち退かされた移民たちは、仮の施設に詰め込まれ、そこではコミュニティ同士の対立も生まれる。作品としての質は高いとは言えないが、七〇年代に早くもパリ郊外に目を向けていた点は評価できるだろう。

生まれつつあったパリ郊外の新都市を舞台にした移民映画といえば、『バラックの町』から二年後、ルイス・ブニュエル（Luis Buñuel, 1900-1983）の遺作となった『欲望のあいまいな対象』（1977）を逸することはできない[39]。スペイン系移民と設定されているヒロインは、二人一役という前代未聞の方法を用い、フランス人（キャロル・ブーケ）とスペイン人（アンヘラ・モリーナ）、二人の女優によって演じ分けられたのだ。そしてこの物語の背景には、今まさに開発が進んでいるラ・デファンスが控えている。ヒロインが母と二人で暮らす古びた家は、その背後に林立するラ・デファンスの高層ビル群によって、冷たく見下ろされている[40]。その小さな家がある場所（56 bis Rue de Louis Blanc, Courbevois, Hauts-de Seine）は、今は完全に再開発が果たされた、パリ郊外クールブヴォワ地区である。

また、この『欲望のあいまいな対象』と同じ年に制作されたモーシェ・ミズラヒ（Moshé Mizrahi, 1931-）監督の『これからの人生』[41]（1977）も、「移民映画」の歴史において重要な位置を占めている。舞台は移民街ベルヴィル。老いた元娼婦であるローザ[42]は、引退後、現役娼婦の子どもたちを預かって生計を立てている。しかし高齢と病気のためにそれもままならなくなり、世話する子どもたちの数も減ってゆくのだが、そのなかで、十四歳の少年モモ一人だけはローザを離れない。それはモモの両親が、この十一年間養育費の支払以外一切連絡をよこさなかったからであり、自分を育ててくれたのはローザであることを知っているからだ。そして重要な点は、ローザがアウシュヴィッツから生還したユダヤ人であり、モモはアラブ人であることだ。この、ユダヤ人とアラブ人の関係を中心に据えた〈パリ移民映画〉は、このあとも制作され続けることになるが、本作はその第一歩だったと言えるだろう。[43]

この七〇年代を締めくくる七九年には、前述の『ショック療法』を監督したアラン・ジェシュアが、アフリカ系移民の存在を核においた作品に取り組んでいる。『犬 *Les Chiens*』(1979) である。ペリフエリック沿いらしいパリ郊外の新都市[44]を舞台としたこの異様な映画は、〈パリ移民映画〉と看做すことができる。[45]物語は、新たに着任した医師が、その町における犬の遍在を不審に思うところから動き始める。犬に噛まれた傷を持つ患者たち、夜中に犬を散歩させる飼い主たち、スーパーに陳列されている犬用商品の常識はずれの豊富さ、飼い犬に恐怖を抱く女性、人間を攻撃させる調教師。そして犬に嚙み殺されるのは、アフリカ系移民労働者[46]なのだ。犬は、急激な開発によって移民労働者が増え、新たな町へと変貌を遂げてゆくパリ郊外に広がった、人々の恐れの化身だと言えるだろう。その恐れ＝犬は、防御を越えて過剰な攻撃へと変質してゆく。

ここまで見てきた通り、一九七〇年(ないし一九六九年)以降の十年間、移民映画はそれ以前とは比較にならないほど精力的に制作されてきた。それらは多くドキュメンタリ風であったし、また何かを告発しようという意図が前面に出過ぎていたかもしれない。しかしそれでも、この七〇年代の作品群が、新たに一つの扉を押し開けていることは間違いなかろう。[47]

またこの時代、作品内に描出された移民たちのほとんどは、旧フランス植民地出身の労働者であるのだが、それはアラン・ブー・ハケムが上に引いた論文で指摘するように、移民たちの姿が、たとえば『トニ』や『よみがえり』におけるような田舎にではなく、都会の工場、あるいはビドンヴィルなどに見いだされるということでもある。こうした状況は、むろんフランスの取った移民政策と無縁ではありえない。「栄光の三十年」をひた走ってきたフランスは、工場労働者として、建設作業員として、彼らを迎え入れていたからだ。移民たちは都会に、とりわけパリに集住するようになり、そこには〈パリ移民映画〉が多く作りだされる契機が潜んでいる。

しかし一九七三年の石油ショック以降、彼らの立場は一変する。景気後退の中で単純労働に従事する彼らは、失業問題や社会不安を生み出す元凶とされ、フランス社会における「邪魔者」と看做されるようになったのだ。彼らは「外国人嫌いの犠牲者」[48]となってゆく。『メクトゥブ』の素朴な告発から出発し、『使者たち』における移民たちの目覚めを経て、移民の存在が引き起こした社会不安が、ついには移民自身をも嚙み殺す『犬』へと続く作品群は、こうした社会の変化と呼応していると言って差し支えないだろう。

「移民映画」の多様な展開――一九八〇年代以降

一九七〇年代に急激に作品数を増やし始めたフランスの移民映画は、続く八〇年代以降も成長を続ける。しかもそれは、単に作品数の問題ばかりではなく、質の多様性をも含めてのことだ。結果として移民映画は、フランス映画シーン全体に広がっていくことになる。つまり、いわゆる恋愛映画、恐怖映画、アクション映画、コメディ映画など[49]、各ジャンルの作品の中に、移民――ないし「移民性」――が伏流する作品が出現し始めるということだ。ここではその中から、いわゆるフレンチ・フィルム・ノワールに注目してみたい。そこに現れた「移民性」は、間違いなくフランス映画の「現在」にも流れ込んでいる。

一九四〇、五〇年代のハリウッド犯罪映画への耽溺から出発し、ジャック・ベッケル（Jacques Becker, 1906-1960）やジャン＝ピエール・メルヴィル（Jean-Pierre Melville, 1917-1973）らによって確立されたと言っていいフランス製のフィルム・ノワールは、「沈黙と行動の極端なコントラスト、濃くよどむ闇の雰囲気、男の友情を賭けた闘い[50]」を特徴としている。そうした作品群は、一九八〇年代にも数多く制作されたが、その中には、移民が重要な役割を演じるものも含まれている[51]。主なものを年代順に、その舞台となった地区名とともに列挙してみよう。

・一九八二年『愛しきは、女ラ・バランス[52]』（ベルヴィル）
・一九八三年『チャオ・パンタン』（グット・ドール）
・一九八四年『買収された警官 *Les ripoux*』（バルベス）／『アスファルト・ウォリアーズ *L'Arbalète*』（ベルヴィル）
・一九八五年『ポリス *Police*』（ベルヴィル）
・一九八九年『聖なる結合 *L'Union sacrée*』（バルベス[53]）

これらの作品に共通しているのは、いずれも舞台がパリ十八区、十九区の移民街であること、そして犯罪者側に移民が含まれていることだ[54]。かつてのフィルム・ノワールが、いわばヨーロッパ系同士の敵対関係だったことを考え合わせれば、ここに一つの転換を見て取ることは容易だろう。つまり、移民たちの「同化」が進み、彼らが無視できないほど大きな存在になった一方で、その厳しい状況ゆえ、彼らの一部が犯罪に近づいていったということなのだろう。この点については、ジュリエット・マンスも、支配的メディアにおける移民の表現について取り上げ、彼らを犯罪者や売春婦として描く傾向を指摘している。[55]

こうした変化の中で、特に注目される作品はと言えば、ユダヤ人監督であるクロード・ベリ (Claude Berri, 1934-2009) の『チャオ・パンタン』だろう。ここでは移民の「進出」が、フレンチ・フィルム・ノワールの枠を一歩押し広げていると言えるのかもしれない。というのもこの映画は、麻薬の売人である青年と、元刑事である給油係の中年男性との「男の友情」をテーマとしているのだが、リシャール・アンコニナ演じる売人はアラブ・ユダヤ系フランス人であり、一方元刑事を演じるコリューシュはイタリア系フランス人であるからだ。つまりここで「男の友情」を生きるのは、二人の移民系フランス人なのである。[56]

また移民の出自の多様性に関して言えば、セルジオ・ゴッビ (Sergio Gobbi, 1938-) 監督の『アスファルト・ウォリアーズ』(1984) における「ギャング」たちは象徴的だ。彼らはアラブ系 (Arabes)、アフリカ系 (Blakies)、ヴェトナム系 (Viets) であり、[57] これは戦後の各時代、舞台となったベルヴィルにおいて主流を形成した移民たちの層が、時間を超えて一つの画面に表出した結果だと言えよう。[58]

こうしたフレンチ・フィルム・ノワールの系譜は、『聖なる結合』のアレクサンドル・アルカディ監督とリシャール・ベリが再び協働し、ユダヤ人マフィアと元ナチのファミリーの対決を描いた九〇年代の大作『流血の絆』(1992) などを経て、もちろん二十一世紀にも生き延びている。[59] たとえばベルギー出身のオリヴィエ・ヴァン・ホーフスタッド (Olivier Van Hoofstadt, 1968-) 監督の『ゴー・ファースト　潜入捜査官』(2008)。ここで主人公を演じるのは、アラブ系の名優ロシュディ・ゼムであるが、彼の所属捜査チーム内での担当は、アラビア語の盗聴など、彼にしかできない性質のものだ。そしてそれはあくまで、彼の価値を積極的に認めている行為なのだ。というのも、アメリカ人捜査員がゼムについて「あいつはアルジェリア人なのか？」と尋ねたとき、ゼムの上司は憮然として答えるからだ、「彼はフランス人だ。有能な捜査員だ」と。ここで移民は、「フランス」の側からはっきり認められていることになる。それは移民が、刑事という社会的地位を獲得している以上のことだろう。[60]

またゼム出演の作品としては、ピエール・ジョリヴェ(Pierre Jolivet, 1952-)監督の『虚空のレクイエム』(2012)も注目に値する。この物語を駆動するのは、ゼム演じる父親と、離れて暮らす娘の関係なのだが、実は彼らは二人とも警察の人間であり、しかも二人ともアラブ系なのだ。ここでは、同じ組織に属するものとしての父と娘の情愛が、フィルム・ノワール的な「男の友情」の代替物となっている。『チャオ・パンタン』がフィルム・ノワールの枠を拡大したと書いたが、この『虚空のレクイエム』は、フィルム・ノワールの文法そのものを書き換えたとさえ言えるかもしれない。繰り返すが、それはアラブの、しかも父と娘なのだ。

また近年の話題作であるコメディ、セーヌ＝サン＝ドニ県生まれの若きジャメル・ベンサラ(Djamel Bensalah, 1976-)が監督を務めた『町のアラブ人 *Beur sur la ville*』(2010)も忘れることができない。[61]ここではアラブ系の主人公が、非ヨーロッパ系住民を優遇する姿勢を印象付けたい警察の思惑に乗り、地元の警官として採用されることになる。ただ彼は、相棒であるアジア系移民同様、仕事の能力が備わっているわけではないのだ。失敗につぐ失敗。しかし最後には、彼の存在が警察を救うことになる。アラブ系とアジア系の移民警官が、「フランス」を救うのだ。

この二十一世紀の三本の映画に共通しているのは、刑事ないし警官がアラブ系であるという設定である。しかも彼らは、「フランス」を守護しさえするのだ。八〇年代の移民映画と並置する時、こうした状況の新しさがいっそう明確に感じられるだろう。これは現在の「移民映画」の、一つの形だといっていい。

移民の多様性に関わるフレンチ・フィルム・ノワールついていうなら、たとえば二〇一一年に公開されたオリヴィエ・マルシャル（Olivier Marchal, 1958-）監督の『そして友よ、静かに死ね』において、犯罪組織を率いるのがロマだったということを指摘してもいいだろう。また、前出のアルカディ監督の近作、『五本の手指のように *Comme les cinq doigts de la main*』（2010）は、ピエ・ノワールのユダヤ人五人兄弟と、やはりロマ率いるギャング集団との対決を描いている。つまり、フランスの移民としては少数派に属するロマさえ、この伝統的な様式に取り込まれており、しかも彼らの民族性は作品のテーマと切り離すことができないのだ。ジャック・オーディアール（Jacques Audiard, 1952-）監督の『預言者』（2009）が描いた囚人たちの世界においても、アラブ人やコルシカ人だけでなく、ロマ――たった一人ではあるが――が含まれていたことを付け加えておこう。(62)

共生と「郊外映画」

さてここまで、フランスにおける移民映画の系譜を、フィルム・ノワールなどを切り口として概観してきた。無論「移民映画」には、ここまでで取り上げられなかった作品も数多いが、全体の流れは確認できたと言えるだろう。

次にこの項では、こうした移民映画から、いくつかの重要なテーマを抽出し、その表現の展開を追うことで、移民映画の多層性の一端を確認しておきたい。そのテーマとは、「共生」、「郊外」、「女性の自立」などである。

まず最初は、「フランス人」――「生粋の」ということだ――との共生をテーマとした作品群について検討してみたいのだが、ここでは特に、移民と「フランス人」との恋愛を描いた作品に注目してみよう。

移民と「フランス人」のカップルを描いた最初期の作品としては、まず、すでに触れた一九七〇年制作の『エリーズまたは真の人生』を挙げることができるだろう。この作品において、ボルドー出身の少女とアルジェリア系の若者の淡い恋は、人種差別の大波に破産させられてしまう。そしてそれに続くのが、トマ・ジルー（Thomas Gilou, 1955- ）監督のデビュー作、『黒い陰謀 *Black Mic Mac*』（1986）だ。このコメディの快作は、パリきっての移民街十八区のグット・ドール地区[63]を舞台としている。施設の取り壊しを要求する衛生局の白人係官を籠絡すべく、コンゴ系の女性が彼に近づくのだが、結局この二人は恋に落ちることになる。白人女性とはうまく付き合えない係官が、「なぜかアフリカ系の女性とならうまくやれる」と感じるあたり、コメディ映画らしい感覚的な説得力がある。[64]

また翌年には、ジェラール・ブラン（Gérard Blain, 1930-2000）が『ピエールとジュミラ *Pierre et Djemila*』（1987）を撮る。北フランスのルーベーを舞台とした、ＨＬＭに住むアルジェリア系の少女と、地元の少年の恋物語だ。しかしこの恋愛は、宗教的、文化的、社会的束縛の中で、ハッピーエンドを迎えることはない。

ただし、同じ八七年に制作されたジョジアンヌ・バラスコ（Josiane Balasko, 1950- ）の『刑事《デカ》 *Les Keufs*』（1987）の場合は、ハッピーエンドが用意されている。メニルモンタン[65]に住む行動的な「フランス人」女性刑事と、彼女を調査する内務班のアフリカ系男性刑事、二人はアラブ女性売春婦を救い出そうとする過程で、互いの美質を認め合うことになる。さらに、二年後には、コリーヌ・セロー（Colline Serreau, 1947- ）の『ロミュアルドとジュリエット』（1987）が公開される。牛乳を売る大企業の白人社長と、その社屋の夜間掃除婦として働くアフリカ系の女性。しかも、バニョレに住む彼女には、それぞれ父親の違う五人の息子がいるのだが、映画の時間の終わりには、社長と掃除婦の間に、母にとっては六人目の子が授かっている。その子の名前は、白と黒がまじりあった「キャラメル」になるだろう。[66]

そしてこのまじりあいというテーマについていえば、ハンガリー系ユダヤ人移民の両親を持つマチュー・カソヴィッツ（Mathieu Kassovitz, 1967- ）監督の『カフェ・オ・レ』(1993) を挙げることもできる。アンティル諸島出身のクリスチャンの女子学生をめぐって、裕福な外交官の息子でムスリムであるアフリカ系男子学生と、ワーキング・クラスのヨーロッパ系ユダヤ人男性が、三角関係を展開するわけだが、最後には女性が混交の象徴としての赤ん坊を生む。ここに共生というテーマが存在していることは疑いないし、また出産で終わる点は、上記の『ロミュアルドとジュリエット』と共通している。[67]そしてこのテーマの延長上には、一九九八年に始まった『タクシー』シリーズ[68]を置くこともできる。主人公男性は、いわゆる「見てわかる《ヴィジブル》」アラブ系であり、事実主人公を演じたサミー・ナセリは、ベルベル系アリジェリア人の家系なのだ。[69]さらに主人公の恋人は、アルジェリア戦争を戦った「フランス」軍人の娘であり、この組み合わせには、脚本を担当したリュック・ベッソン（Luc Besson, 1959- ）の挑戦を感じることもできよう。第五章で取り上げる『アイシャ』(2009) も、主人公アイシャの恋人が「フランス人」であってみれば、当然この文脈で意味づけすることが可能である。

また、しばしば「移民」との関連が指摘される「郊外」を舞台とした映画、いわば「郊外映画」と呼ぶべき一群の作品もある。その中でももっとも注目されてきた作品は、やはりマチュー・カソヴィッツの『憎しみ』(1995) 以外ではない。主人公三人は、いずれもパリの西北郊外シャントルー＝レ＝ヴィーニュのＨＬＭ[70]に暮らすユダヤ系、アラブ系、アフリカ系の若者たち。このうちユダヤ系のヴィンスが警官の失くした拳銃を拾ったことで、彼らの鬱屈した日常は波立ち始める。この作品は、二〇〇五年のクリシー・スー・ボワでの暴動を予告したと評されることも多いが、それ以上に、構成、映像、脚本、どれをとっても傑出していることを忘れるべきではない。そしてパリの周縁に「郊外」が存在することを、広くフランスに知らしめたのだ。[71]

ただこの『憎しみ』以前、「郊外映画」は存在しなかったのか？

仮に「ゾーヌ」[72]を「郊外」だと看做すならば、たとえばジョルジュ・ラコンブ（Georges Lacombe, 1902-1990）による『空の音楽家 ***Les Musiciens du ciel***』（1940）や、ルネ・クレールによる『リラの門』（1957）を、「郊外映画」の嚆矢として挙げることもできるだろう。[73] マーチン・オショネシーも、「『憎しみ』が公開された時点で、すでに『郊外』は多くの象徴的な響きに包まれていたのは間違いない[74]」と指摘している。

しかしジュリアン・ガルトゥネールはその点について、同年に撮られた『憎しみ』以外の作品、ジャン＝フランソワ・リシェ（Jean-François Richet, 1966- ）[75]の『財産目録 ***Etats des lieux***』（1995）や、『ブラック・ミック・マック』に続いてトマ・ジルーが監督した『ライ ***Raï***』（1995）を挙げながら、「変化の境目が一九九五年にあったのははっきりしている」と主張する。この年こそが、「アラブ映画 cinéma « beur »」から「郊外映画 cinéma « de banlieue »」に転換した時だと言うのだ。[76] またキャロル・ミルリニは、この「郊外映画」というジャンルの成立過程を、それぞれの作品に対するメディアの論評を分析しながらたどった上で、「郊外映画」は「八〇年代におずおずと現われるように見える[77]」と書く。そして、八〇年代以降『憎しみ』（1995）以前の「郊外」に関連する映画として、以下の五作品を挙げてみせる。どの作品も、パリの郊外を舞台としている。

・一九八二年　『13歳未満お断わり ***Interdit aux moins de treize ans***』[78]（ジャン＝ルイ・ベルテュセリ Jean-Louis Bertuccelli, 1942- ）

・一九八四年　『やめときな ***Laisse béton***』[79]（セルジュ・ル・ペロン Serge Le Péron, 1948- ）

・一九八五年　『ハーレム・アルシメッドでお茶を *Le thé au harem d'Archimède*』(80)（メディ・シャレフ Mehdi Charef, 1952-）

・一九八八年　『かごの中の子供たち(81)』（ジャン＝クロード・ブリソー Jean-Claude Brisseau, 1944-）

・一九九四年　『フランス *Hexagone*(82)』（マリク・シバンヌ Malik Chibane, 1964-）

ただしミルリニは、これらがただちに「郊外映画」だと指摘しているわけではない。これらの作品群は公開当時、いわば「郊外を舞台とした映画」として紹介されたのであり、現在「郊外映画」というものの特質——それを定義しきるのは困難だが——と考えられているものは、この時点ではまだ潜勢状態にあったと看做しているのだ(83)。そしてミルリニが「郊外映画の正式な誕生」と呼ぶ作品は、やはり九五年の『憎しみ』なのである。

では次に、彼女が挙げる『憎しみ』以降二〇〇〇年までの「郊外映画」を、年代順に確認しよう。

・一九九五年　『憎しみ』(84)（マチュー・カソヴィッツ）
『クリム *Krim*』(85)（アメッド・ブシャラ Ahmed Bouchaala, 1956-）
『財産目録』(86)（ジャン＝フランソワ・リシェ）
『ライ』（トマ・ジルー）

・一九九六年　『麗しきフランス *Douce France*』(87)（マリク・シバンヌ）

・一九九七年　『自由地帯 *Zone franche*』(88)（ポール・ヴェチアーニ Paul Vecchiali, 1930-）

・一九九七年　『おれのシテは爆発寸前 *Ma 6-T va crack-er*』(89)（ジャン＝フランソワ・リシェ）

・一九九九年　『弟たち *Petits frères*』(90)（ジャック・ドワイヨン Jacques Doillon, 1944-）

『立ち入り禁止の中庭 *Cour interdite*』[91]（ジャメル・ウアブ Djamel Ouahab, 生年不詳）

・二〇〇〇年 『磁石のように *Comme un aimant*』[92]（キャメル・サレ Kamel Saleh, 生年不詳、アケナトン Akhenaton, 1968- ）

このリストには、ガルトゥネールが挙げた二作（『財産目録』と『ライ』）も含まれている。「郊外映画」にとって一九九五年が転換点だったことは、否定しようがないだろう。

ただ一つ注意すべきこともある。キャリー・ターは、一九八〇年代の「アラブ映画」から一九九〇年代中頃の「郊外映画」への移り行きの中で、その両者のテーマの類縁性が軽視されてきたこと、また、「郊外映画」というカテゴライズが、郊外内における小エスニック集団ごとの体験の差異を無化してしまったことを指摘している。少なくともアラブ人二世――ターは彼らを beur と呼ぶ――は、単に郊外に追いやられた「他者」なのではなく、フランスで生まれ育ち、今もそこに住み続けている「他者」、つまり、他者であり内部者であるというハイブリッドな存在だというのだ。[93]「移民映画」の分析においては、この視点はきわめて重要だろう。

さて二十一世紀に入ると、「郊外映画」もまた、それまでの「荒れる郊外」という定型句を離れ、多様な展開を見せ始める。アルジェリア生まれのラバ・アメール＝ザイメッシュ（Rabah Ameur-Zaïmèche, 1966- ）が監督した『ウェッシュ、ウェッシュ、何が起こっているの？』（2001）には、まだ九〇年代風の「荒れた」若者たちが登場するが、チュニジア系のアブデラティフ・ケシシュ（Abdellatif Kechiche, 1960- ）監督による『身をかわして』（2004）では、文化祭での劇の練習を通して、郊外の高校生たちのさまざまな思いが描かれた。またカリン・アルブー（Karin Albou, 1968- ）の『リトル・エルサレム』（2006）は、パリ北郊のサルセルを舞台に、その町の三分の一（約一万五千人）を占めるユダヤ系住民のアイデンティティの葛藤をテーマとし、[94] さらにアンヌ・ドゥペトゥリーニ（Anne Depetrini, 1969-）の『ハム残ってる？ *Il reste du jambon ?*』（2009）では、ナンテール出身のアラブ系医師と、ブルジョア「フランス人」家庭に育った女性との恋愛が描き出された。記憶に新しいところでは、二〇一一年に日本でもヒットしたオリヴィエ・ナカシュ（Olivier Nakache, 1973-）とエリック・トルダノ（Éric Toledano, 1971-）の共同監督による『最強のふたり』（2011）を挙げることもできる。郊外[95]のＨＬＭに住むアフリカ系の青年が、「パリ」中心部の豪邸[96]に暮らす重い障がいのあるヨーロッパ系白人男性に対して、生きる意味を取り戻させるという物語だった。もちろん、こうした多様な展開の中でも、いわば『憎しみ』の直系とでもいうべき、さまざまなレベルで閉ざされた「郊外」を描き続ける、パスカル・エルベ（Pascal Elbé, 1967-）監督の『嘲笑の的 *Tête de Turc*』（2010）のような作品もなお作られている。

そしてこれらの「郊外映画」の中で特筆すべきは、ジェラルディン・ナカシュ（Géraldine Nakache, 1980-）[97]とエルヴェ・マンラン（Hervé Mimran, 生年不詳）の『きらきらしてる』（2009）であろう。ラ・デファンス地区[98]と隣接したピュトーを舞台としたこの作品は、アラブ系とユダヤ系[99]の二人の少女の、「パリ」に対する憧れを軸に展開する。監督とユダヤ系少女役をこなしたジェラルディン・ナカシュ[100]は、あるインタヴューにおいて、舞台として選んだピュトーについて語っている。「［…］わたしたちが育った郊外、それはたぶんフランス人の七〇パーセントが暮らしているような郊外で、そこでは何も起こらない、もちろん騒動なんかもね[101]」と。つまりナカシュは、メディアが増幅したいわゆる「荒れた郊外」というイメージを追認することをよしとせず、自らが生まれ育ったピュトーの、いわば平和な日常を描くことを選択したのだ。[102]『きらきらしてる』については、第六章で再び取り上げることにしよう。

ここまで、共生をテーマとした作品、あるいは「郊外映画」と呼ぶべき作品という観点から、移民映画を捉え直してみた。ここにはさらに、移民女性の自立をテーマとした作品群、ミュージカル映画、あるいは移民系俳優による作品群などをいう視点を付け加えることができるだろう。

たとえば女性の自立に関して言えば、二〇〇一年に制作された三本の映画が、その多面的な事情を象徴している。ヤミナ・ベンギギ（Yamina Benguigui, 1957- ）の『日曜にこんにちは *Inch'Allah dimanche*』（2001）は、アラブ系移民第一世代の自立を、コリーヌ・セローの『女はみんな生きている』は、アラブ系移民第二世代の自立と同時に、ヨーロッパ系女性の自立をも問い直し、さらにダニエル・ヴィーニュ（Daniel Vigne, 1942- ）の『マリ人、ファトゥー *Fatou, la malienne*』（2001）は、アフリカ系移民第二世代の女性が、美容師として独立する夢を追う。ここでは、移民とフランスの「和解」を超えた、新しい挑戦が描かれていると言っていいだろう。前出の『アイシャ』は、この系列から光を当てることもできよう。[103][104]

また、若き女性監督オドレイ・エストルーゴ（Audrey Estrougo, 1984- ）の長編デビュー作、『わたしを見て *Regarde-moi*』（2007）は、監督自身が育ったパリ郊外を舞台とし、特にそのシテで暮らす十代の多民族の女子たちを内面から描き出した。貧しさ、愛の欠乏、人種対立、そして自己否定。そうしたものに取り囲まれ、なおも果てしなく傷つけ合う彼女らの姿は、普遍と接する深さを獲得している。また同監督の『あなた、わたし、ほかの人たち *Toi, moi, les autres*』（2011）は、パリ有数の移民街であるバルベスを主な舞台とするミュージカルである。そこで繰り広げられる歌と踊りを担うのは、アフリカ系、アラブ系の移民たちが中心であり、彼らは時にインド風の装いで登場することさえあるのだ。[105]

さらにガルトゥネールは、「郊外映画」の作品数の増加とともに、特にアラブ系俳優の出演数が増えたことを指摘し、ロシュディ・ゼムやジャメル・ドゥブーズの名を挙げているが、(106) ここにリシャール・ベリ、サミー・ナセリ、レイラ・ベクティらの名前を加えれば、役者の仕事ぶりを突破口にした、興味ある分析も可能であろう。

〈パリ移民映画〉とは、パリと「移民映画」が出会う場所に成立する。第一章では、そうした視点から、パリ――とりわけ神話的「パリ」――と「移民映画」、それぞれの歴史を概観してみた。大革命以前、メルシエやレチフらの言葉を通して出現し始めた「パリ」は、その後の生理学、あるいはバルザックやボードレールらが提示してみせたイメージ群によって涵養された。そして二十世紀に入っても、都市芸術運動という側面のあったシュルレアリスムから、たとえばアラゴンの『パリの農夫』が掲げられ、新技術としての映画もまた、その視覚的特性そのまま、神話的「パリ」の醸成に大きな役割を果たした。今もその幻影が消え去ってはいない神話的――ヨーロッパ系白人的、とも言い得るだろう――パリは、こうして数百年かけて形作られたものだと考えられる。

一方、十九世紀末に登場した映画において、早くも一九〇六年、イタリア系ギャングが登場するアメリカ映画『汚れた手』が制作され、一七年には、チャップリンが『移民』を発表する。またフランスでも、一九三四年、ジャン・ルノワールの『トニ』が南仏の移民の姿を捉え、開戦と相前後する一九三九年には、サッシャ・ギトリが『九人の独身者』を発表している。このギトリの作品は、まだ都市としてのパリの刻印は薄いとはいえ、〈パリ移民映画〉の最初の作品だと考えていいだろう。

その後も、一九五五年にはアフリカ系移民が登場する初の〈パリ移民映画〉、『セーヌ河畔のアフリカ』が、六九年にはナンテールのマグレブ系移民を描いた『メクトゥブ』など制作され、さらに一九七〇年代に入ると、「移民映画」は一気に多様化する。そこでは、アラン・ジェシュアやイヴ・ボッセ、ジャック・バラティエといったヨーロッパ系白人監督同様、アルメニア系のアンリ・ヴェルヌイユ、チュニジア系のナスール・クタリ、スペイン系のシュルレアリスト・ブニュエルといった、移民系の監督たちも豊かな仕事を達成していった。またこの時代は、『トニ』の時代に地方で働いていた移民たちが、フランスが「栄光の三十年」をひた走る中で、その労働の場所を都市部の工場などに移していった時代でもある。ただし石油ショック以降彼らの立場は一変し、彼らは「フランス人」にとっての恐怖の表象となることさえあった。もちろん同時に、彼らに向けられた社会的不正を告発するような作品も作られていった。

そして八〇年代に入ると、移民たちはいわば映画界に遍在し始める。つまり、さまざまなジャンル映画において、彼らの姿がフレーム内に現れるようになったのだ。特に、フィルム・ノワールの世界では、移民たちの「役柄」の変化は時代の鏡となっている。というもの、かつての善悪の軸はともにヨーロッパ系白人同士によって演じられていたものが、やがて移民が、まずは犯罪者の「役柄」に加わり、やがて移民第二世代には刑事としても登場し、二〇一二年公開の『虚空のレクイエム』では、ついにアラブ系の父娘がともに刑事役として登場するまでに至っているのだ。

また一般に、八〇年代には「アラブ映画」が、九〇年代半ばには「郊外映画」が生まれたとされる。両者の区別は必ずしも鮮明ではないが、後者について言うなら、一九九五年制作の『憎しみ』がきわめて画期的だったことは間違いない。それは、いわゆる「黒人／白人／アラブ人 black/blanc/beur」というトリオを創出したばかりではなく、ロシツキーが指摘する通り、ポスト・ホロコースと時代のユダヤ人の姿をも、先鋭的に捉えていたと考えられるからだ。

そしてこうした「移民映画」には、共生、女性の自立など、いわば普遍性に通じるテーマを見出すこともできる点も、忘れてはならない。一つだけ例を挙げるとするなら、第六章でも扱う予定の『きらきらしてる』がふさわしいだろう。主人公であるユダヤ人少女とアラブ系少女の二人は、「パリ」への憧れを共有しながら「郊外」に住み、ただしどれほど喧嘩しようと、お互いの民族的差異に言及することはないのだ。バカロレアを持たない彼女らの日常の描写は、こうしたこと全体の現実性を支えていると言ってもいいのだろう。この「移民映画」には、未来の映画のさまざまな可能性胚胎されているのだ。

では、こうしたことを踏まえ、次章からは具体的な〈パリ移民映画〉の分析に入っていこう。

第2章

「ブルー通り」の二層性とその空間的分割

――『イブラヒムおじさんとコーランの花たち』試論

それぞれの時代の城壁に守られたパリは、いわば絵巻のような神話群を、その内部で育ててきた。生きられることによって、絶えず新たなエネルギーを供給されるそれら神話群は、二十一世紀の今日もなお生き続けている。しかし、こうした事実は、パリが全体として均質であることを意味しているわけではない。東京がそうであるように、パリもさまざまなスケールの、さまざまな背景を持つ街々によって構成されている。そこには、アラブ人街も、アフリカ人街、アジア人街、ユダヤ人街なども含まれるだろう[1]。パリは混成都市以外ではなく、そこにこそ未聞の文化が誕生する契機が伏流してもいるのだろう。

一九六〇年代初頭のパリを描く『イブラヒムおじさんとコーランの花たち』(2003)(以下『イブラヒム』)は、空間的には、パリ九区のユダヤ人街であるブルー通り界隈を舞台としている。もちろん今までにも、ユダヤ人街を舞台とする映画は数多く作られてきた。たとえば『聖なる結合』[2]は、パリを代表するユダヤ人街であるマレ地区を舞台とし、そこで実際に起きたユダヤ人襲撃事件をも取り込んでいた[3]。また現在第三作まで制作されている大人気シリーズ『原色パリ図鑑』は、繊維関連の仕事につくユダヤ人が集うサンティエ地区を舞台としている。ブルー通り界隈は、これらよく知られたユダヤ人街と比較すると、たしかに目立たない存在かもしれない。しかしこの地圏を舞台として、少なくとも三本の映画が撮影されたことは、意味のある事実だとも言えるだろう。そしてその内の一本が、

『イブラヒム』であるのだ。[4]

第二章では、この『イブラヒム』を取り上げ、そこで描かれる意味空間の構成が、現実のパリの空間といかなる関係にあるのかを検討してみたい。そのためには、かつて前田愛が『都市空間の中の文学』（1982）で提示した方法論が参考になるだろう。具体的には、映画とその原作小説との異同を、とりわけ両者が組み上げた意味空間の構成の差異を明確にすることが、有効であると考えられる。映画は、原作が示していた空間構成を別の位相へと変換し、その結果生きられた空間は、新たな意味を獲得しているようであるからだ。

I　作品の諸背景

二人の脚本家

映画『イブラヒム』は、エリック゠エマニュエル・シュミット（Éric-Emmanuel Schmitt, 1960- ）とフランソワ・デュペイロン（François Dupeyron, 1950- ）の共同脚本による作品である。前者は原作小説を書いた作家であり、後者はこの映画の監督でもある。

現代フランスを代表する書き手の一人であるシュミットは、二〇〇一年、この映画の原作となった同名小説[5]を発表した。この小説は、フランスとドイツだけでも五十万部を超えるベストセラーとなり、すぐに映画化の話が持ち上がった。そしてその後、映画化が現実のものとなった時、シュミット自身も脚本担当として参加することになったのだ。

この小説は、現在第五作まで発表されている「目に見えないもののシリーズ」の第二作にあたっている。これはいわば、さまざまな宗教に関わる巡礼の旅とでも言うべき連作小説である。

第一作が発表されたのは一九九七年。チベット仏教の聖者ミラレパに題材をとった『チベット聖者の教え』[6]である。ここでは、輪廻思想を背景に、現代フランス人とかつての聖者が並行して登場する。

第二作が本書で取り上げている『イブラヒム』（邦訳は『モモの物語』）。

第三作は二〇〇二年。白血病のため余命十二日と宣告された少年が主人公の『神さまとお話しした十二通の手紙』[7]。最後の日々、少年が手紙を書き続ける相手は、神――おそらくはキリスト教の――である。この作品は、二〇〇九年、シュミット自身が監督となり映画化されてもいる。

第四作は二〇〇四年の『ノアの子』[8]。舞台は一九四二年のベルギー。ナチに追われるユダヤ人の少年ジョゼフは、キリスト教の神父が開く寄宿舎に匿われる。これは、ユダヤ教とキリスト教の類縁性の深層を探る物語でもある。

第五作は二〇〇九年、『太れなかった力士 *Le sumo qui ne pouvait pas grossir*』（Reclam Philipp Jun, 2009）である。これは東京を舞台とし、相撲部屋に入門した痩せた少年の物語である。背景には、zen（禅）への接近がある。

つまり、この連作で試みられているのは宗教の相対化であり、志向されているのはその果てにある共感の地平だと考えられるだろう。それぞれの作品が特定の宗教（的態度）を扱っているとしても、それはあくまで、こうした文脈から逸脱しない範囲においてということなのだ。シュミットが、現在フランスで圧倒的ポピュラリティを獲得している事実は、彼のこうしたスタンスとも無縁ではあるまい。

映画『イブラヒム』の監督を務めながら、同時に脚本にも参加したフランソワ・デュペイロンは、『ミミズクの夜』（1984）と『ラメント』（1988）で二度のセザール賞（短編ドキュメンタリ部門／短編フィクション部門）を獲得したあと、『うつくしい人生』（1999）などの商業的長編映画を経て、当時は脚本、小説にもその活動範囲を広げていた。この『イブラヒム』が原作者との共同脚本という形になったのも、彼の活動の流れとしては自然なものだっただろう。

かくて映画版『イブラヒム』は、原作小説の書き手と、映画監督が協働して脚本を担当することになった。単純に言えば、特にシュミットが脚本に加わったことで、小説と映画の間に、ある連続性が保証されたと言うことも可能だろう。そしてそれは逆に言えば、二つの版の間の異同の裏には、何らかの意図が存在しているということにもなるだろう。

時間的舞台

物語の舞台となるのは、一九六〇年代初頭のパリである。この時代、フランスは一般に「栄光の三十年」と呼ばれる第二次大戦後の経済成長期の真っただ中にあり、また一方では、大きな価値観の転換を図っていく時代でもあった。

本作の時間的舞台が一九六〇年代に置かれたことについて、ミッシェル・ラヴォワは一つの見解を表明している。彼はまず、モーシェ・ミズラヒ監督の『これからの人生』の名を挙げ、このユダヤ人とアラブ人の間で結ばれた「もっとも美しい親愛の一つ」を描いた作品が、一九六〇年代のベルヴィルを舞台としていたことをわたしたちに想起させる。そして、こう続けるのだ。

デュペイロン監督が、アクチュアルな現実の内にではなく、あくまで一九六〇年代に物語の舞台を設定することにこだわったのは、おそらく偶然ではない。現代における中東の緊迫した状況を背景に置いたなら、『イブラヒム』が提示する特別な友愛関係は、一つのお話というより、この上なく空想的なＳＦ小説の中の事件にさえ見えてしまうだろう。(9)

つまりラヴォワに従えば、『これからの人生』と同じ一九六〇年代を時間的舞台とすることで、『イブラヒム』もまた、「もっとも美しい親愛の一つ」になり得ると制作者は考えた、ということになろう。たしかに、ユダヤ人とアラブ人の関係を描いているという点において、『イブラヒム』と『これからの人生』の類縁性は明白だ。[10]また両者が、年長者と子どもという説話構造を持っている点においても。しかし、『これからの人生』がその公開時点の一九七七年において強い衝撃を持って受け止められたのは、背景に六日間戦争などがあったゆえであろう。そしてその点は、この『イブラヒム』の場合も基本的には変わらない。つまり、たとえ時代設定が六〇年代であっても、それらの作品は現代の作品として提示されていたはずなのだ。幸福な過去の存在が、いかなる現代的な意味を持ち得るか。両作品の一つのモチーフがそこにあったのは間違いないだろう。[11]つまり、『これからの人生』と『イブラヒム』の類縁性はラヴォワの指摘する通りだが、それは時代設定の根拠とはなり得ないだろうということだ。

また『イブラヒム』における「イブラヒムおじさん」は、ユダヤ人街にたった一人のアラブ人として描かれているが、現代ではそうした状況は考えられない。実際、ブルー通りを舞台にした『ブルー通り17番地 *17 rue Bleue*』(2001) においては、すでにアラブ人の複数の家族がブルー通りに暮らしている。一九六〇年代と言う時代設定は、むしろ物語内部の、こうした状況のためにこそ要請されたものだと考えられよう。

二人の主人公

主人公は二人、陰鬱な父親と二人で暮らす十三歳の少年モモ(=モイーズ)と、たった一人で乾物商を営んでいるトルコ系移民、イブラヒム老人だ。

まず言うまでもなく重要なのは、モモとその父親がユダヤ人として設定されているという点である。ではここで、現代フランスにおけるユダヤ人の状況を簡単に確認しておこう。

ユダヤ人政策計画研究所が二〇〇六年に発表した年次報告によれば、その時点でフランスは、七十万人を超えるユダヤ人居住者を擁し、イスラエル、アメリカ合衆国に次いで、世界三位のユダヤ人大国となっている[12]。そしてその約半数程度が、パリ圏に居住していると考えられている[13]。

フランス革命、「一八三一年四月二十四日法[14]」、そして二度の大戦を経て今日まで、フランス国内のユダヤ人は、いわば共和国の理念を映す鏡としての存在でもあった。またそれは移民問題にも関連付けられ、移民間の勢力競争に巻き込まれた一面もあった。もちろんユダヤ人の場合、経済移民という形を取るにせよ、実際は政治難民である場合も多かったわけだが。

そして現在、パリにはいくつものユダヤ人街が存在する。その一つが、『イブラヒム』の舞台となったブルー通り界隈なのである。

一方イブラヒム老人は、このユダヤ人街で唯一のアラブ人として設定される。そして彼は、スーフィズムの実践的信仰者でもある。

こうした背景をもつ二人は、当初は常連客と店主の関係でしかなかったが、イブラヒムがモモの万引きを許したことをきっかけに交流が始まり、やがて、モモの父親の自殺を機に、二人は「父子」の関係を築き始める。つまり映画内では、彼ら二人の交流の深まりが縦糸となり、モモのさまざまな体験、娼婦たちとの付き合い、少女との恋愛と別れ、父親の失踪と自殺、母親との再会などが横糸となって、一つの物語が織りなされてゆくのだ。

モモとイブラヒム。二人の関係には、まずいわゆる「老人と子供」という構図が当てはまる。たしかに「親子」のようであり、実際物語内では法的にも親子になる。これがこの映画の基層の一つであるのは間違いない。

しかしそれと同程度に重要な要素と言えるのは、二人がそれぞれ「ユダヤ人」であり「アラブ人」である点だろう。もちろんイブラヒムは、物語の中で「わたしはアラブ人ではない」と宣言しているが、アラブ人というものが「イスラーム文化を誇りとし、アラビア語を愛する者[15]」だとするなら、イブラヒムがアラブ人であるのは言を俟たない。自分は「アラブ人ではない」という彼の発言の意図──ステレオタイプな認識方法の拒否──は他にある。

ヨセファ・ロシツキーの言葉[16]を借りるなら、ユダヤ人は今や、「古いヨーロッパにおける伝統的な他者」から、「新しいヨーロッパの他者たち」の一員になっているという。植民地を収奪することで繁栄をむさぼってきた「古いヨーロッパ」から、ポストコロニアルな──あるいは／そして、ポスト・ホロコーストの、とも言えるだろう──「新しいヨーロッパ」への移り行きを前提とした上で、ユダヤ人が、前者における「伝統的な他者」という位置から、後者における「他者」の一員という位置へ変化したというのだ。ただ、このロシツキーの視点で肝要なのは、「新しいヨーロッパ」の「他者」の中には、「ポストコロニアルな存在としてのアラブ人、南アジアのムスリム、そしてアフリカ系黒人」らも含まれている点だろう。というのも、この理路にしたがうなら、「新しいヨーロッパ」における「ユダヤ人‐アラブ人」の関係は、その「他者」同士の関係に他ならないことになるからだ。そしてそうした彼ら移民同士の関係を前景化させた作品は、すでに『これからの人生』(1977)以降何度か試みられてきたし、『イブラヒム』以降も制作され続けている[17]。本作は、だから当然そうした一連の作品群の中に位置づけることもできるわけだが、この第二章においては、作品内の空間構成の力学に焦点を当てることとし、この移民同士のテーマは後述することにしよう。

Ⅱ　小説から映画へ——登場人物たちの造形

この項では、『イブラヒム』の原作小説と映画の異同を追って行きたい。まずは、登場人物たちの造形について検討しよう。

最初に問題になるのは、主人公モモ（＝モイーズ）の年齢である。彼は原作では十一歳だったが、映画では十三歳に設定されている。また、原作におけるモモは「飴玉の袋みたいに太っている」[18]のだが、映画に現れたモモはスリムな美少年だ。

またモモの父親については、その自殺の理由が問題になる。これは原作では、かなり限定的に明示されている。[19]彼は、両親をナチに連れ去られたという子供時代の記憶を、ついに乗り越えられなかったというのだ。一方映画においては、自殺の理由については、主に彼の性格と、解雇されたことによる挫折感であるかのように描かれている。この演出上の変更は、たしかに大きなものではない。しかしこの変更によって、父親を苦しめていた「ポスト・ホロコースト」性が幾分か薄められる結果になっていることは、否定できないだろう。ただ無論、一九六〇年代のパリのアシュケナジム系ユダヤ人にとって、ホロコーストの記憶があえて語る必要がないほどに共有されていたのは間違いないし、この父親が放っている暗鬱な気配が、作品自体の影を担う重要な要素であることにも変わりはない。

また、モモの母親の扱いについても、演出上の変更がある。物語の初めから、モモにとって母親は不在であり、その不在は「いつ帰ってくるかはわからない」という父親の言葉によって、いわば半永久的に宙づりにされている。しかし原作では、物語の終わり近く、成人したモモが妻子を伴って母親の家を訪れる場面があり、母親の不在という欠落は、最終的には充足へと回収される。しかし映画においては、たしかに中盤に母親が登場するものの、モモは自らを偽ることで、この回収の契機を見送ってしまう。つまり母親は、欠落の記号として定着してしまうのだ。そしてこの演出上の変更の意図は、物語の焦点を鮮明にするためだと考えていいのだろう。つまり、息子と母親の問題を後景に置くことで、モモとイブラヒムの関係はより前景化されるからだ。

ではイブラヒム自身についてはどうか？ 彼については、二つの版の間での差異はほとんど見いだせない。ただし原作のほうには、以下のような、際立つ一節が挿入されてはいる。

みんな、イブラヒムのことを仙人と呼んでいた。それはきっと、少なくともこの四十年のあいだは、おじさんがこのユダヤ人街でたったひとりのアラブ人だったからだと思う。[20]

イブラヒム自身は、後に自分を「アラブ人」という枠組みで見ないようにと宣言するわけだが、それにしてもこの「四十年」という数字には重みがある。それはつまり、一九二〇年頃パリに移民してきたイブラヒムが、[21]「浮かれた時代」(les années folles)、世界恐慌、開戦、ナチによるパリ占領、そして解放から戦後の一九六〇年代までを、すべてここパリのユダヤ人地区で経験してきたことを意味しているからだ。彼はこのブルー通りで、たとえばヴェル・ディヴ事件を含むユダヤ人たちが味わった苦悶を、間近で、つぶさに見てきたことになる。

また、原作では背景的人物だったにもかかわらず、映画では確固とした人格が与えられた人物もいる。一時モモと淡い恋愛関係を結ぶミレアムという少女だ。モモの母親が後景へと退く代わりに、ミレアムはフレーム内で強い印象を残す。結果として、彼女との恋愛と別れは、モモの精神的成長を描くサブ・ストーリーとしての機能を追うことになるが、彼女がシナゴーグに通うユダヤ人一家の娘であることを想起するなら、特にモモの父親が家を離れて以降、空間としてのユダヤ性を担うのはこのミレアムの役割になるのだろう。だからこそ、モモがイブラヒムとトルコへと旅立つシークエンスでは、彼女はユダヤ的空間に身を潜めることになるのだ[22]。

さらには、ブルー通りの娼婦たちの造形にかかわる異同にも触れる必要がある。まず明白なのは、モモが原作内で「通りで一番きれいなお姉さん[23]」と呼んでいた黒人の娼婦が、映画ではより前景化されていることだ。原作ではたった一度言及されるだけの彼女が、映画内では、冒頭シーンを始め、観客の記憶に残る場面に何度となく登場する。作品内に現れる黒人は、冒頭の花売りの男性と、セーヌ河岸で踊っていた若者を除けば彼女だけであるが、その彼女を繰り返しフレーム内に登場させる脚本・演出は、パリ、ないしブルー通りが抱える人種的多層性に下線を引くことだと言えるだろう。こうした視覚的効果のもと、観客はパリという都市の混成的なヴィジョンを受け取ることになる。

娼婦としてはもう一人、モモの初体験の相手となる白人娼婦にも注目する必要がある。小説では名前を持たなかった彼女は、映画内で「シルヴィ」という名前を得たことで、いわば個としての輪郭を立ち上げることになる。モモがミレアムに失恋した時、シルヴィはモモを――「慰めてあげようか？」という言葉とともに――ベッドへと誘う。そしてモモの父親の自殺が判明した時には、歩道で座り込むモモの隣に腰を下ろし、黙ってモモの肩を抱く――。映画版でのみ提示されたこれらのシークエンスが、すでに述べたモモの母親の不在を強調した演出と釣り合っていることは明白だろう。少年が母親を希求する寂しさは、時に性的な形を取り、時に弱さとして描出される。つまり娼婦たちは、シルヴィとモモとの関係を通して、少年の母親に対する希求の表象という側面も内包することになったのだ。

III 空間構成の変容

「郊外」としてのブルー通り

前項においては、原作と映画の登場人物たちの設定の異同について述べ、その変更の意図についても、ある程度触れることができた。しかし最大の変更点は、実は以下に述べることにある。それは物語そのものの結構となっている、意味空間の構成のされ方の問題なのだ。

しかしこの問題に入る前に、その前提として、モモにとってのブルー通りとパリの関係に触れておく必要がある。これは、小説においても映画においても、基本的かつ重要な枠組みだからである。ブルー通りは、もちろんパリの内部、パリ九区に位置するわけだが、少年モモにとって、実はここは「パリ」ではない。それは以下の場面にはっきり見て取ることができる。

イブラヒムとモモが、セーヌ河岸などを散歩したあと、パレ・ロワイヤル公園[24]のカフェで休んでいた時のことだ。スーズという銘柄のリキュールを飲んでいるイブラヒムに向かって、モモは言う。小説版から引用しよう。

「パリに住めたら、最高だろうな」
「モモはパリに住んでるじゃないか」
「違うよ。僕が住んでるのはブルー通りだもん[25]」

モモにとって、ブルー通りが「パリ」に含まれていないのは明らかだろう。そしてこの「パリ」に対する意識は、映画版ではさらに明確なものとして表現される。上に引いた最後のセリフに、映画の中のモモはこう付け加える。

「ここはキレイ過ぎるよ。ぼくなんかの住むとこじゃない[26]」

脚本を担当した二人、シュミットとデュペイロンは、ここでモモの目を通して、ブルー通りと「パリ」の関係をきわめてはっきり提示している。美しすぎる「パリ」。そうした「パリ」に釣り合わない自分。しかしなぜ釣り合わないのか。それは無論、モモがパリの中の非「パリ」、ブルー通りに住んでいるからだ。

そしてまさにこの瞬間、ブルー通りは「郊外」の相貌をもって立ち現われてくると言えないだろうか。ユダヤ人、アラブ人が住み、黒人や白人の娼婦たちが働き、映画撮影のため訪れた女優――「パリ」に属していると考えられるブロンドのヨーロッパ系白人――は、「ここは水が高いのね（傍点引用者）」と言い放ち、彼女にとってブルー通りが異界であることを隠そうとしない。ブルー通りは、パリの内部にある「郊外」なのだ。

そして「郊外」とは、人種的・民族的混交の場であると同時に、「労働者階級が生きる場所[27]」であることとも付け加えておくほうがいいだろう。この『イブラヒム』には、確かに「労働者階級」の人間しか登場しないのだ。

原作の展開する場所

ではここからは、前項で示した「パリ」に対する意識を前提に、原作が展開する実際上の〈場〉を確認してゆこう。小説の中心的な舞台となるのは、パリ九区にあるブルー通り（Rue Bleue）とパラディ通り（Rue de Paradis）だ[28]。

長さが二五〇メートルほどしかなく、道幅も狭いブルー通りは、たとえばメトロのオペラ座駅からなら、歩いても二十分ほどの距離だ。もしメトロを使うなら、ブルー通りの最寄であるカデ駅までは、たった三駅である。

このブルー通りは、革命以前、地獄通りという名称だった。というのもこの通りは、「天国」を意味するパラディ通りの延長上に位置し、二つの名はいわばペアだったからだ。けれどもまさに革命が起きたその年、「地獄」という名を嫌った住民たちからの要請により、通りの名はブルー通りに変更される。この改変の際、「ブルー」通りという名が選ばれたのは、単に近くにヴェルトゥ（＝緑）通りがあったからだという[29]。

ブルー通り周辺は、ユダヤ人地区の一つとして知られている界隈である。いつ頃からユダヤ人が増え始めたのかを確定することは困難だが、今もユダヤ関係の書店などが点在するこのあたりには、徒歩圏に四つものシナゴーグが控え、その中には、フランス最大のシナゴーグ、シナゴーグ・ドゥ・ラ・ヴィクトワールも含まれている。それらのシナゴーグはすべて、アシュケナジム[30]のためのものである。

次はパラディ通りであるが、これはブルー通りの延長上、フォーブール＝ポワソニエール通り（Rue du Faubourg-Poissonière）を超えて十区に入ったところにある、長さ五〇〇メートルほどの通りである。ここは、最晩年のカミーユ・コローがアトリエを構えた場所としても知られている[31]。

原作小説は、このパラディ通りに立つ多くの娼婦の姿を描いている。一九六〇年代、パリには街娼が通りに立つことは珍しくなかった[32]から、その意味では、パラディ通りが特に際立った場所だという

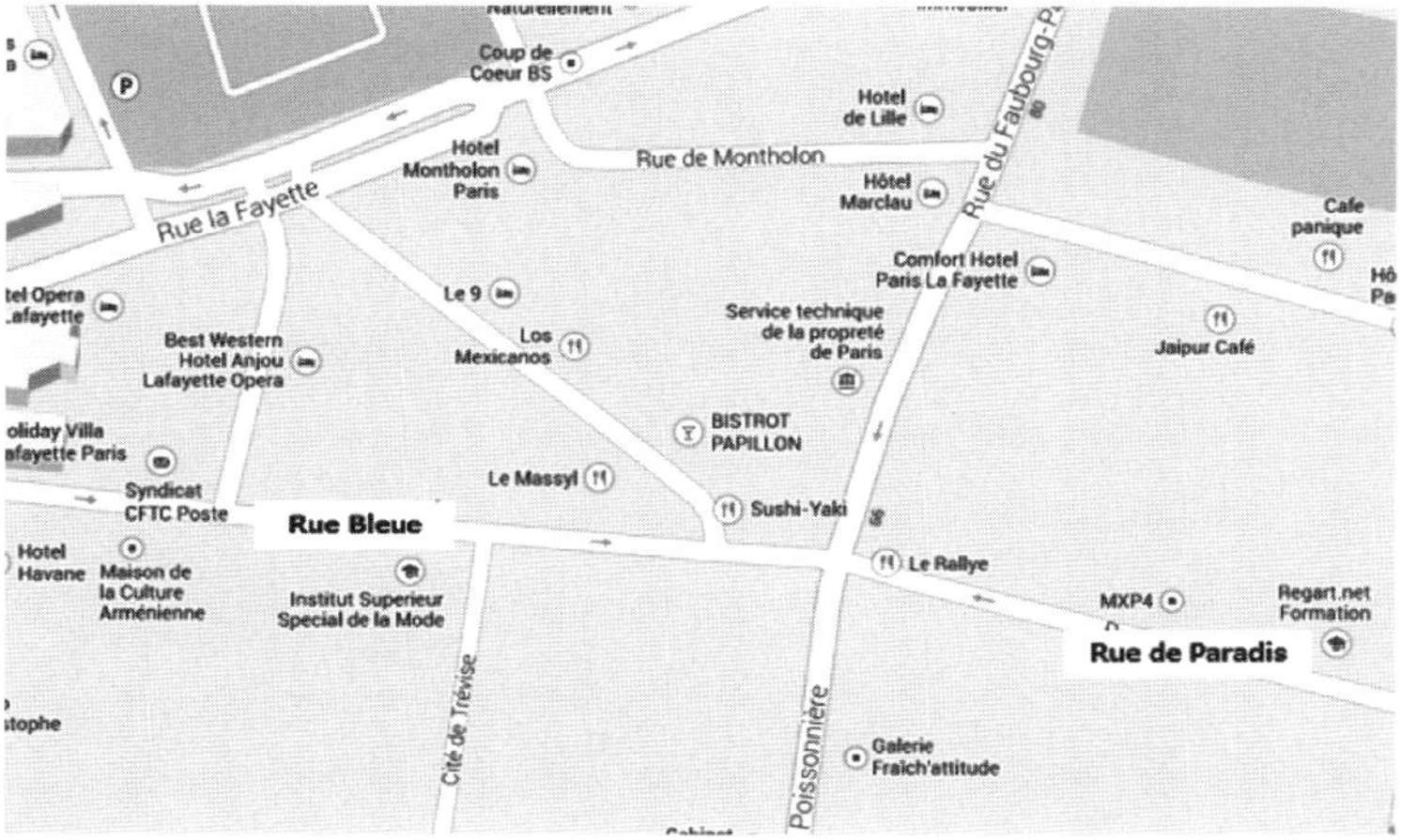

ことにはならないだろう。とはいえ、イブラヒムがモモに向かって「天国《パラディ》は万人に開かれているとも(33)」と話す時、そこで「天国《パラディ》」が二重性を帯びているのは明白だ。それはもちろん、場所としてのパラディ通りと、そこで働く娼婦たちの存在そのもののことを指しているに違いない(34)。

つまり小説『イブラヒム』は、一直線に繋がりながら、同時にフォーブール＝ポワソニエール通りで分かたれた二つの通り、ブルー通りとパラディ通りという実在の通りを舞台とし、そのそれぞれを、異質な意味空間として定着させるという構成をとっているのだ。

意味空間としての内実

では、小説版におけるブルー通りとパラディ通りが、前項で述べたような意味空間として造型されているとして、その内実とは何なのだろうか？

まずブルー通りであるが、それがユダヤ性を負った空間であることはすでに指摘した通りだ。だとするとここで問題となるのは、そもそもモモにとって、ユダヤ性とは何か、という問題であるだろう。

ユダヤ人とは何か、とイブラヒムに訊かれた時、モモはこう答えたはずだ。

> お父さんにとっては、陰気くさい毎日を送るっていうことだけど。僕にとっては……そのせいで他の何かになれない、っていうだけのことかな。[35]

弁護士として働き、瑣末な規則で息子を縛る父親。その結果、身動きとれなくなっているモモ。だからモモにとって「ユダヤ人であること」は、戒律を生きる不自由さであり、ペシミスムに閉じこもることでしかない。

これが意味空間としてのブルー通りの内実だ。ここでブルー通りは、はっきり「ブルーな（＝陰気な）通り」という印象を与えている。また、かつて地獄通りと呼ばれていたことも、自然と想起されるだろう。

ただしブルー通りには、もう一つ別の要素も埋め込まれている。ユダヤ性から見れば「異物」との言える存在、それはむろん、「たった一人の」異教者、イブラヒムだ。モモの父親とは対照的に、彼はある安らぎの内で生き、ほほ笑むことを知る人間として描かれている。そして彼はここで、この陰鬱《ブルー》な通りにおける唯一の光として立ち現われてくる。モモは言う。

> イブラヒムのおかげで、大人の世界に隙間ができた。いつも僕が頭をぶつけていた壁にヒビがはいって、そこから救いの手が差し伸べられたみたいな、そんな感じがした。[36]

モモの言う「大人の世界」とは、「ブルー通りの世界」の謂だ。それは当初ユダヤ的戒律が張り巡らされた陰気な世界だったが、今イブラヒムの光の下に、もう一つの姿を覗かせ始めたのだ。引用した個所は、単一な価値の序列が、ひとりの老人によって揺さぶられ、ついに相対化された瞬間だったともいえよう[37]。図式化するのを恐れずに言うなら、イブラヒムという一条の光が差し込む、陰鬱なユダヤ的戒律の空間、それがブルー通りなのだ。

さて、ではもう一つの通り、パラディ通りとはいかなる内実を担うものなのだろう。娼婦たち、あるいは娼婦たちに対する興味や欲望は、ここでは向日的な、生産的なエロスの相貌をまとっている。描かれているのは、たしかに、十六歳だと偽って娼婦と戯れる十一歳のユダヤ人少年であり、コーランの教えに忠実でありながら、現世の充実を求めないではいない老人の姿にしか過ぎない。しかしそれでもなお、「万人に開かれた」パラディ通りが、こうしたある豊饒さに満ちた空間であるのは間違いないだろう。

そして忘れることができないのは、前述した映画版におけるほど明確な形ではないにせよ、娼婦たちが、モモの母親への希求という記号を負っているという点だろう。つまりパラディ通りは、祝祭的、エロス的、そして出入り自由な開かれた空間であり、同時に、モモにとっての母性を象っているのだ。これが、意味空間としてのパラディ通りに付与された内実なのだ。

映画の展開する場所

続いて、映画における空間の構成について検討してみよう。映画内でもやはり、モモやイブラヒムはブルー通りに住んでいることになっているし、映画後半でフランスを離れた場面では、ブルー通りを懐かしんでもいる。しかし、フレーム内に映し出される「ブルー通り」は、現実のブルー通りではない。それどころか、「ブルー通り」は二つの通りに分裂しているのだ。

ではここで、こうした事情を含め、映画における結構が集約的に表現されている冒頭の二分間ほどを、詳細に追ってみることにしよう。(38)

まずはオープニングクレジットが、黒い背景に映し出される。この間、ラジオをザッピングしている、あるいは選局しているらしい音が流れ続けている。

そして十九秒後、画面には唐突に、スカートから覗く女性の脚が現われる。近い距離から、アイレベルで捉えられた映像だ。それと同時に、ラジオから曲が流れ始める。ティミー・トーマスの往年のヒット曲、「ホワイ・キャント・ウイ・リヴ・トゥゲザー?」(1972)である。場面は夜。暗い画面の中、女性の脚はゆっくりと石畳を歩く。

カメラは速いスピードで持ち上がる。薄暗い、路地のような通り。さきほどの女性が黒人の、おそらくは娼婦であることがわかってくる。彼女はブロンドの鬘をかぶり、緑色の地の水玉のサマードレスを着ている。彼女の背後には、やはり娼婦らしき白人女性たちもいる。やや寄り気味のフィールドの画面である。

黒人女性がたばこに火をつける。その一瞬だけ、彼女の顔が浮かび上がる。

カメラは動き続け、彼女の前に回り込む。と、背後からやや浮き上がるようにして、真紅の花束を抱えた黒人男性が現われる。白いシャツを羽織り、髭をたくわえた彼は、彼女の向かって右手に立つ。彼は言う。バストアップのショットである。

「バラはどう?」

「……いくら?」

「二十五フラン」
彼女は花に顔を近づけ、匂いをかぐ。
「買うわ」
バッグからお金を取り出し、それを男性に渡す。男性は彼女に花束を。
「ありがと」

ここで画面は切り替わる。映し出されたのは、窓辺に立つ少年、揺れるレースのカーテンに隠れるようにして立つ少年のニーアップである。

そしてもし観客が、先ほどの黒人女性と花売り人のやり取りが行われているあいだ中ずっと、ナロウフォーカスされていた二人にはさまれる位置に、明かりのついたフレンチ窓が、遠く、ぼんやり映し出されていたことに気づいていたのなら、今この少年が立っているのは、そこで遠望されていた窓であることがわかるだろう。少年は、食い入るように見つめている。

再び画面が切り替わる。黒人女性が、両側の建物に挟まれた短い直階段を登り切った地点にいて、おそらくは客引きをしている。このフィールドショットは、窓辺に立つ少年の見ている映像なのだ。

女性が立つ狭い通りの向かい側には、明かりの点いた店があり、今そこから、一人の男性が、左手にワインの瓶を持って出てくる。黒っぽいスーツを着た男性は、彼女の横を、まったく興味を示すことなくすり抜け、足早に階段を下りてゆく。あたかも我が家に急ぐかのように。所在なく立っている彼女の後ろを、クルマが通り過ぎる。

また画面が切り替わる。同じ場所であるに違いないが、強い西日が差している。昨日と同様、階段を上がり切ったところに立つ黒人女性は、今はフルボディで捉えられている。着ているドレスも昨日のままだ。

ボーダー柄の、ノースリーブのサマードレスを着た、ヨーロッパ系白人のティーンエージャーが、黒人女性の前を横切って、階段を下りてゆく。カメラは、少しの間だけ彼女を追うが、またすぐに黒人女性を見つめ始める。そう、この映像もまた、窓辺の少年の視界なのだ。

白いワンピースを着た、いかにも娼婦らしい白人女性が、黒人女性と話し始める。その一メートル横では、別の娼婦が、男性と会話している。

そこに、画面の左から、大きなロール状の生地を載せた運搬台車が現われる。押しているのは、作業着を着た二人の男性。さらに画面の左下からは、二つの黒い帽子が、せり上がるようにフレームインしてくる。それは、階段を上ってくる超正統派のユダヤ教徒がかぶっているものなのだ。

画面が切り替わる。窓辺の少年のバストアップ・ショットだ。今彼は、白いタンクトップを着て、やはり興味深げにあたりを視線を投げている。

やがて、街の喧騒に紛れるようにしてラジオの音声が聞こえてくる。そして「ホワイ・キャント・ウイ・リヴ・トゥゲザー?」がフェードアウトするのと交代してフェードインしてくるのは、「現在第十位につけている」というマーキーズの「ラスト・ナイト」である。少年は、なおも窓辺で外を眺めている。

再び、画面は階段の様子を捉える。ただ今度はやや引いた映像のため、階段の向かって左側に立つ建物に掲示された道路標識を、はっきり読み取ることができる。そこには、「クレリー通り(Rue de Cléry)八七番地」と書かれている。それは、階段を降り切った地点で左右に伸びる通りの名だ。

カメラがドリーバックし始める。すると窓枠がフレームイン。続いてモモの後姿。この時点で、観客はカメラが室内にあるのに気づく。モモは窓を閉める。と、ついにタイトルが表示される……。

ここまで、一分五十四秒。つまりオープニングクレジットが終了した時点から、一分三十五秒が経過していることになる。そしてこの九十五秒間には、この作品の組み立てに関わるきわめて多くの要素を見出すことができるが、それは後で触れることにして、まずは最も重要な、「ブルー通り」に関連する空間構成について考えることにしよう。

この冒頭には、映画の中心的舞台となる空間構成がはっきりと表れている。まず、高さの違う二本の通りが、ほぼ並行して走っている。そしてその二本の通りを、ごく短い階段が繋いでいる。つまりこの三本の通りは、H字状に組み合わされていることになる。

一つ付け加えなければならないこと、それはこの階段が、両側を背の高い建物に挟まれ、いわば切通しのように見えるということだ。だから高さの違う二本の通りは、この階段の部分を除けば、互いを見ることはできない構造になっている。これが、映画『イブラヒム』の基本的な空間構成だ。

では、ブルー通りはどこにあるのか？　映し出される映像は、実はブルー通りのものではない。それどころか、ブルー通り周辺にさえ、このような構成を持った場所はないのだ。では、ここはいったいどこなのか？

画面に映し出されている実際の場所を特定するための鍵は、まさに画面の中にある。少年モモが立つ窓辺から見えた、「クレリー通り八七番地」という道路標示がそれである。クレリー通りとは、パリ二区、メトロのストラスブール＝サン＝ドニ駅近くに実在する通りで、フィールドワークによって確認したところ、まちがいなくそれは『イブラヒム』に映し出されている通りだった。

階段下を左右に走るこの通りがクレリー通りであるなら、狭く短い階段はドゥグレ通り（Rue des Degrés）であり、階段上の通りはボールギャール通り（Rue Beauregard）だということになる。

北西から南東へ伸びるクレリー通りとボールギャール通りは、実はかつてエティエンヌ・マルセル

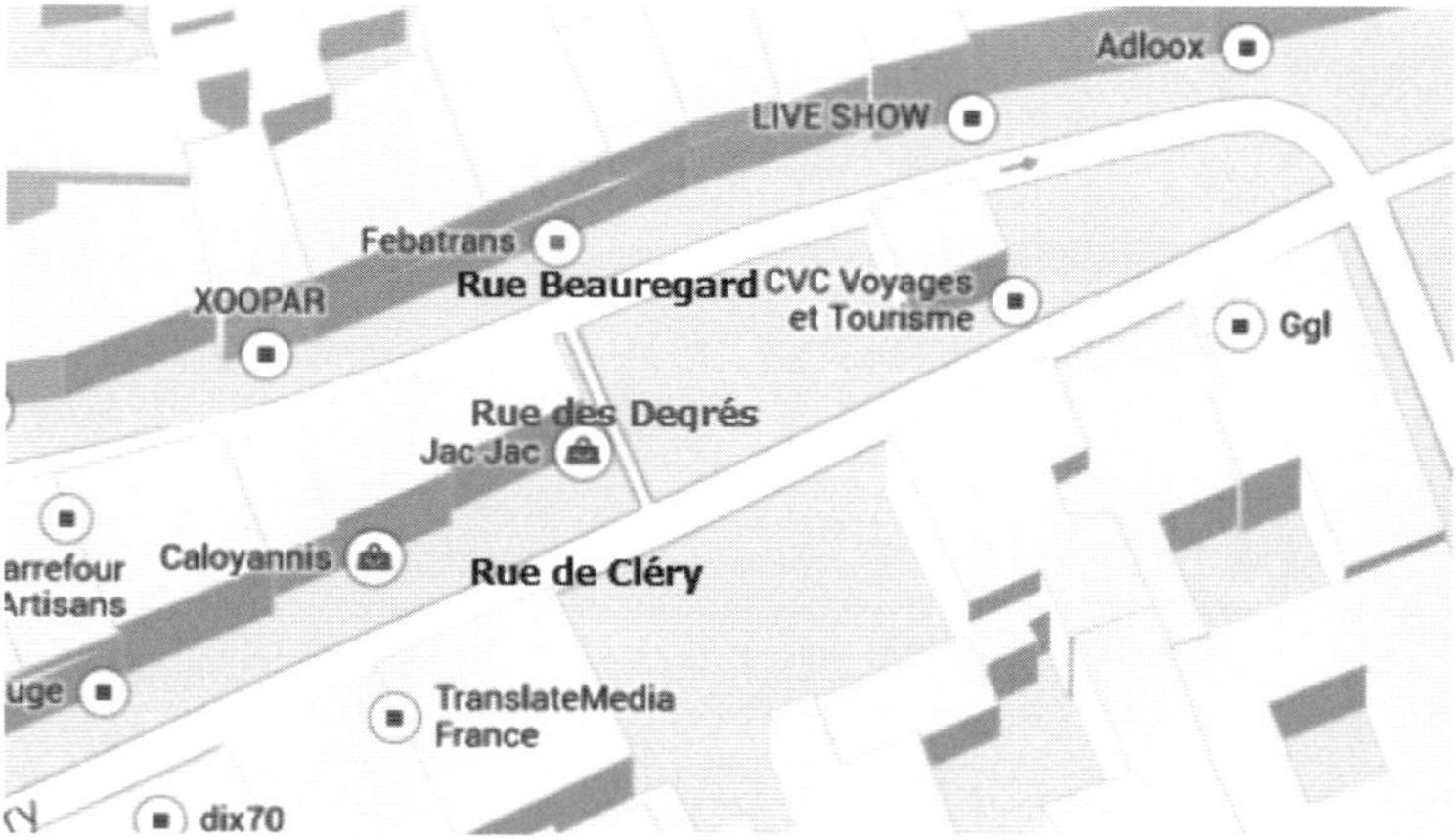

(Étienne Marcel, 1315-1358) が提唱し、彼を暗殺したシャルル五世が完成させた城壁の跡地を走っている。この城壁は幅八〇メートルほどもあったので、実際には、クレリー通りのさらに南側を走るアブキール通りもまた、城壁の一部であった。

パリで最も短い通りとされるドゥグレ通りは、名前こそ「通り（Rue）」ではあるものの、実際にはたった十四段からなる、五・五メートルの階段そのものだ。ドゥグレとは、階段の「段」を意味している[39]。

この実際の撮影場所については、本作に関連する資料のどこにも明示されてはいない[40]。しかし観客は、この「クレリー通り八七番地」という住所表示をはっきり視認できる。土地勘のあるものなら、それがブルー通りとは一キロメートルほど離れた通りであることに即座に気づくだろう。つまりこの演出は、デュペイロン監督が意図的に、いわば堂々と行ったものだと考えていいのだろう。だとすると、この撮影場所の変更は、作品にどんな変容をもたらしたのだろうか？

意味空間の変容

映画『イブラヒム』においては、ブルー通りと呼ばれていた空間は、現実のブルー通りではなかった。それどころかその空間は、一本の通りでさえなく、三本の通りがH字状に組み合わされたものだった。この現実的な撮影場所の変更は、必然的に意味空間の構成の変化を伴うだろう。ではその変容された構成とは、いかなるものなのか？

この変容の意味を解きほぐすには、登場人物たちの居場所に注目するのがいいかもしれない。

まずはモモ。彼は低い道、つまりクレリー通りに父親と暮らし、日々窓からボールギャール（＝「美しい眼差し」）通りを眺めている。そして時には意を決し、ドゥグレ通りを上ると、娼婦たちに値段の交渉をしかける。あるいは、父親との質素な食事の材料を、イブラヒムの店で購ったりもする。つまり映画内のモモは、何度となくこの階段を行き来するのだが、その様子は、単なる遊びや買い物などではなく、いわば二つの大きな世界を行き来しているかのようなのだ。

ドゥグレ通り

　またモモの父親もいる。彼もまたこのクレリー通りに住んでいるわけだが、実は二度だけ、ごく目立たない形ではあるが、彼がドゥグレ通りを通る姿が描写されている。そのうちの一度が、すでに述べた冒頭部分においてなのだ。夜、ワインの瓶を片手に、黒人娼婦の横をすり抜け、彼女を見もせずに階段を下りていった黒いスーツの男性。画面は暗く判定しづらいものの、それはモモの父親だと言って間違いないだろう。彼は階段を下りてゆく。彼がたった二度だけこの階段を使い、それが二度とも階段を下りる行為だったのは、偶然ではないだろう。彼は、二つの世界を往還するモモとは違い、あくまでクレリー通りに属している——あるいはそこへ下降してゆく——人物なのだ。

ではイブラヒムはどうか。彼はボールギャール通り、つまり高い道の住人だ。彼の店はボールギャール通りにあり、店が開いている限り彼がそこを離れることはない。

ただしイブラヒムもまた、たった一度だけクレリー通りに姿をあらわす場面がある。それは彼が、すでに養子となったモモを連れて、真っ赤な新車でトルコへと旅立つ場面だ。

イブラヒムは店のシャッターを下ろし、店の前に置かれているクルマに乗り込む。一方モモは、ボストンバッグをクルマに投げ込むと、ボールギャール通りの路上に立つ娼婦たちと順に別れのキスを交わす。そして、その間の一瞬、モモはドゥグレ通りの底、クレリー通りの自分が住んでいた建物の前に、管理人の娘ミリアムが立っているのに気づく。黄色いTシャツにタイトな赤いパンツ。このミリアムと、モモは短い間付き合い、そしてふられたことがあるのだ。

娼婦たちとのキスを終えたモモは、十五段の階段を降りはじめる。それを見たイブラヒムは、クルマを発進させる。

戸口の外に立っていたミリアムは、モモが近づいてくると、隠れるように暗いエントランスホールのほうに身を引く。

「さよなら（au revoir）を言いにきたの？」

「トルコに行くんだ。君もここを出る？」

ミリアムは首を横に振る。この時だ、スポーツカーに乗ったイブラヒムが、モモの背後に現れる。

モモはミリアムを見つめる。イブラヒムが短くクラクションを鳴らす。モモが振り向く。モモは顔を戻すと、ミリアムの頬に軽く触れる。

「お別れだね（Adieu.）」

モモはそう言い残すと、イブラヒムの待つクルマに駆け寄る。イブラヒムはクルマを出す、スポーツカー特有の、深いエンジン音を残して。

ここでクレリー通りに現れたイブラヒムは、あたかも怪鳥のように、モモを連れ去ってゆく。そう、イブラヒムはここで、地面に足を付けることさえない。ボールギャール通りから舞い降り、そのままモモを、別の世界へと連れ出してしまうのだ。そしてユダヤ人であるミリアムは、クレリー通りに取り残される。

そして最後に娼婦たちがいる。彼女らもまた、ボールギャール通りを離れることはない。客たちとの値段交渉が行われるのは、イブラヒムの店の目の前であり、その後の仕事場もまた、イブラヒムの店と向かい合う建物の中にある。たった十五段の階段を、彼女らが降りることはない。

さてこれが、新たな空間における登場人物たちの位置だ。そしてここにこそ、あらたな意味空間が出現してると言っていいだろう。

モモとイブラヒム、それぞれにユダヤ性とアラブ性を背負った二人は、小説空間において、ともにブルー通りに住んでいた。しかし映画では、モモがクレリー通りに、イブラヒムがボールギャール通りに住むことになった。つまり、意味空間としてのブルー通りが負っていた二層性は分割され、二つの通りに振り分けられているのだ。

そしてイブラヒムのいるボールギャール通りには、今や娼婦たちも住みついている。原作にあったパラディ（天国）通りは消去され、そこにいたはずの彼女らが全員、ボールギャール通りに移動してきたからだ。この結果、この階段上の空間には、エロス的な喜び、モモにとっての母性、そして笑いなどを運び込まれることになった。しかもイブラヒムの存在は、娼婦たちの体現する多層的な意味を、いわばその自由さによって支え、豊かさを増幅しているようにさえ見えるのだ。

ではクレリー通りはどうか。ブルー通りの陰鬱な側面だけを引き継いだこの通りには、今モモと、その父親と、ミリアムを含む管理人一家が住んでいる。そして彼らユダヤ人の内、ドゥグレ通りを上ることがあるのはモモ一人だけなのだ。往還を繰り返すモモ以外はみな、クレリー通りから離れることはない。

クレリー通りは、今や孤立した空間だと言えるだろう。ユダヤ的な、ないし戒律に縛られた世界は、低くなった土地で膠着しているように見える。クレリー通りには、あの「たった一人の」人物、「救いの手」を差し伸べてくれる老人はいないのだ。そしてこの孤立感は当然、クレリー通りのユダヤ的世界と、ボールギャール通りに花開くイブラヒムや娼婦たちの世界との、鮮明なコントラストを生み出すことになる。

この、分割された二層性のコントラストの強度こそが、撮影場所の変更にこめられた、最も重要な意味だった。そこには、小説世界には見出すことのできなかった緊張がみなぎっている。原作においては意味の差異だったものが、映画においては空間の構造に変換され、しかもその空間的落差は、意味自体にも新たな形を付与することになったのだ。つまり、ユダヤ的戒律の世界はその孤立を険しくし、イブラヒム的世界はエロスを取り込みより豊饒となり、モモが境界としての十五段を行き来するたびに、二つの世界の落差は色濃く立ち込めてくるのだ。そして、往還を担うモモが最終的に迎え入れられる世界は、当然小説版の世界よりはるかに豊かな混沌に満ちている。

ただこれ以外にも、重要な変容をもう一点指摘することができるようだ。それは前述の冒頭シーンで現れていた、生地を運ぶ運搬台車に関わる事情である。

キャリー・ターは、二〇〇〇年代のマグレブ系移民とセファルディムの関係を描いた映画論の中で、この『イブラヒム』をアシュケナジムを主人公の一人とする作品に分類している。[42] たしかに、カデ地区がアシュケナジム系のユダヤ人街である点はその通りだ。しかし、ボールギャール通りやクレリー通りがあるサンティエ地区は、ブルー通りがあるカデ地区とはまた別のユダヤ人街、つまり、セファルディムの街として知られた地域なのだ。[43] サンティエ地区には、きわめて多くの生地問屋が軒を並べており、商品搬入の際などの賑やかさは、カデ地区にはまったく見られない質のものだ。冒頭で背景に挿入された生地を運ぶ台車は、ここがサンティエ地区である事実を、監督が観客に示すはっきりした身振りなのだ。[44]

つまり、原作では「ユダヤ人＝アシュケナジムが住む九区のブルー通り」という形で物語は構成されていたが、映画『イブラヒム』にあっては、撮影場所としてサンティエ地区が選ばれ、アシュケナジムと同時にセファルディムも、その世界に取り込んでしまったことになる。

ユダヤ人の世界において、このアシュケナジムとセファルディムの区別は厳然としたものであり、画面の中の「クレリー通り」という表示が意味するところは、ユダヤ人ならずとも気づけるはずのものだ。だからこそ監督はあえてそれを選択し、その結果作品は、より複合的な「層」を獲得することになったのだ。現在までのところ、こうした試みを『イブラヒム』以外の作品に見出すことはできない。

Ⅳ　宗教的側面

ここまで、特に映画の空間構成に関わる演出上の変更を中心に論を進めてきた。そこでは二つの世界が並走し、モモはその両者の間の往還を繰り返していたわけだが、最終的には、イブラヒム的な世界＝ボールギャール通り空間に至りつくことになる。この移行は人間的な次元のものだったわけだが、これはそのまま、宗教的な次元に置き換えて解釈しうるものなのだろうか？　もしそうだとするなら、それはユダヤ教に対するイスラームの、正確に言うならスーフィズムの優位を意味することになる。

この問いへの答えは、否である。理由は三つ。

まず、この『イブラヒム』は、「目に見えないものシリーズ」の第二作にあたっていたわけだが、すでに述べた通り、このシリーズのいずれかの作品が、特定の宗教の優位性をテーマにするとは考えられないからだ。

そして第二の理由は、たしかにモモもモモの父親もユダヤ人として描かれてはいるが、原作においても映画においても、彼らが実践的な振る舞いを見せることは一度もないという事実だ。

神を信じるかとモモに訊かれた父親は、こう答えている。この場面は小説にも映画にも採用されている。

「いいや。神を信じられたことは、これまで一度だってない」

［…］

「でも、お父さん、僕たちはユダヤ人だよね。お父さんと僕は」

「ああ、そうだよ」
「ユダヤ人だっていうことは、神様とは関係ないの？」
「私にとっては関係ない[45]」

モモの父親はユダヤ人であるが、ユダヤ教徒ではない。現在フランスに暮らしているユダヤ人の内、「多くが無宗教[46]」であり、こうした在り方は稀なものではない。彼らが記憶を生きることは当然あるだろう。しかしもはやユダヤ教徒として生きるとは限らないというわけだ。モモの父親がそうであるように。

そして第三の根拠としては、映画における音楽の選曲を指摘することができる。

映画『イブラヒム』においては、舞台となった一九六〇年代の雰囲気を表現するためだろう、当時のヒット曲が数多く使われている。それらは、クロード・ヴェガの「バビロン 21-29」(1961)、ジョニー・アリディーの「エクスキューズ・モワ・パルトネール」(1964)、ボビー・ヘブの「サニー」(1966) など、六〇年代のものが中心であるが、中には、ビル・ヘイリー・アンド・ヒズ・コメッツの「ロック・アラウンド・ザ・クロック」(1954) や、チャック・ベリーの「スイート・リトル・シックスティーン」(1958) など、五〇年代の曲も含まれている。もちろん、この五〇年代の二曲は、ロックンロールの幕開けを告げた大ヒット曲であり、六〇年代に聞かれているとしてもなんの不都合もないだろう。ただし、映画で挿入される曲のリストには、ただ一曲だけ、時代的に整合性のない一九七〇年代の曲が使われている。それが、冒頭シーンで使われていたティミー・トーマスの「ホワイ・キャント・ウイ・リヴ・トゥゲザー？」(1972) なのだ。そしてこの曲が、後にシャーディー、サンタナ、スティーヴ・ウィンウッドらによってカバーされたのには、はっきりした理由があったと思われる。それは、この曲の歌詞の持つメッセージだ。

教えてくれ、どうして なんだ、どうして僕たちは一緒に暮らせないんだ？
［…］
誰もが一緒に暮らすことを望んでいる。
どうして僕たちは一緒に暮らせないんだ？
もう戦争はたくさんだ、もうたくさんなんだ。
この世界に、ささやかな平和を。
戦争はいらない。ぼくたちが欲しいのは、この世界の平和だけ。
［…］
君の肌が何色だろうと、君はやっぱりぼくの兄弟さ（拙訳）

単純で明快なメッセージを持ったこの曲を、映画『イブラヒム』は冒頭に流し、さらにはエンディングでも使っているのだ。物語が、こうした共生への願いという大きな枠組みで語られているのは間違いないだろう。六〇年代のパリを描くためだけなら、一九七二年の曲を使うことは考えられないからだ。

以上三つの理由から、『イブラヒム』がスーフィズムの優位をテーマとした作品でないことは了解されるだろう。

では最後に、上記の点を踏まえて、スーフィズムについて付言しておこう。その点で印象的なのは、イブラヒムとモモがハマムに入浴する場面である。この場面は小説にはなく、映画でのみ挿入されている。


「おじさんは割礼してるの?」

「ユダヤ教徒と同じさ」

「じゃあおじさんも、ユダヤ教徒になれるね」

「わしには、手も口もあるからな」

「どういうこと?」

「頭で考えるだけではだめだってことさ(47)」


ムハンマドの登場から約一世紀を経て立ちあがったスーフィズムは、たしかに思弁性に依った時代もあったものの、やはり、肉体的修練を通して神との合一を目指すという、一貫した流れがあったと言えるだろう。映画の後半には、イブラヒムとモモがメヴレヴィー教団(48)を訪れ、修行者たちの旋舞を見る場面もある。これは音楽に合わせて円舞を続けることで、自我の消滅を目指すものだとされている。そしてその消滅が達成された時、修行者は神との合一を得るというのだ。この発想は、イブラヒムが言う「頭で考えるだけではだめだってことさ」という発言と、はっきり通底していると言っていいだろう。

ヨーロッパで広く活動するスーフィズム教団(アラウィー教団)のシャイフ(導師)であり、フランス・ムスリム宗教会議の創立者でもあるシャイフ・ハーレド・ベントゥネスは、その著書『スーフィズム　イスラームの心』のエピグラフにこう記している。

「スーフィズムとは何か」と問われて、アブー＝サイード・イブン＝アビル＝ハイル［ペルシャ系の有名なスーフィー。一〇四九年没］(49)は答えた、「頭の中にもっていることを捨て、［…］身に起こることから逃れないことである」と。

また映画の中盤、パリのヴォージュ広場近くのカフェで話をしている時、きれいなところに住みたい、と言うモモに向かい、イブラヒムはこのように答える。

「モモ、美しさというのもは、どこにでも存在するものなんだよ(50)」

もし一度でも神との合一の経験があるとすれば、そして神が万物を創造したのを認めるとすれば、嘱目のすべてはすなわち神だとも言える。美が「どこにでも存在する」所以であるだろう。

しかしもちろんこうした思想も、映画内で絶対的な位置を与えられているわけではない。たとえば、養子になったモモと新米父親イブラヒムが、トルコに向かう旅の途上でのこと。二人はいくつもの宗教施設に立ち寄るのだが、それは決してモスクばかりではない。そこにはギリシャ正教の、そしてカソリックの教会も含まれている。この点から見ても、やはり『イブラヒム』は、特定の宗教を擁護するための作品ではないと言えるだろう。

ブルー通りは、アシュケナジム系のユダヤ人街であるカデ地区にある。一九六〇年代を舞台とした小説版『イブラヒム』は、この街でたった一人の「アラブ人」であるイブラヒムと、陰鬱な父親と暮らすユダヤ人少年モモの交流を描いてみせた。

ただし、パリ九区にあるカデ地区は、少なくともモモにとっては、「パリ」ではなかった。「パリに住めたら、最高だろうな」という彼のセリフが、その事実をはっきり物語っているだろう。

そしてこの小説が映画化された時、作品内部における空間構成は大きく変更された。まず空間的舞台は、セファルディム系のユダヤ人街であるサンティエ地区が選ばれ、その結果、作品内のユダヤ性はいわば二つの層を胚胎することになった。さらに、「ブルー通り」という名前は引き継がれたものの、それは映画内では、クレリー通りとボールギャール通りに二分され、かつて「ブルー通り」が背負っていた意味も、これら二つの通りの二つの意味空間に解体された。さらに、二つの通りを繋ぐ短い階段――ドゥグレ通り――が、まさに二つの意味空間を架橋する通路として設定され、二つの世界が生みだすコントラストを支えることになった。そして物語は、少年モモがこの二つの世界を行き来する過程でこそ形作られていったのだ。

「ホワイ・キャント・ウイ・リヴ・トゥゲザー？」が流れるこの映画は、しかし、どこへ向かっていたのか？　それは無論、二人の主人公の関係が体現する共生へ、その希求へだと言って差し支えないのだろう。そしてそれを空間的に描出した点にこそ、この映画版『イブラヒム』の独自性があるのだ。

第3章

カデ地区、あるいは ポスト・ホロコーストが生んだ懸隔

――『サンドイッチの年』試論

第三章で中心的に取り上げるのは、ピエール・ブートロン（Pierre Boutron, 1947- ）監督の代表作、『サンドイッチの年』（1988年）である。「サンドイッチの年」とは、単調な味わいのパンに挟まれたハムになぞらえ、一生を左右するような出来事が起きた年代を指している。本作でそれを経験するのは、戦災孤児であるユダヤ人少年、ヴィクトール・ラビンスキーであり、その意味で『サンドイッチの年』は、まず第一に、フランスにおける戦後の——つまりポスト・ホロコーストの——ユダヤ人のアイデンティティ形成を、一つの大きなモチーフとしていると考えられるだろう。ここに、レヴィナスの言うユダヤ人の「例外的な宿命」[1]が関わっているのは言うまでもない。したがって本書では、パリのユダヤ人について、基本的な事情を確認する作業から始めることにしたい。

物語自体は、シャトールーに疎開していた十五歳のヴィクトールが、一九四七年七月、かつて両親と暮らしたパリに戻ってきた時点から始まる。[2]だが、作劇法上、それが「現在」を大きな枠組みとして利用している点を見逃すことはできない。それは無論、ユダヤ問題のアクチュアリテに関わってくるだろう。

また本作の空間的舞台は、以下の三つの地圏から構成されている。つまり、ヴィクトールのかつての住まいなどがあるパリ九区のカデ地区、その後彼が働くことになるオーベルヴィリエ、そして彼の「友人」が住む豪邸のあるサン・クルーである。これらそれぞれの地圏が、いかなる意味空間として立ち現われているかを明らかにしていくことは、本作そのものの構造に迫ることにもなるはずである。特にカデ地区においては、ユダヤ性の空間化が見出されるだろう。

そして本作にとって重要な地圏の一つであるカデ地区は、実は前章で述べた通り、『イブラヒムおじさんとコーランの花たち』においても主要な〈場〉となっていた。その点を踏まえ、第三章ではこの両作の比較考察も行ってみたい。ただしここで注目するのは、『サンドイッチの年』の主人公ヴィクトールと、『イブラヒム』におけるモモの父親である。彼らは、同じカデ地区で、ほぼ同じ時期に成長したユダヤ人なのであるが、その人生のありようには、大きな懸隔がある。そしてその懸隔は、ポスト・ホロコーストのフランス社会において、ユダヤ人たちが生きた歩みの振れ幅に相当するようにも見えるのだ。この考察は、ヴィクトールの「名前」などを通した、そのアイデンティティの内実を見てゆくことが前提となるだろう。

I　作品概要

ブートロン監督による『サンドイッチの年』は、セルジュ・レンツ（Serge Lentz, 1936- ）による同名小説の映画化である。ブートロンはまた、ジャン・クロード・グランベール（Jean-Claude Grumberg, 1939- ）[3]とともに、脚本も担当した。まずは物語を確認しておこう。

舞台は一九四七年七月のパリ。ヴェル・ディヴ事件（一九四二年七月十六 - 十七日）によって両親を奪われたユダヤ人少年ヴィクトールは、シャトールーの知人のもとに預けられていたが、ある日、自分を「パレスチナ」に送る計画があることを知り、逃げるようにパリに戻ってくる。[4]しかし、かつて両親と住んだパリ九区トレヴィーズ通りの家には、もう彼の知る者は一人もいなかった。最後の望みをかけて、パリ北郊オーベルヴィリエ[5]に越したという知り合いを尋ねてみるが、彼女もまた二年前に他界していた。十五歳の少年は、大都会パリの片隅で、一人の知り合いもない状態に投げ出されたのだ。

しかし、そのオーベルヴィリエでたまたま見かけた求人広告が、ヴィクトールの人生を救うことになる。強制収容所帰りで、今は古道具屋を営むマックスが、彼を雇い入れてくれたからだ。この年老いて腰痛持ちのユダヤ人男性は、言葉こそ荒いものの、愛情深くヴィクトールに接する。彼もまた、妻と二人の子どもを、ホロコーストで失っていた。

その後ヴィクトールは、パリに到着したときに知り合ったブルジョア家庭の息子、フェリックスとの交流を深めてゆく。しかし、この親密に見えた友情は、石油がらみの闇商売にかかわる騒動をきっかけに、あっけなく破綻する。それは当人たちの意思ではなかったものの、遠からず訪れるものだったとも言えよう。そしてヴィクトールは、マックスに尋ねるのだ、ユダヤ人であることは、何を意味しているのかと――。

つまりこの作品は、戦災孤児であるユダヤ少年ヴィクトールが、収容所帰りの老ユダヤ人マックスと出会い、彼の仕事――闇商売も含めて――を手伝う中で、戦後を、つまりポスト・ホロコーストの時間を生きるユダヤ人としてアイデンティティを模索してゆく物語だと言えるだろう。そして彼らの世界と対比的に描かれるのが、大企業の御曹司フェリックスの属する世界だ。このコントラストは、空間的な対比としても描かれることになる。

II パリのユダヤ人

上述の通り、『サンドイッチの年』は戦後のユダヤ人アイデンティティを扱っている作品だと考えられる。ここでまず「ユダヤ人」、およびパリのユダヤ人についての基本的な事情を確認しておくことにしよう。

ユダヤ人とは

第二章においても、現代フランスにおけるユダヤ人の状況を概観したが、ここではまた別の角度から、パリのユダヤ人について確認しておきたい。しかしそれは、実際上多くの困難を伴う。そもそも「ユダヤ人」の定義についてさえ、ラビのゴットリーブ師は「ユダヤ人は何かと三十人のユダヤ人に質問したら、その答えは三十通りになるだろう[6]」と語っている。この言葉は、「ユダヤ人」の捉えがたさをはっきり示しているだろう。

まず、ユダヤ人＝ユダヤ教徒と考えることは不可能ではないが、それは現在、明らかに現実を反映していない認識だと言わざるを得ない。フランスには、「無宗教」のユダヤ人も少なくないからだ[7]。しかしなぜ、無宗教のユダヤ人が生まれるのか。その理由は単純だ。つまり、ユダヤ世界は一般に母系社会であり、ユダヤ人の母から生まれた子供はユダヤ人とされる[8]。しかし現在、フランスにおけるユダヤ人の結婚は、その半数程度が異教徒とのものであり[9]、その結果、ユダヤ人男性の子どもは、単に「非ユダヤ人」であるか、たとえ彼（女）をユダヤ人であると看做すとしても、「非ユダヤ教徒のユダヤ人」ないし「無宗教ユダヤ人」となる場合が多いのだ[10]。

また「ユダヤ人」たちの政治的傾向、たとえばイスラエルに対する態度も、決して一様ではない。シナゴーグに通う頻度も、子供をユダヤ学校に通わせるかどうかも、個人間で大きな相違があるという[11]。つまりユダヤ教の信仰者であっても、彼（女）が実践者である度合いにはグラデーションがあるということだ。そしてその度合いが低くなればなるほど、彼（女）は、「非ユダヤ教徒のユダヤ人」に近づいてゆく。

したがって本書においては、ユダヤ人の明確な定義を追求することはせず、「ユダヤ人としてのアイデンティティを持つ者」という、もっともゆるやかな認識を採用することとしよう。[12]

そしてこの点に関してひとつ確認しておきたいのは、アイデンティティの複層性についてである。一般にアイデンティティは単一のものではなく、[13]それはもちろんユダヤ人の場合も例外ではない。アイデンティティは分裂するのではなく、重層するのだ。フランス系ユダヤ人たちは、ユダヤ人として生きながら、同時にフランス人としても生きている。つまり彼らは、ロシツキーの言う「古いヨーロッパにおける伝統的他者」、ないし「新しいヨーロッパの他者たち[14]」の一員として遇されてきているという自意識と、共和国のメンバーであるという自意識を、自らの中で複層させているのだ。[15]かつてアンネ・フランクは、ユダヤ人というアイデンティティに閉じ込められた自我を、オランダ人というもう一つのアイデンティティを獲得することで解放することを願ったわけだが、それは彼女の中に、まだアイデンティティの複層性についての意識が芽生えていなかったゆえだろうと考えられる。以下の文章では、この複層性を前提に論を進めていきたい。

パリへのユダヤ人流入

ユダヤ人の歴史を振り返る場合、それがどこの地域のことであれ、ディアスポラから説き起こすのがほぼ定説となってきた。しかし近年、このユダヤ人の離散そのものがフィクションであるという見方が、まさにイスラエルの研究者たちから示されている。[16]それは論理的な帰結として、ユダヤ・ネーションとしてのイスラエルの否定を含んでおり、イスラエルという国家の新たなレゾン・デートルの探究を要請するものであるが、それだけではなく、ユダヤ文化研究の根底からの再編成さえ招来しかねないものだろう。

フランスにおけるユダヤ人の存在については、ローマ時代まで遡ることができる。その後少なくとも十二世紀には、シテ島を含むパリの複数の場所に、ユダヤ人居住区を示す地名が存在していた[17]。そしてフランス革命前には千人に満たなかったパリのユダヤ人は、一八八一年以降、その数が急増する。もちろんそれは、理由のないことではなかった。

その年、帝政ロシアにおいて、アレクサンドル二世が革命主義者に暗殺されるという事件が発生した。それに絡み、「共産ユダヤ人」という実態のない名目のもと、ユダヤ人に対するポグロムが始まったのだ。最も激しかったのは、当時ロシアの植民地だったポーランドにおいてであった。やがてその波は、東欧から西欧まで広がってゆく。迫害を恐れたユダヤ人は、合衆国を目指すものも多かったが、すでにユダヤ人の同胞が根付いているパリにも流入した。その結果、十九世紀末のパリのユダヤ人は、四万人を超えることになる。この時パリに流入したのは、アシュケナジム系のユダヤ人たちだった[18]。

第一次大戦後も、東欧でのユダヤ人迫害は収まらず、特にポーランド系のユダヤ人移民の数が膨らんでいった。そして結局、第二次大戦前夜のパリのユダヤ人は、十五万人に達していた。

このように、十九世紀末から第二次大戦期まで、パリに流入したユダヤ人はアシュケナジムが中心だった。しかし、大戦後の復興期[19]、あるいはアルジェリア独立戦争が決着した一九六〇年代以降は特に、旧植民地からの移民流入が増大し、その結果パリのユダヤ人は、セファルディムの割合が上昇していく。もちろん、ナチの「最終解決」が、アシュケナジムに壊滅的な打撃を与えていたことも、そうした変化と無関係ではありえないだろう。またナチ占領下のフランスにおいては、三十三万人の在仏ユダヤ人のうち、約八万人が強制収容所に送られ、生還したのはわずか二千五百人だった[20]。

現在、フランスに居住するユダヤ人は七十万人に達している。そしてその約半数が、パリ圏に居を定めていると考えられている[21]。

パリのユダヤ人地区

パリの移民地区は、その時代ごとにその表情を変えてきた。たとえば、パリ十九区から二十区にかけて広がるベルヴィル地区は、フランス革命以降地方出身労働者が多く住んだ地区として知られるが、第一次大戦以降はアルメニア人やギリシア人、第二次大戦中にはアシュケナジムやスペイン人、そして六〇年代以降はマグレブ系、再開発が進んだ八〇年代以降はアフリカ系、そしてアジア系が移り住んだ土地でもある。ベルヴィル通り（Rue de Belleville）に限って言うなら、現在その周辺は十三区に次ぐアジア街へと変貌している。日曜ともなれば、午前中からアジア系の娼婦が立ち並ぶような場所なのだ。もちろん丹念に見れば、ベルヴィルには、二十世紀における移民たちの、記憶の堆積を見出すことができるだろう。

ユダヤ人地区もまた移民地区であり、ベルヴィル同様、やはり変転の中で生き残ってきた。たとえばマレ地区、ベルヴィル大通り（Boulevard de Belleville）あたり、十八区のモンマルトルの丘のふもと、あるいはパリの中心に近い二区にあるサンティエ地区、そして九区にあるカデ地区などが、代表的なユダヤ人地区と言えよう。また新興のオベルカンプ地区にも、高級住宅地十六区にも、ユダヤ人地区は存在する。そしてこれらの地区それぞれの内部には栄枯盛衰があり、さまざまな潮流や地区同士の勢力関係も、たえず変化してきた。したがって、それを正確に記述することは不可能だが、要はユダヤ人たちは複数の地区に分かれて住み、それぞれの表情を形作ってきたということなのだ。そこには無論、アシュケナジムとセファルディムのデリケートな関係も影響していたにちがいない。そして現在は三十五万人ほどになると考えられているユダヤ人たちは、こうした歴史の最前線に立っているのだ。

描かれた「ユダヤ人」

ユダヤ人歴史学者として知られるオマー・バートウは、一冊だけ、映画に関わる著作を発表している。そこで彼は、一九二〇年代から一九九〇年代までの期間において、ソ連やポーランドなど東欧諸国、東西ドイツ、フランス、イタリア、合衆国、イスラエルなどの国々で制作された映画が、「ユダヤ人」をどう描いてきたかを分析しているのだが、その過程で見出された映画的表象群は、以下の四グループに分類されている。列挙してみよう。

① 犯罪者（特に反ユダヤ的作品において）
② 犠牲者（特にホロコーストを扱う映画において）
③ ヒーロー（特に国家としてのイスラエルに関わる作品において）
④ アンチ・ヒーロー（特に中東戦争に関わる作品において）[22]

バートウは、この分類に従って分析を進めながら、こうしたイメージ群は大衆の先入観から生まれたものであること、しかしいったん提示されたイメージは、逆にそうした先入観を強化する方向に働いたこと、そしてステレオタイプ化したイメージは、やがて各国の映画の中に固定化されてしまったことなどを明らかにしてゆく。そしてこのリストを参照枠として考えるなら、『サンドイッチの年』

はやはり、②のグループに分類することができるのだろう。この作品はたしかに、直接ホロコーストを扱った作品ではない。しかしそれなしでこの映画は生まれ得なかっただろうし、マックスとヴィクトールが広義の「犠牲者」であるのは間違いないのだ。

またルネ・プレダルは、第二次大戦後、ヨーロッパ映画から「ユダヤ人」の姿が激減した時期があったことを指摘している。とりわけフランス映画においては、ほぼ皆無に近い状態にまでなり、そのイメージが戻ってくるのは、『ラビ・ジャコブの冒険 *Les Aventures de Rabbi Jacob*』(1973) を待たねばならなかったという。(23)『サンドイッチの年』が制作されるのは、さらにその十五年後ということになる。

では、こうした前提に立ち、以下、作品分析に入っていこう。

Ⅲ　作品の構造と背景

時間的構造

本作の時間的構成を問題にする場合、まず最初に指摘しなければならないこと、それはこの物語全体が、「現在(=映画が公開された一九八〇年代後半)」の枠の中に収められているという点だ。つまり、映画冒頭の一分間ほどは「現在」の状況が描写され、またエンディングの短いナレーションも、「現在」から届けられるのだ。映画の時間の九十九パーセント以上は一九四七年であるとしても、この冒頭とエンディングに嵌められた「現在」という枠組みを見落とすことはできない。

一般に、冒頭に「現在」を示す構成は、作劇法としては安易なものだと言えるだろう。なぜならそれは、本来なら時間軸に沿ってなすべき説明ないし描写を、あらかじめ「現在」(という「結果」)を提示することで、いくぶんか省略することができるようになるからだ。さらに言うなら、一九四七年を描く過程の中には、一九四二年のヴェル・ディヴ事件を回想するシーンが挿入されており、これは構成としては、「回想時間内におけるさらなる回想」とでも言うべきもので、作劇上は避けられるのが一般的だろう。

しかしこの『サンドイッチの年』の場合、一方でこの構成が一つの明白な効果を与えていることは間違いない。ユダヤ人に関わる問題が、ここでは完了した歴史としてではなく、進行中のアクチュアルな問題として立ち上がってくるからだ。つまりこの『サンドイッチの年』は、一九四七年を舞台としながら、そこにはつねに「現在」へと還ってくる視線が伏流しているのだ。一九四七年と「現在」は、互いに照射し合っている。

そしてここで言う「現在」とは、フランスにおける、反ユダヤ主義的な運動が続いている現状のことに他ならない。そもそも本作は、ユダヤ人ヴィクトールの店が襲撃されたことを告げる電話から始まっていたはずだ。そしてそれは、「今年に入って八件目の反ユダヤ主義的テロ」だと、ラジオ・ニュースは告げていた。またマックス自身も、「反ユダヤ主義的な antisémite」と言う語を二度発していた。それはすでに引いたロシツキーの、「古いヨーロッパにおける伝統的な他者」であったユダヤ人が、ポスト・ホロコーストとの時代においても、「新しいヨーロッパの他者たち」の一員となったという指摘と、見合っていると言わざるを得ないのだ。

では、二十一世紀に入った現在、状況に変化はあるのだろうか？　エクスプレス誌によれば、フランスにおける反ユダヤ的脅迫や襲撃は、二〇〇〇年に七四三件、二〇〇二年と二〇〇四年には九〇〇件以上発生している。(24) そして二〇〇六年には、パリの北東に位置するオー゠ドゥ゠セーヌ県で、携帯電話業者の男性が、ユダヤ人であるという理由だけで撲殺される事件が起こった。(25) また同じ年の十一月、パリのパルク・デ・プランスで行われたパリ・サンジェルマン（フランス）対ハポエル・テルアビブ（イスラエル）の試合の後、敗戦に腹を立てたパリ・サンジェルマンのフランス人サポーターの一部が、ユダヤ人青年を取り囲む事件が起きた。青年は警官に助けを求めたが、警官は興奮したサポーターたちの勢いを止められず、ついに発砲。その結果、サポーターの一人が死亡してしまったのだ。また、ユダヤ人墓地を荒らす行為や、シナゴーグに対する放火事件は、フランス各地で起きているし、[26]カデ地区からほど近いシナゴーグ・ドゥ・ラ・ヴィクトワールは、現在も公的な警備が敷かれている。それは荘厳な建物の正面ばかりではない。大通りからシナゴーグへ向かう途中にある狭い通りにさえ、警官が常駐しているのだ。また二〇一三年には、パリ高等法院がアメリカのツイッター社に対し、フランスで反ユダヤ主義的なメッセージを投稿したユーザーの情報を提出するよう命じているし、[27]反ユダヤ的行為の動向を監視する「ユダヤ人コミュニティー保護サービス」のような団体も存在する。映画の世界に目を転じるなら、第一章でも触れた『リトル・エルサレム』（2006）が思い出される。この作品は、パリ北郊の町、ユダヤ人居住者の多さで知られるサルセルを舞台としていたわけだが、主人公ローラの家族は、この「郊外」の街に漲り始めた反ユダヤ人活動に耐え切れず、イスラエルに移住する決断をする。つまり、第二次インティファーダ以降も、反ユダヤ人テロという行為は続いているのだ。

以上見た通り、映画の「現在」である一九八〇年代後半と二十一世紀の間で、フランスのユダヤ人の置かれた状況に大きな違いを見出すことはできない。『サンドイッチの年』が現代的な意味を持つとすれば、それはこの点にも関わっているだろう。

『サンドイッチの年』の空間的舞台は、以下の三つの地圏によって構成されている。かつてヴィクトールが両親と暮らしたユダヤ人街、カデ地区、彼がマックスのもとで働くことになる、パリ北郊の労働者地区オーベルヴィリエ[28]（Aubervillier）、そしてフェリックスの住む高級住宅地サン・クルー（Saint-Cloud）である。この三つの地圏は、やや複雑な関係を示している。結論からいうなら、「郊外」に属するオーベルヴィリエとサン・クルーそれぞれが体現させている世界が、鋭いコントラストをもって提示され、その緊張関係の中、パリ内部にあるカデ地区は、いわば超越的に、この物語を貫いているのだ。以下、順にその構図を示していこう。

a　カデ地区とモントロン小公園

まずはこの作品の核を支えているカデ地区から見てゆこう。映画内では、このカデ地区の四つの地名が名指しされる。トレヴィーズ通り（Rue de Trévise）、メトロのカデ（Cadet）駅、モントロン小公園（Square Montholon）、そしてメイラン通り（Rue Mayran）である。この内最後のメイラン通りは、モントロン小公園に接する通りであり、実質的にはモントロン小公園と等価であるとみなせるだろう。そして実は、このモントロン小公園こそが、『サンドイッチの年』におけるカデ地区の焦点なのだ。

ではここから、モントロン小公園がどんな意味空間を形成し、その結果このユダヤ人街の焦点となっていくかを、映画の時間に沿って見てゆこう[29]。

まずは映画の冒頭、警察からの電話を受けたヴィクトールが、自らが経営する小さな電器店に駆け付けてくるシークエンスをたどってみよう。カメラは、モントロン小公園[30]の北西の角にある。その位置に向かって、小公園の北辺をなすロシャンボー通り（Rue Rochambeau）をクルマが近づいてくる。

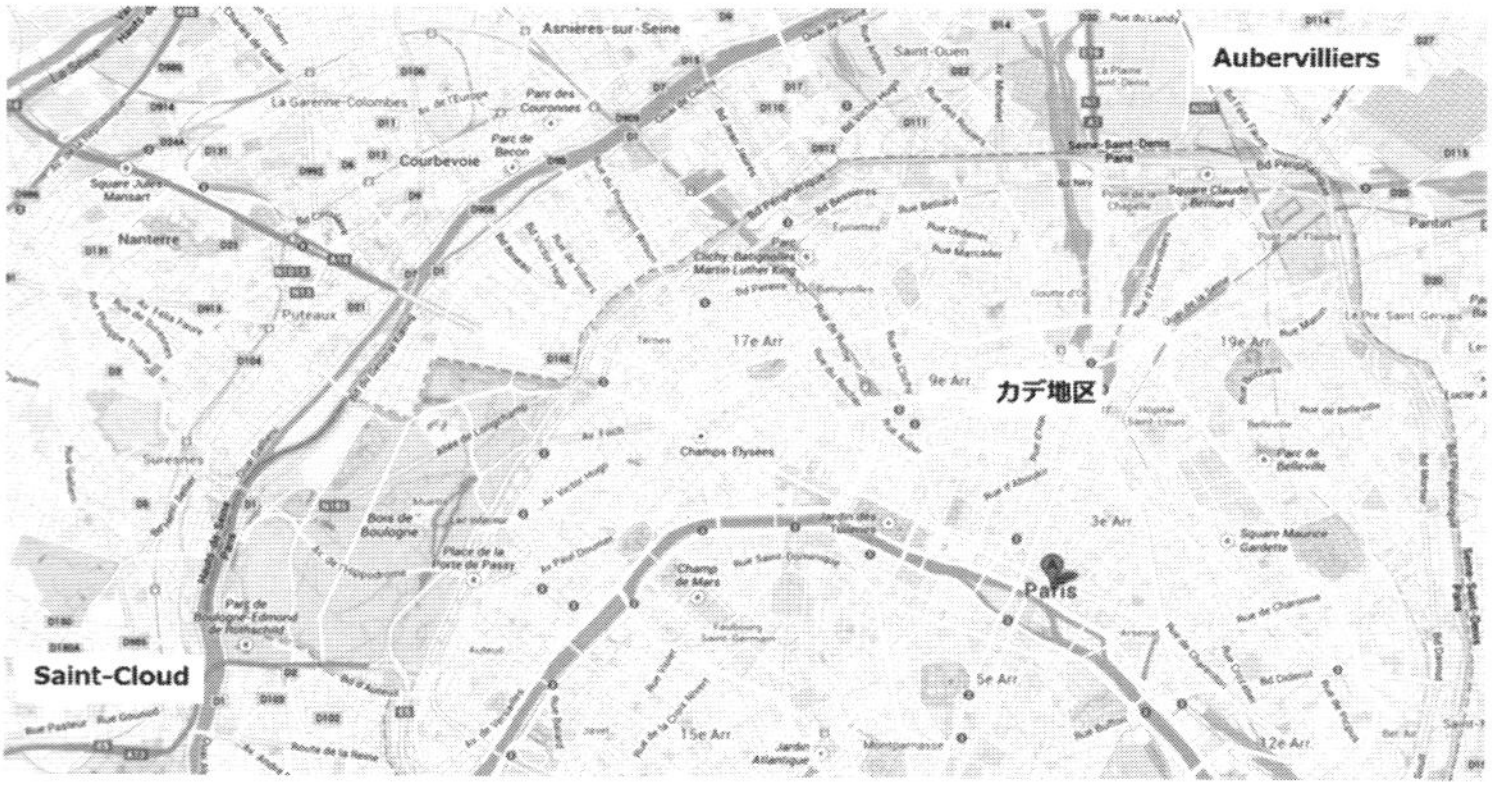

あたりは夜の闇に沈み、近づくクルマの黄色いヘッドライトの明るさが際立っている。

カメラがドリーバックすると、画面下から、パトカーの屋根についた回転灯がフレームインし、続いてパトカーの内部の、電話をしている刑事らしい男の横向きの姿が映し出される。その間、黄色いライトのクルマは停車し、そこから降りた人影が、画面左手に向かって移動する気配がある。

刑事がパトカーを降りる。それに合わせてカメラが左へドリー移動すると、ちょうどさきほどの人影と見えた男性が、戸口に立つ警官を押しのけて建物内に入ろうとしているところだ。

彼は大声を上げながら室内に入る。クルマを離れた刑事もまた彼を追って室内に入る。カメラはショーウィンドー越しに、ひどく破壊された店内を映し出す。刑事は背後から男に声をかける、

「ラビンスキーさんですか?」と。

——このシーン、最初にクルマが走ってくる通りが、実際はモントロン小公園に接していることは、画面から判断するのはきわめて難しい。しかし、刑事が戸口から入ろうとするとき、その戸口の脇に掲げられた街路表示を、観客ははっき

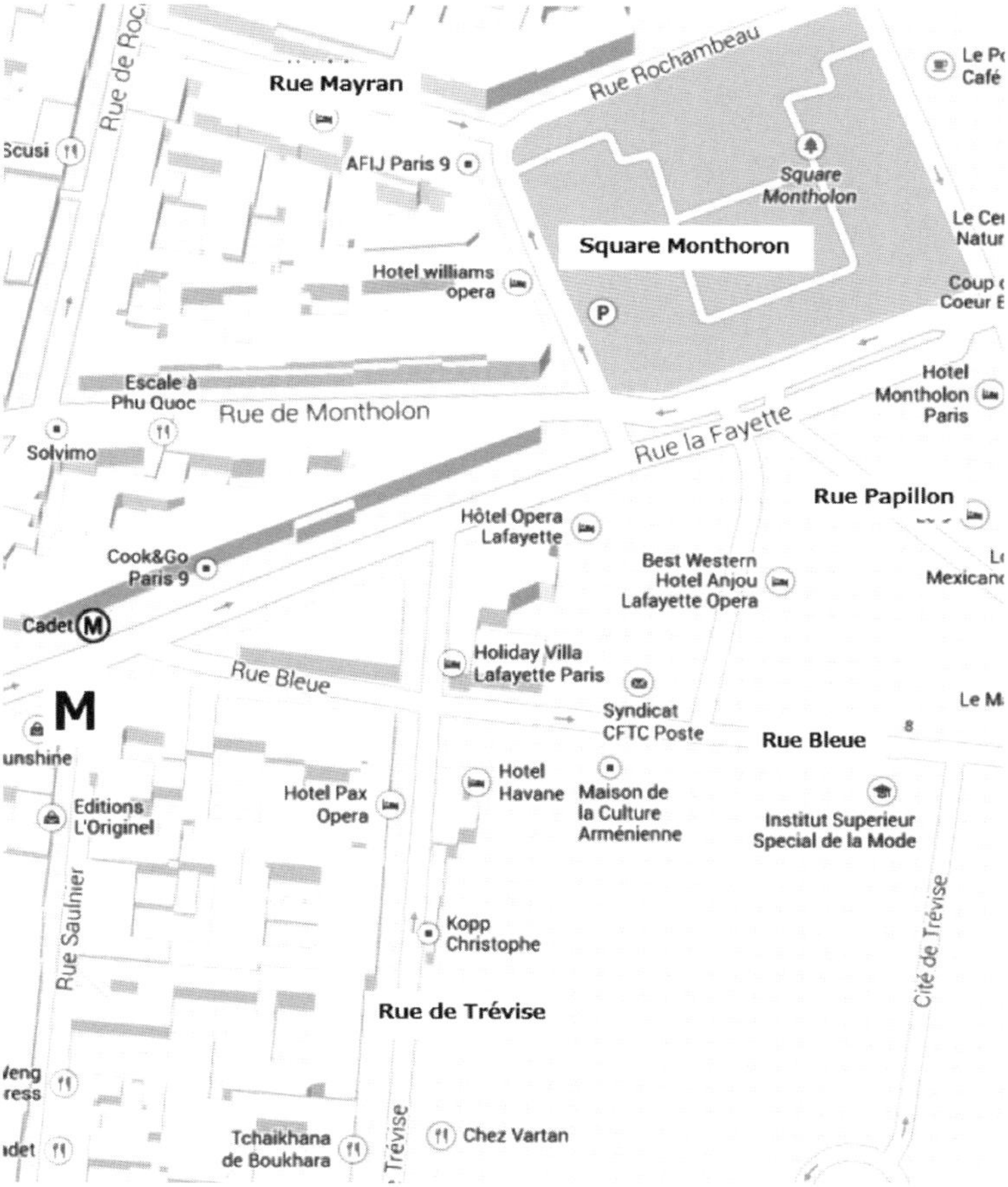
Rue Mayran
Rue Rochambeau
AFIJ Paris 9
Square Montholon
Square Monthoron
Hotel williams opera
Escale à Phu Quoc
Rue de Montholon
Solvimo
Rue la Fayette
Hotel Montholon Paris
Rue Papillon
Hôtel Opera Lafayette
Best Western Hotel Anjou Lafayette Opera
Cook&Go Paris 9
Cadet
Holiday Villa Lafayette Paris
Rue Bleue
M
Syndicat CFTC Poste
Rue Bleue
Hotel Havane
Maison de la Culture Arménienne
Editions L'Originel
Hotel Pax Opera
Institut Superieur Special de la Mode
Rue Saulnier
Kopp Christophe
Cité de Trévise
Rue de Trévise
Tchaikhana de Boukhara
Chez Vartan

り読み取ることができるだろう。そこには、「メイラン通り」と書かれているのだ。しかも、これに続く翌朝のシークエンスでは、ラジオ・ニュースがこう告げることになる、「パリのモントロン小公園で、またも人種差別主義者によるテロが発生しました」。

この冒頭のシークエンスにおいて、モントロン小公園は三つの事実と向き合っている。それはまず単純に、「現在」において中年に達したヴィクトールが、フランス社会に「適応」し、自分の店を持てるまでになっているという事実。そして二点目が、この店の場所が他ならぬモントロン小公園だということ。後述するとおり、これはパリ占領期のヴェル・ディヴ事件の記憶と結びついている。そして三点目が、この店がテロの標的になった、つまりここは、反ユダヤ活動の前線になったという事実である。

そしてこのシークエンスに関しては、ある重要な演出上の操作を見出すこともできる。原作小説に描かれたこのヴィクトールの店は、小公園沿いどころかカデ地区でさえなく、パリ郊外のル・ブラン＝メニルにある設定になっているのだ。(31) パリ北東の、オーベルヴィリエのさらに外側にあるこのコミューンは、映画には一切登場しない。つまり、映画におけるこの店の場所の変更には、まちがいなく演出上の意図があったことになる。

では、モントロン小公園に関わる第二のシークエンスに移ろう。

映画内の時間が一九四七年にさかのぼった後、パリに戻ったヴィクトールが、まずトレヴィーズ通りへ行こうとするシークエンス。しかしヴィクトールは、かつて暮らした家があるその通りが、メトロのどの駅から最寄りなのかさえ思い出せない。そのとき、リヨン駅のベンチで途方に暮れていたヴィクトールの前を、たまたま自分と同じ年格好の少年が通りかかる。フェリックスだ。ヴィクトールは縋るように彼を追いかけ、そしてフェリックスがもたらした「カデ駅？」というヒントが、ヴィクトールの顔を輝かせる。しかも結局は、フェリックスが使うタクシーに同乗させてもらうことで、ヴィクトールはついにトレヴィーズ通りにたどり着く。しかし、そこに両親の姿はなく、自分をシャトールーに疎開させてくれたコリニョン夫人も、管理人のブレゼ夫人もすでにいなかった。

そしてこれに続くシークエンス、こうして、戦後のパリで、一切の人間的繋がりの喪失を自覚した少年が目指した場所、それはまたしてもモントロン小公園だった。

人気のない、夕暮れの小公園。ヴィクトールは園内の道を足早に歩くと、茂みに隠れた東屋のような建物《キオスク》に入ってゆく。

カメラが切り替わると、そこは東屋の暗い内部。膝ほどの高さで構えられたカメラが、まずはヴィクトールの足元を、ついで上半身を仰角で追う。室内を見まわしたヴィクトールは、すぐにある一角に近づき、そこから、茂み越しに外を見やった。

そこで突如、画面が黒白に切り替わる。映像は、かつてここからヴィクトールが見ていた情景の再現なのだ。小公園の角には、バスがとまっている。フランス警察の係官が、大きなトランクを提げた人たちを、そのバスのほうへ追い立てている。ヴェル・ディヴ事件だ。

カメラがバスに寄る。胸にダヴィデの星を――外部から強制された「徴」として――付けた夫婦らしい男女。二人はバスに乗り込むと、互いの手を握り合い、カメラ＝ヴィクトールをじっと見つめる。

モントロン小公園

バスに追い立てられる人の流れの中で、この二人だけが止まって見える。画面に色が戻る。なお東屋にいるヴィクトール。彼はもう、夜闇に包まれている……。

このシークエンスは、映画全体の中でも突出している。なぜなら、戦時下である一九四二年の事件を描くこの二十秒ほどのシークエンス以外、映画の全時間は、一九四七年と「現在」で構成されているからだ。そしてここでのみ黒白の画面が使われていることは、この事情と表裏の関係にあると言えるのだろう。

だとするとモントロン小公園は、ここでまた二つの事実と向き合っていると言えるようだ。まず一点目は、この場所が、ヴィクトールの両親、そして幾多のユダヤ人たちが連れ去られたヴェル・ディヴ事件の、いわば目撃者だったという事実だ。そして二点目は、やはりこの場所が、一切の人間的関係を失ったヴィクトールにとって、その孤独の底を抱きしめる場となったという事実である。ただし後者には、翌朝の出発という契機も内包されており、それを含めて考える必要があるだろうが。つまりまとめて言えば、ヴェル・ディヴ事件の記憶と、孤独／出発。それこそが、このシークエンスを通して、モントロン小公園が引き受けたものなのだ。

ところで、この映画全体の中でもきわめて凝集度の高いこのシークエンスは、驚くべきことに、原作小説ではまったく様相を異にしている。たしかに小説においても、トレヴィーズ通りを訪れたヴィクトールは、その後モントロン小公園へ向かいはする。しかしそれは、単にその東屋で夜明かしをするためでしかない。そこに、ヴェル・ディヴ事件の記憶がよみがえる瞬間はない、いやより正確に言うなら、そもそも小説家レンツの構想の中で、モントロン小公園とヴェル・ディヴ事件は結びついていなかったはずなのだ。つまり第一シークエンスに続き、この第二のシークエンスもまた、映画版が独自に仕掛けた演出だったことになる。

そして小公園に関わる第三の要素は、エンディングのナレーションの中にある。「現在」に戻った時間の中で、声は観客に語る、「モントロン小公園でのテロ事件を知ると、フェリックスはすぐにもヴィクトールに会いに行こうとした……」。ナレーションの声は、あたかも念を押すように、このモントロン小公園の名を繰り返すのだ。

しかしすでに述べたように、小説におけるヴィクトールの店はル・ブラン＝メニルにあり、またフェリックスがヴィクトールの事件を知るのは「左翼系新聞[32]」を通してなのである。

以上が、モントロン小公園をめぐる場面のまとめである。ここからわたしたちは、何を引き出すことができるだろうか。

モントロン小公園は、いわば超越的なのだとすでに書いたが、それは、これらのシークエンスなどの時間構成から導かれることだ。この小公園は、まず映画の冒頭の「現在」に出現し、孤独に陥った一九四七年のヴィクトールを迎え入れる。続いて占領下のパリでの一九四二年の事件の背景としても描出され、さらには、再び「現在」に戻ったエンディングのナレーションにさえ登場する。つまりこの小公園は、『サンドイッチの年』のすべての時間、つまり、「現在」、一九四七年、一九四二年のいずれにも出現しているのだ。映画内でこうした特権的地位を与えられているのは、ただモントロン小公園のみである。しかも、こうしたモントロン小公園の扱いのほとんどすべてが、小説版を離れた、映画版独自の演出なのだ。

ではこの超越的な小公園は、どんな意味空間を形成していると言えるだろうか。それは無論、複合的なものであるに違いないが、それらを貫くのは、やはり「ユダヤ性」であると言う以外ないだろう。収容所への連行、戦後へと――ポスト・ホロコーストへと――生き延びたユダヤ人の孤独、彼（女）のフランス社会への同化、そしてなお続くユダヤ的テロ。モントロン小公園は、このカデ地区というユダヤ人街においても、ことさら濃密なユダヤ性をまとっている。この小公園を、こうした意味空間として提示すること。それは本映画制作者たちの強いモチーフだったに違いない。

b　二つの世界——オーベルヴィリエとサン・クルー

では次に、オーベルヴィリエとサン・クルーの対比について検討してみよう。

マルク・ヌーシとシルヴィアンヌ・ヌーシは、その著*Score civilisation française*[33]において、パリ内の東部と西部の住民の階層差を指摘した後、同様の対立が郊外にも見出されると主張する。そして労働者の地区である前者の例として、パンタン、オーベルヴィリエ、そしてジュヌヴィリエを挙げた上で、資産家の地区である後者の例として、ヌイイ、サン・クルー、サン・ジェルマン、そしてヴェルサイユまでを提示している。そう、オーベルヴィリエとサン・クルーは、こうした階層的対立を典型的に示す土地であるのだ。つまり、マックスやヴィクトールが暮らす後者は労働者の空間であり、フェリックスが住む前者は大ブルジョアの土地であるということだ。

オーベルヴィリエの名が歴史上に初めて登場するのは、十一世紀半ば、アンリ一世が、クリュニー修道院系のサン＝マルタン＝デ＝シャン修道会にこの土地を与えた時のようである[34]。その後十二世紀には農奴の解放が行われ、その後オーベルヴィリエは、他のフランスの多くの村同様、農業中心の生活を保持した。

そうした歴史に変化が現われたのは、革命後の時代、産業革命が産み出した新たな労働力の需要だった。パリを目指したフランスの地方出身者たち、あるいはヨーロッパ系の移民たちは、現在のパリ十八区、十九区、あるいはそのさらに外側などに、安価な住居を求めた。その中には、当然オーベルヴィリエも含まれていた。また、工場自体がパリの風下にあたるこれら北東地域に建設されたことも、こうした労働者の集住に拍車をかけたと言えるだろう。この結果、一八五〇年代初頭には二千人台だった人口が、七十年代初めには一万人を越え、十九世紀末には三万人に達していた。こうした中、一八七七年にはトラムがオーベルヴィリエの中心部に達し、一八九八年にはトラムの車庫も作られた。またこの十九世紀後半には、オーベルヴィリエとパンタンの境界地区は「リトル・プロイセン（la Petite Prusse）」と呼ばれていたが、それはきわめて多くのプロイセン人移民が、周辺のガラス工場などで働いていたからだった。

第一次大戦後も、こうした工業化と移民流入の流れは続き、その結果深刻な住宅問題が発生する。それに対する施策として、一九二九年にはジャン・ジョレス通りにＨＢＭが、また三十一年——人口は五万にを突破していた——にはグット・ドール通りなどにもＨＢＭが建設された[35]。とはいえこの住居問題はそれでも解決されず、第二次大戦後も低家賃住宅の建設は続くことになる。

そして一九四七年、このオーベルヴィリエで、東欧系のユダヤ人移民マックスが、ささやかな古道具店を営んでいる。映画内でも原作小説でも、この店の厳密な位置を特定するためのヒントは伏せられており、それはつまり、オーベルヴィリエの任意のどこかという理解が求められているということだろう[36]。ただ少なくともそこは、木造の建物《バラック》が並ぶ、戦前風の街並みを示す場所であり、古道具屋の正面のカフェに集まるのは、ほぼ全員ブルーカラーの労働者である。そしてそのカフェの隣は燃料を扱う店で、さらに隣は小さな修理工場。そこに出入りする人たちは、青いつなぎを着ていない場合でも、決してスーツを着ていることはない。ヴィクトールもまた、着の身着のままでここに到着したのだったし、だからこそ、アメリカかぶれの主人が妻と営む質素な衣料品店で、仕事用のオーヴァーオールと、外出用の上下を買う必要があったのだ[37]。

ところでこの一九四七年のほんの二年前、戦争直後にこの町を捉えたドキュメンタリ映画が存在する。この二十四分ほどの作品、『オーヴェルビリエ *Auverbilliers*』[38]（1945）には、この土地の貧しさがはっきり記録されている。たとえば、自称五十三歳であるポルトガル系移民の大工職人が住むバラックでは、バゲットが天井から紐で吊り下げられている。それは、パンをネズミに食べられないようにするための工夫なのだ。

つまりオーベルヴィリエは、労働者の、移民の、質素な暮らしの、下町風の、町工場や倉庫のある、「郊外」なのだ。ヴィクトールがカフェでパレ・ロワイヤルへの道順を尋ねたとき、居合わせた客たちが一様に見せた戸惑いの表情は、自分の知らない遠い世界について尋ねられた人のそれだったと言えるのだろう。

では一方、サン・クルーはどうか。

地勢的にはパリの南西郊外に位置するサン・クルーは、しかし一般に「郊外」として扱われることはない。なぜなら「政治空間やメディアで『郊外』が問題にされるとき、［…］裕福な自治体はその対象とはされない[39]」からだ。サン・クルーは、ヌイイなどと並び、住民の平均所得がフランスの最上位グループに含まれる土地なのだ。

サン・クルーという町の名は、クローヴィスの孫クロドアルドがパリを離れて建てた僧院《Sanctus Clodoaldus》に由来するという[40]。またサン・クルーは、さまざまな歴史的事件、たとえばアンリ三世の暗殺、フィリップ・ドルレアンの城館の建造、ブリュメール十八日のクーデタなどの記憶と結びついてもいる。

そして高級住宅地としてしられるサン・クルーの象徴的な場所、それはゲーテッド・コミュニティとして知られるパルク・ドゥ・モントルトゥーだろう。この「すべてを見渡す《モントゥルトゥー》」という名の高台には、革命以前から豪奢な館があったが、それはナポレオンの所有になった時期などを経て、一八三二年には複数の区画に分割されることになったという[41]。これは、一八五三年のモンモランシーの例と並んで、「こうしたタイプの住居の最初の例[42]」に数えられるものだ。その後この場所は、普仏戦争時のパリ攻囲戦の戦場ともなったが、現在はフランスを代表するゲーテッド・コミュニティとなっている。

以上のような文脈に置いてみるなら、広い芝生に囲まれ、ほとんど戯画的なまでに豪奢な佇まいを見せるフェリックスの住む家も、必ずしも空想的なものとは言えないだろう[43]。フェリックスが身につけている服も、美しいシルエットのツイードのジャケットなどであり、それは決して庶民的な質のもののようには見えない。無論服ばかりではなく、鞄も靴もヘア・ブラシも、状況は同様である。またフェリックスの一家は、やはりパリの富豪が土地所有者に名を連ねると言う、ソローニュへの旅行も企画している。

サン・クルーは、だから富裕層の、資本家の、「生粋のフランス人」の、そして贅沢な暮らしが展開する空間なのだ[44]。

ここまでくれば、オーベルヴィリエとサン・クルーの間でなされる単純な対比は明白だろう。質素な労働者の生活と、富裕な資本家の暮らし。この両者のコントラストは、これら二つの空間が対位法的に配置されることによって、効果的に達成される。しかもこれら二つの世界は、パラレル・エディティングによって交互に描写されることで、そのコントラストはいよいよ強化されてもいる。

c　労働者としてのユダヤ人

さてでは、このような労働者の「郊外」と富裕層の閉ざされた空間というコントラスト、そして濃密なユダヤ性を発するカデ地区によって構成された意味空間同士の関係に、わたしたちは何を見出すことになるのだろうか？　ここで観客に提示されているもの、それは、『サンドイッチの年』の七年後に登場した『憎しみ』におけるユダヤ人・ヴィンスへと繋がるような、ポスト・ホロコーストにおける新しいユダヤ人のイメージであるように思われる。

ロシツキーの詳細な追求(45)によれば、『憎しみ』は郊外における「黒人／白人／アラブ人」というトリオを創造しただけでなく、新しいユダヤ人のイメージをも提出したとされる。つまり、失業中の貧しい白人労働者階級としてのユダヤ人、というイメージだ。そしてそのようなユダヤ人・ヴィンスの示す拳銃――「力」と男性性の象徴として――への執着と、にもかかわらずそれを行使できない弱さと、そして最終的な破産とが、ポスト・ホロコーストのユダヤ人の生きた／生きる道筋として提示されたと指摘するのだ。

では『サンドイッチの年』における二人のユダヤ人は、ヴィンスとの比較で言うとどのような位置にあるのだろう？　彼らは、戦後のオーベルヴィリエで、一群の労働者の一員として、いわば彼らとの友愛の中で暮らしている。そしてオーベルヴィリエは、サン・クルーという参照対象が設けられたことで、より一層その質素で庶民的な性格を浮かび上がらせるのだ。しかも彼らは、映画内でユダヤ性を負ったカデ地区に暮らしているわけではない。たしかにヴィクトールは、回想の時間の中でも、あるいは物語が展開する一九四七年時点でも、さらには「現在」においても、モントロン小公園というユダヤ性と触れ合っている。しかしやはり、映画的時間のほとんどを、彼はオーベルヴィリエで過ごすのであり、青いデニムのサロペットを着たその姿は、まさに労働者そのものなのである。バートヴの分類に従うなら、彼らはたしかにホロコーストの「犠牲者」としての側面を持つだろう。それが彼らのアイデンティティの根幹に関わる事情であることは疑いない。しかし、オーベルヴィリエという町に深く溶け込んでいる彼らは、それとは異なる次元で、労働者でもある。犯罪者、犠牲者、ヒーロー、アンチ・ヒーローという分類を越えて、彼らは戦後の労働者としてユダヤ人というイメージを体現しているのだ。そしてこれこそが、『サンドイッチの年』がその空間構成によってもたらしたものだと言えるのだろう。

Ⅳ　アイデンティティの問題

前項では、『サンドイッチの年』を構成する三つの〈場〉について検討した。ところでその中心とも言うべきカデ地区には、第一章で扱った『イブラヒム』の舞台であるブルー通りや、その小説版で登場していたパラディ通り、パピヨン通りなども含まれている。(46)しかもヴィクトールが暮らしていたトレヴィーズ通りは、たった二五〇メートルしかないブルー通りと交差しているばかりでなく、原作小説の内容に従えば、(47)ヴィクトールの実家はトレヴィーズ通りの四五番地、つまりブルー通りとの交点からわずか三軒目なのだ。またヴィクトールの父親の職場も、トレヴィーズ通りと交差するリシェ通り（Rue Richer）にあった。(48)つまり、『サンドイッチの年』と『イブラヒム』の舞台となった地圏は、明らかに重なり合っているのだ。実際、原作小説である『サンドイッチの年』には、ブルー通りも登場している。(49)

またその時間的舞台についても、前者は一九四七年、後者は六〇年代中葉に設定され、その間わずか二十年ほどしか隔たっていない。つまり、一九四七年に十五歳だったヴィクトールは、六〇年代中葉には三十五歳ほど――この年代のヴィクトールが映画の中で描かれるわけではないが――だったわけであり、だとすると、その時点で十三歳の息子を持っていたモモの父親とは、ほぼ同じ年代だと判断できるだろう。

この点を踏まえ、ヴィクトールとモモの父親の、ユダヤ人としてのアイデンティティのありようの差異について検討してみることにしよう。ただしそのためには、まずヴィクトールのアイデンティティの形成のされ方を追い、次いでそのアイデンティティの内実とでもいうべきものについても見てみる必要があるだろう。同じ時代に、同じカデ地区で育った者同士である二人の懸隔には、何を見出すことができるのだろうか？

名前を巡るモチーフ

名前というものが、アイデンティティと深く関わっていることは言を俟たないであろう。[50]『サンドイッチの年』におけるヴィクトールの場合もまた、それはきわめて重要なモチーフとなっている。関連する場面を映画の時間に沿って追いながら、ヴィクトールがユダヤ人としてのアイデンティティと和解してゆく過程を確認しよう。

「ヴィクトール・ラビンスキー」というフルネームが初めて観客に提示されるのは、映画冒頭の「現在」時においてである。破壊された自分の店に立ちつくす中年のヴィクトールに、刑事は背後から「ラビンスキーさんですか？」と問いかける。その瞬間カメラが切り替わると、映し出されるのは振り向いたヴィクトールのバスト・ショットだ。小柄な彼は刑事を見上げ、ほとんど宣言するように、顎を上げてはっきり発音する、「ラビンスキー、ヴィクトール・ラビンスキーです」と。

この時のヴィクトールの声には、ある達成されたアイデンティティの響きが確かにある。観客はここで、この響きの持つ重さの由来を尋ねたくなるだろう。

次にこの名前が発せられるのは、時間的には一九四七年ということになる。[51]知り合ったばかりのフエリックスと、メトロのチュイルリ駅[52]のホームで名乗り合う場面だ。動きを補足しながら、会話を抜き出してみよう。二人のバスト・ショットは二台のカメラで交互に捉えられている。

「忘れてた！　自己紹介します。フェリックス・ボーシェーヌです」

フェリックスがハンチングを脱ぐと、ヴィクトールもそれに倣う。

「ヴィクトール。ヴィクトール・ラビンスキー」

ヴィクトールの声は、明瞭で屈託がない。二人は自然に握手する。

「ラビンスキー？　ポーランド人なんですか？」

フェリックスは帽子を被る。

ヴィクトールの答えは、ほんの一瞬遅れて発せられる。わずかな戸惑いの表情も浮かぶ。

「いや。いや、そうでもないんです。僕はフランス人です」

そう言いながら、ヴィクトールも帽子を被り直す、あたかも兵士のように。

「すみません」

「いえ、なんでもありません。誰でも間違えることはありますから[53]」


ヴィクトールがポーランド系フランス人であるのは、間違いないのだろう。ここでヴィクトールは、「ラビンスキー」という姓を明瞭に発音するものの、その後のフェリックスの問いに返答する際には、かすかな戸惑いを示している。

ロシツキーの指摘によれば、一九六八年の五月革命以前、フランスでは「ユダヤ人 juif」という語を使うのはマナー違反であり、侮辱だと看做されていたという[54]。この点を考慮するなら、上流家庭の子どもであるフェリックスが用いた「ポーランド人」という語は、「ユダヤ人」のニュアンスを含んでいたと言い得るかもしれない。そしてヴィクトールもまた、それを感じ取ったのだろう[55]。

名前にまつわる第三の場面、それはヴィクトールが、求人票を見てマックスの店に入る場面だ。二階から現われたマックスは、痩せた少年を値踏みするように見つめ、鋳鉄製のストーブを運んでみるように命じる。ヴィクトールはそれに従う。店の前の通りには、自転車を修理する人の姿がある。

マックスはヴィクトールに言う、おまえが屑屋（chiffonier）で働くと知ったら、両親は喜ばないだろうと。ヴィクトールは答える、両親はここにはいないと。じゃあどこにいる、とマックスが続ける。ヴィクトールは答えず、わずかに目を伏せる。マックスは一瞬考え、それから顔をヴィクトールに近づけると、小声で尋ねる。

「名前は？」

「ヴィクトール」

「ヴィクトール何だ？」

「ラビンスキー。ヴィクトール・ラビンスキー」

「おまえさん、もしかしてユダヤ人じゃあるないな？」

ヴィクトールは再び目を伏せるが、すぐに顔を上げ、

「そうです」

マックスはあたりを見回す。

「……俺もそうだが、**これは秘密だぞ**(56)」

ここでヴィクトールは、最初みずからの姓を名乗ることを避けているが、それはフェリックスとのやり取りから学んだ結果だったかもしれない。そしてその後ヴィクトールが告げた「ラビンスキー」

という姓は、「ポーランド」よりさらに限定的な「ユダヤ人」という連想を導いている。それに対して、ヴィクトールは一瞬目を伏せる。このごくわずかな時間をどうとらえればいいのか。そこに在るためらいに注目すべきなのか、それとも、その後すぐにユダヤ人としての自分を提示した行為を重く見るべきなのか。

おそらくこの時点ではまだ、ヴィクトールの中で何かが決意、ないし選択されているわけではないのだろう。彼はいわば反応しているのであり、そこに明確な意志を読み取るべきではないように思われる。言葉を換えれば、ヴィクトールのいわゆる「社会意識」が、まだ感覚的・直観的レベルに留め置かれているということでもあろう。

そして次に引用する会話は、フェリックスとヴィクトールの友情の不可能性が、決定的に示される場面である。映画の終わり近く、サン・クルーにあるフェリックスの豪邸まで届け物に来たヴィクトールは、そのみすぼらしい格好から、最初は物売りと間違えられる。が、なんとかメイドの女性にフェリックスへの取り次ぎを頼みこむことに成功する。彼女はヴィクトールに待合室にいるように言い、いったんリヴィングに向かいかけるが、立ち止まって振り返る。

「お名前は、ムッシュ……?」
「ヴィクトール」
「ムッシュ・ヴィクトール?」
「そう、ムッシュ・ヴィクトール、それでいいです。フェリックスの友達です(57)」

ヴィクトールはここで、「ラビンスキー」という姓を、その有徴性を、つまり自らのユダヤ的アイデンティティを隠蔽する。高級ブルジョアの住む城のような家の玄関先で、この姓がいかなる「徴」を引き連れてくるか、ヴィクトールはもうはっきり知っているのだ。そしてこの瞬間、それを引き受ける準備はまだできていない。

ただ、この不調に終わった訪問こそが、ヴィクトールをして自分と向き合わせることになるのも事実だ。だからこそ彼は、夕食の時間にマックスに尋ねるのだ、ユダヤ人とは何なのかと。しかしマックスの答えは、やや搦め手から帰ってきた、おまえの、あのトモダチとは、長続きしなかったろう？と。

そしてその深夜、マックスはヴィクトールの泣き声に気づく。ヴィクトールは両親の写真を見て泣いていたのだ。マックスはヴィクトールをうながし、蠟燭の灯された飾り簞笥の前に導く[58]。そこには、マックスが失った家族の写真が並んでいる。そしてヴィクトールの両親の写真も、そこに並べる。

二人は外に出る。空はわずかに明るくなり始めている。そしてマックスは、ヴィクトールに語り聞かせる、泣くのは悪いことじゃない、今回ような経験は、一生に五、六回しかないことだ、そういう経験は、かりにそれが痛みを伴うものであるとしても、すべて味わい尽くさなければならない、それは「サンドイッチ」のハムのようなもので、すべて食べきらなければならないのだと。

ヴィクトールには、しかしすでに冗談で応じる余裕があった。名前に関する最後のシーンである。

「ピクルス《コルニション》も一緒に欲しいな」

マックスは大きく笑い、壁際のベンチに腰を下ろす。ヴィクトールの世話している犬が、マックスの隣に座りこむ。

「間抜け《コルニション》のラビンスキー、こっちへ来い！　おまえはもう一人前だ[59]」

ここでヴィクトールは、マックスの言葉を通して「ラビンスキー」と、つまり自らのユダヤ的アイデンティティと和解する。彼のおだやかな表情が、それをはっきり物語っているだろう。そしてその延長上に、冒頭シーンの宣言が接続されることになる。

以上が、「ラビンスキー」という名に関連して描かれたヴィクトールの挿話群である。もう一度まとめてみよう。前提となるのは、「ラビンスキー」という姓がユダヤ人を強く連想させるものであり、この映画内に限って言えば、それはユダヤ的アイデンティティと等価だったということだろう。

まず最初、ヴィクトールは知り合ったばかりのフェリックスに対し、何の屈託もなくこの姓を告げていたが、相手の「ポーランド人ですか？」という質問には、ごくかすかな戸惑いを見せた。そして続くマックスとの会話の中で、その戸惑いはよりはっきりしたものとなり、ついにサン・クルーの豪邸において、彼はこの自分の有徴の姓を、つまりユダヤ的アイデンティティを、意図的に隠蔽してしまう。

しかし、一連の事件が彼に自分と向き合うことを強い、自分の両親やマックスの妻子が生きねばならなかった「例外的な宿命」と対峙した結果、彼は自らのユダヤ性を受容する道を選ぶ。「ラビンスキー」という姓を受け入れるのだ。ただもちろん、マックスに拾われた十五歳の戦災孤児にとって、それ以外の選択肢がなかったというもまた本当だろう。ヴィクトールは「ラビンスキー」を選んだが、「ラビンスキー」もまた彼を選んだのだ。それが、ヴィクトールにとっての、ユダヤ的アイデンティティとの和解の意味だっただろう。

では最後にもう一歩進んで、ここでいうユダヤ的アイデンティティの内実について触れておきたい。

和解したとはいえ、その姓は「徴」、つまりいわば器であり、そこに盛られる意味こそが、本来は注目されるべきものなのだ。

ここで検討すべきは、実はマックスの場合だということになるだろう。というのも、ヴィクトールの「器」に内実を吹き込んだのは、マックスその人だったからだ。まずはそれを語る場面、つまりヴィクトールのユダヤ的アイデンティティが、マックスのそれと相似形になっていることが示される場面を二つ挙げておこう。

明瞭なのは、オープニング・クレジットの背景映像である。飾り棚に立てかけられた写真には、犬と一緒にベンチに座るマックスが写っている。そして写真の前には、炎をゆらめかせる蠟燭が一本。この映像で、動きと呼べるのはこの炎だけ。これはつまりヴィクトールが、「現在」においては亡くなっているマックスの写真を、まさにマックスに教えられた通りの作法で、灯された蠟燭とともに飾っていることを示している。そしてこの作法は、映画内では、もっともユダヤ的な行為として描出されているのだ。

そしてもう一点、これは場面というより、一つの宣明と言えるかもしれない。小説から引用しよう。

彼（＝ヴィクトール）は生き残った者だった。マックスが彼に、そうなることを教えたそのままに。[60]

二人のユダヤ人アイデンティティが相似形であるのは、まさにこのポスト・ホロコーストへと「生き残った者」であるという点に核心があるのだろう。

さてでは、マックスにおけるユダヤ人アイデンティティの形とはどのようなものであっただろうか。

絶滅収容所から「生き残った者」であるマックス[61]は、ホロコーストで失った妻と幼い子供たちの写真を、自室の飾り箪笥に並べている。ヴィクトールから「神を信じるか？」と訊かれた時、マックスはこう答える。

「おまえは頭がおかしいのか？『彼（IL）』が俺たちにあんなことをした後で？そうじゃない、ただ、覚えておかなきゃならんのだ。『彼』のためなんかじゃない、俺たちのため、写真の中の彼らのために[62]」

ここでマックスが語っている内容は、エリ・ヴィーゼル（Elie Wiesel, 1928-）の『夜』（1958）と直線的に繋がっていると言える。アウシュヴィッツで、ヴィーゼルは「神」の不在を体験した。エマニュエル・レヴィナスの言葉を引こう。

ユダヤ人社会が一九四〇年から一九四五年にかけて生きた受難の記憶は、いやでもユダヤ人たちに、彼らの人間としての例外的な宿命についての意識を持つことを強いたのである[63]。

マックスももちろん、この「例外的な宿命」を背負う一人だ。そしてユダヤ教徒としてではなく、ユダヤ人の一人として、そうした記憶を保ち続けること、神ではなく、「俺たちのため、写真の中の彼らのために」、その記憶を繋げてゆくこと。それがマックスにとっての、そしてヴィクトールにとっての、ユダヤ的アイデンティティの内実だった。

もう一人の「ヴィクトール」

第二章で論じた『イブラヒム』は、『サンドイッチの年』と同じカデ地区を舞台として展開していた。ブルー通りに住むユダヤ人少年モモと、やはりブルー通りで四十年間乾物商を営んでいるトルコ系移民・イブラヒム老人。二人の交流の深まりが、物語の移り行きであった。

しかし、ここで注目したいのはこの二人ではなく、モモの両親、とりわけ父親のほうだ。彼は、たしかにもう一人の「ヴィクトール」と呼べる存在なのだ。

ここで『イブラヒム』の物語を、主人公たちではなく、モモの父親の視点から見直してみよう。ただしその場合、映画では省略されていた要素を、原作小説から援用する必要がある。またこの父親には名前が与えられていないので、便宜上、父親役を演じたユダヤ人俳優、ジルベール・メルキの名を借りることにしよう(64)。

——カデ地区ブルー通りのユダヤ人家庭に育ったジルベール、彼がまだ子供だった頃、フランスは戦争に突入する。それ以来、家庭内は不安に満ち、やがてその不安は現実ものとなる。両親はある日ナチに——フランス警察協力のもと——連行され、二度とジルベールのもとに戻ることはなかった。その後ジルベールは学業に励み、弁護士の資格を得る。そして結婚。しかし花嫁は彼を愛していたわけではなく、ただ家を出るためだけに結婚を選んだ女性だった。

やがて二人の間にモモ(=モイーズ)が生まれる。けれどもその時にはすでに、若い母親には新たな恋人がいた。妻は夫と幼い子供を置いて出奔し、以降、ジルベールとモモ、二人きりの生活が始まる。

それは暗く、きわめてつましい生活だった。ジルベールは、実は今でも、両親をナチに奪われた記憶に縛られ、現実の息子への愛情が持てないでいる。彼は幻想の息子ポポルを作り上げ、自分とモモの間に、その幻想の、理想化された息子を置く。そうすることで、モモとの交渉を間接的なものにしてしまう。

そんなある日、ジルベールは職場を解雇される。そして彼は、すべてを投げ出す決心をする。十一歳[65]になった子ども（＝モモ）に、別れと謝罪の手紙を書き、ブルー通りを離れてしまう。

ジルベールが向かったのは南仏だった。しかしそこにも、彼を救ってくれるものはなかった。彼はついに、電車に身を投げる……。

こうして物語を再構成した上で、ヴィクトールとジルベールを比較するなら、以下のような共通点が確認できるはずだ。

まずは、ジルベールとヴィクトールが、ほぼ同時期に、同じカデ地区のユダヤ人家庭に育ったことが挙げられる。具体的に言うなら、ジルベールは一九二八年前後生まれ、ヴィクトールは一九三二年か三十三年の生まれだと推定できるのだ。つまり二人の間には、五歳程度の差しかなかったことになる。また二人が、子ども時代に両親をナチに奪われ、その事実に苦しんだことも共通点だと言えよう。つまり前出のバートヴの分類を再び適用するなら、ヴィクトールだけではなくジルベールも、やはり「犠牲者」に分類されるだろうということだ。そして第三の、おそらくはもっとも重要な共通点は、「犠牲者」である二人がともに、ユダヤの神を信じていないという事実だろう。神が「あんなこと」をした後で、彼らはもう「彼（IL）」を信じることができないのだ。

つまり、二人は同世代で、ともにパリ内の「郊外」であるユダヤ人街・カデ地区で、アシュケナジム系の移民家庭に育ち、同じコミュニティ出身で、共通の過酷な体験を持ち、その結果ユダヤの神を信じられなくなった人間同士なのだ。

しかし、これだけの共通点があるにもかかわらず、その後の二人の人生は大きく隔たってしまった。

マックスと出会ったヴィクトールは、彼の庇護のもとに成長し、やがて結婚。小さな電器店を持つまでになった。つまりマックスがヴィクトールに教えたのは、ユダヤ教徒としてではなく、ユダヤ人として生きる作法だったと言えるだろう。それはすでに述べた通り、ホロコーストで失われた人たちの思い出を信じることであり、生き残った自分の人生を、その思い出で支えることなのである。[66]

一方ジルベールは、結婚して子供をもうけたものの、結局は電車に身を投じることになった。このジルベールの自死について、イブラヒムはモモにこう語る。

「お父さんは、その記憶（両親がナチに連行され殺されたこと）から立ち直ることができなかった。たぶん、自分が生きていることに罪の意識すら感じていたんだろう。［…］お父さんのご両親は、自分たちが死ぬ場所に、電車で運ばれていったんだ。[67] お父さんはきっと、自分の電車をずっと探していたんじゃないかな……。お父さんが生きる気力を失ったのは、モモのせいじゃない。モモの生まれる前に起きたこと、あるいは起こらなかったことのせいなんだよ[68]」

また、ジルベールの元妻は、成長したモモに向かってこう話したことがある。

「決別しなければならない子ども時代もある。子ども時代の心の傷からは、立ち直らなきゃならないんだわ[69]」

ホロコーストの記憶は、現代フランスを生きるユダヤ人にとって、避けては通れない「例外的な宿命」に違いない。それは、彼らのアイデンティティの形に直接影響する問題なのだ。そこには、たとえばヴィクトールのように、記憶を支え、そのことで自らをも支えることが可能になるような態度があり、一方には、ジルベールのように、その記憶から「罪の意識」を引き出し、それに押しつぶされてしまう形もあった。無論二人の間にあった五歳という差は、無視できる差ではないかもしれない。終戦時にまだ十二歳だったヴィクトールに対し、ジルベールはすでに十七歳ほどになっていたはずだからだ。ヴィクトールは戦後派であり、ジルベールは戦中派だとも言えよう。しかしそれを差し引いても、二人の間の懸隔はあまりに大きい。

パリのユダヤ人街、カデ地区に生きたヴィクトールとジルベール。二人それぞれの、生に対する態度。その近くて遠い隔たりの間には、ポスト・ホロコーストを生きた膨大な数のユダヤ人たちの、その人数だけの変奏が潜んでいると言えるのではないか。

第三章では、パリのユダヤ人街、カデ地区を舞台とする『サンドイッチの年』の分析を試みた。物語の時間的構造には、この作品を現代的な問題と繋ぐ意図があり、また空間的構造は、オーベルヴィリエとサン・クルーという対比を軸に、モントロン小公園がいわば超時間的存在としてクローズアップされていた。この小公園は、ユダヤ性の空間化そのものなのだ。また、「ラビンスキー」という姓の有徴性の分析などを通して、彼にとってのユダヤ人としてのアイデンティティの内実を明らかにしてきた。それは、ホロコーストの経験を通して、神ではなく、失われた人の記憶を生きることであった。「生き残った者」としてその記憶を生きることは、負の記憶を生の側に反転させることを意味していた。それがヴィクトールの生きたポスト・ホロコーストだった。

一方、『イブラヒム』におけるモモの父親は、ヴィクトールといくつもの背景を共有していたにもかかわらず、結局自死の道を選ぶことになる。ホロコーストの記憶は、ついに彼に安定したアイデンティティを与えることはなかった。

確かに、現代ユダヤ人のアイデンティティをホロコーストに置くことを潔しとしない立場の論者もいる(70)。無論、それがモモの父親のような帰結に至るなら、そしてその可能性は常にあるのだから、この指摘は無視することができない。また、たとえばマグレブ出身のユダヤ人にとって、ホロコーストは直接体験ではなかったという事実もある。

しかしそれでも、少なくともこの大戦を生きたユダヤ人にとって、ホロコーストはアイデンティティの根幹にかかわる問題だった。カデ地区で生まれ育った二人の生の懸隔は、その逃れ難さの証でもある。

第4章

パリ十三区における中国系ディアスポラの一局面

——『オーギュスタン 恋々風塵』と「ショワジー門」

パリには「移民街」と呼ばれる地区が少なくない。フランス最大の移民グループであるアラブ系の人たちが集住するアラブ人街。ヨーロッパ最大の人数を擁するユダヤ人たちの作るユダヤ人街。さらには、規模の点では劣るものの、アフリカ人街、トルコ人街、インド人街も存在する。そしてそれらの移民街はいずれも、パリの各所、特に東側を中心に複数存在している。たとえばユダヤ人街なら、マレ地区、カデ地区、ベルヴィル地区、オベルカンフ地区……、という具合に。

パリの移民として第三のグループを形成しているのは、中国系——ないしアジア系——移民である。彼らもまた、パリにいくつもの中華街を生み出しているが、その中で規模・人数ともに圧倒的なスケールを示しているのが、パリ十三区のそれだろう。

こうしたパリの移民街の現況は、すでにさまざまな映像作品に反映されてきた。移民の多い十八区を舞台とする作品は特に多いのだが、中でもバルベス地区は、その「作品化」の積み重ねが際立っているようだ。主なものだけ挙げるとしても、戦後すぐの『枯葉～夜の門～』(1946) から始まって、『地下鉄のザジ』(1960)、『流れ者』(1970)、『友よ静かに死ね』(1977)、『チャオ・パンタン』(1983)、『ランデブー』(1985)、『ニキータ』(1990)、『パリ、18区、夜。』(1994)、『スケート・オア・ダイ』(2008) と、作品は途切れることなく送り出されてきた。(1)

これら十八区を舞台とした作品群と比較すると、十三区に関連する作品の乏しさは意外なほどだ。

物語の過程でわずかに現れるだけの、つまり十三区という土地と必然的な関係を結んでいない作品(2)——それさえも少ないのだが——を除外してしまえば、注目に値するのはわずか二作品だけしか見出せないようだ。まずは『オーギュスタン、恋々風塵』(1999)であり、もう一本はオムニバス映画『パリ、ジュテーム』(2006)の中の「ショワジー門」である。

この第四章では、これら二作品の分析を通して、パリの代表的移民区の一つである十三区・中華街の、空間的特質を明らかにしてゆきたい。その際、二〇一〇年及び二〇一一年に行ったフィールドワークの調査結果も、積極的に援用するつもりである。またこの街の背後には、近代中国、及びアジアの歴史的記憶が横たわっており、それらと中国系移民の関係についても、検討してゆこう。さらに、旧フランス領インドシナを扱う項目においては、『地獄の黙示録』(1979/2001)などの分析を通し、アジアに対するフランス側からの視点についても検討の対象としたい。映画論を中心としたこうした多面的なアプローチを通して、移民街としての十三区の現在を立体的に把握することが、この章の目指す地点である。

I　フランスにおける中国系移民

フランスにおける中国系移民の流入の過程については後述する予定だが、ここではまず、その全体像を概観しておくことにしよう。いったい今フランスには、そしてパリには、どれほどの中国系移民がいるのだろう(3)?

まず、二〇〇二年に発表されたポール・マルクの見方に従えば、フランスにおける中国系移民の総数は、一九九〇年代に二十万人を越え、二〇〇二年には三十万人を上回っていうことになる(4)。また同じ二〇〇二年、フランス労働省はクロエ・シャトランの調査結果として、フランスにおける中国系移民の総数は三十万人、その内八十八パーセントがパリ圏に居住しているという数字を挙げている。[5]

またジェイムズ・シンは、二〇〇四年、フランス通信社が四月十一日付けで発表した数字を挙げている。それによれば、一九八四年から二〇〇四年までの二十年間で、四十五万人以上の中国系移民がフランスに入国し、現在パリ圏にはその内の二十五万人が住んでいるという。シンはさらに、二〇〇五年六月二十三日付けで新華社通信が発表した「フランスにおける中国系不法移民」に関するレポートが示す、パリ周辺には約五万人の中国系不法移民が滞在しているという数字を紹介した上で、この数字が「保守的すぎる」と主張する。そして、中国国境警察の社内報（二〇〇四年二月号）に掲載された、パリ在住の中国人ジャーナリストによる秘密調査の結果を追加する。それによれば、毎年六万人の不法中国系移民がフランスに入国しているという。[6]

またネット上のサイト Ici la Chine に掲載されたパスカリーヌ・ヴァレのレポートは、二〇〇九年時点で「四十五万人以上」の中国系移民がパリ圏にいると主張している。[7]

整理してみよう。

上記の数字の内、新華社と中国国境警察の社内報の挙げているのは「不法移民」に関する数字であり、ここでは参考に留めることにしよう。またフランス通信社による「四十五万」という数字も、入国者に関するデータであり、フランスに定住している移民の数ではないので、今は除外することにしよう。とすると、「フランス全体」に居住する中国系移民の数として挙げられている数字は、「三十万人以上」（ポール・マルク、二〇〇二年）、「三十万人」（クロエ・シャトラン、二〇〇二年）、「二十八万」[8]（フランス通信社、二〇〇四年）、「五十二万人」[9]（「ここに中国が」、二〇〇九年）ということになる。

実際の数字は日々更新されるものであり、それを確定することは不可能だ。しかし、中国系移民にとってフランスが「お気に入りの行き先」[10]の一つであることは間違いないし、フランス全体で二十八〜五十一万人程度、パリ圏にはその八十八パーセント前後の中国系移民が居住していると考えて差支えないだろう。しかもその数は——不法移民を含め——毎年数万人ずつ増加しているようなのだ[11]。

ただし、ここで付け加えておかねばならないことは、いわゆる「中国系移民」の内実が、一様ではないという事実だろう。実はこのグループの中には、直接中国から来た人たちばかりではなく、旧フランス領インドシナ地域を経由してきた人たちも、さらには、中国系ではない、フランス領インドシナ出身の難民も含まれているのだ[12]。つまりパリ十三区には、アジアの近代が何層にも折り重なっており、だからこそ「中華街（カルティエ・シノワ）」ではなく、あえて「アジア街（カルティエ・アジアティック）」と呼ばれることもあるのだ。

Ⅱ　フランス領インドシナ——デュラスと『地獄の黙示録』

では次に、そこに入植したフランス人の側から、フランス領インドシナを見てみることにしよう。その例としては、レジス・ヴァルニエ（Régis Wargnier, 1948- ）監督の『インドシナ』（1992）を始め、多くの例を挙げることができるわけだが、ここでは特に、マルグリット・デュラス（Marguerite Duras, 1914-96）のエッセイ「痩せた黄色い肌の子供たち」（1976）と、『地獄の黙示録』（1979 / 2001）を取り上げてみたい。両作品には、フランス領インドシナをフランス側から振り返る上で、重要な視点が提示されているからだ。

デュラスは、一九一四年、フランス領インドシナ領内のサイゴン市郊外で生まれた。彼女が初めて「本国」を訪れるのは十八歳の時だ。一九七六年に書かれた「痩せた黄色い肌の子供たち」において、作家は自身のインドシナでの子供時代を振り返っている。

兄とわたし、二人は痩せっぽちの子どもだ、植民地生まれの、白人というより黄色人種の子ども。わたしたちは離れられない。ぶたれるときも一緒。汚らしい安南のチビども、母はそうどなる。〔…〕わたしたちの身体は、お米、母の言いつけに背いて食べたマンゴー、沼地の魚、母の禁止したあのコレラにかかりそうな食物でできている。〔…〕わたしたちは、塩漬けにしてから料理し、ニョクマムで味つけした川魚の肉しか好きじゃない、お米しか好きじゃない、木綿の袋の匂いのするお米のすばらしい素っ気ない味と、メコン河の行商から買うさっぱりしたスープしか好きじゃない。[13]

ここで語られているのは、フランス領インドシナという植民地における、その土地とライフ・スタイルの身体化・内面化以外ではない。これは植民地生まれの子供にとって、決して特別な事情ではなかっただろう。[14]

では、フランス側からのフランス領インドシナへの視線の例を、もう一つだけ挙げておこう。映画『地獄の黙示録』である。

『地獄の黙示録』が最初に公開されたのは、一九七九年。数ある「ヴェトナム戦争映画」の中でも、この作品が描き出した狂気はきわめて特異だった。興行的にも大成功を収めた。

ところで、初公開から二十二年経った二〇〇一年、監督であるフランシス・フォード・コッポラ(Francis Ford Coppola, 1939-)は「完全版」を発表した。それは一九七九年の「オリジナル版」に比較して五十分ほど長くなり、多くの細かな変更が試みられていた。中でも際立っていたのは、オリジナル版では完全にカットされていた二つのエピソードの復活だったのだが、今ここで問題にしたいのは、その内の一方、「フランス人農園」と題されたエピソードである。

アメリカ軍を裏切り、私兵とともにジャングルの奥に隠れたカーツ大佐。彼を探し出す命を受けたウィラード大尉一行は、ヌン川を遡行し、やがてカンボジア国境近くに至る。そして、霧深い岸辺に突如現れたのは、フランス語を話す男に率いられた武装集団だった。

ウィラードたちは一旦武器を捨てさせられるが、そのフランス語を話す男、ユベール・ドマレは、一行を自宅に招待する。大邸宅で待っていたのは、プランテーションを経営するフランス人一家による歓待だった。

豪華なフランス料理の食事を進める内、ユベールはドマレ一家の来歴についてウィラードに語ってゆく。ユベールの祖父が初めてこの地に入植したのは七十年前であること、ユベールの戦死した息子まで数えれば彼らはもう四代、この地に住みついていること、ユベール自身は死ぬまで、ここを離れるつもりはないこと、などだ。

つまりこのドマレ一家は、フランス領インドシナ時代の、世紀の変わり目頃に入植し、その後の二度の大戦を経て、インドシナ戦争中も、さらにはフランス領インドシナ崩壊後もこの土地にとどまり、今ヴェトナム戦争の真っただ中にあってもなお、カンボジア国境近くのこの場所から動くつもりはない、ということになる。この一家の者たちの言葉の端々には、何十年も時間が止まっている者らしい、時代錯誤の色が濃い(15)。この作品でモンタージュと音響を担当したウォルター・マーチ(Walter Scott Murch, 1943-)は、なぜドマレ一家がここにいるかの理由について、こう語っている。

フランス人の答えは明確だ。「ここは自分たちの祖国だから。フランスは自分の国じゃないから帰りたくない。自分たちの文化的ルーツはフランスだが、インドシナこそ故郷なんだ。だから自分たちは戦う」[16]

彼は続ける。

この映画ではフランス人は、一種幽霊のように描かれている。突然現れたかと思うと、存在感を増し、[…]また消え去ってしまう。[…]フランス人は、(ウィラードの)部隊の一人が最初に殺された後に登場する。[…]この部分は死についての問いかけなんだ。人間の死と、過去からの亡霊が交錯している。[17]

ドマレ一家が居残るにいたった経緯を意識するなら、ウォルター・マーチの発言内容は明快だ。「過去からの亡霊」、このフランス人一家に対して、これ以上ふさわしい呼び名はないだろう。

さきほど「痩せた黄色い肌の子供たち」で描かれた少女に対して、インドシナ体験の身体化が起っていると書いた。この『地獄の黙示録』に登場するドマレ一家についても、もちろん同様の指摘が可能だろう。ただし『地獄の黙示録』の場合は、ヴェトナム戦争という巨大な外部装置の中にこのフランス人一家を投げ込むことで、フランスの植民地支配そのものを見事に相対化して見せてもいる。ウォルター・マーチが言う「過去からの亡霊」という表現は、この相対化を経由せずには生まれてこないものだ。だとすると、この相対化が可能になるまでには、インドシナ戦争終結後四十年以上待たなければならなかったことになる。しかもそれを描いたのは、アメリカ映画だった。

III　十三区を歩く

ミッシェル・パンソンとモニク・パンソン゠シャルロは、十三区の綿密な探索の結果、いわゆる「ショワジーの三角形」こそが、この地域の「拠点」だと主張する。

十三区の中でも、パリ人たちが「チャイナタウン」と呼ぶ地区は、イル・ド・フランスに暮らすアジア系住民にもっとも人気のある街だ。「ショワジーの三角形」とも称されるこの地区は、パリ圏に住むすべてのアジア人にとって、買い物と気晴らしの拠点となっている。(18)

「ショワジーの三角形」とは、ショワジー大通り、イヴリー大通り、マセナ大通り（Avenue de Choisy, Avenue d'Ivry, Boulevard Masséna）によって囲まれた地域のことである。底辺が約三七〇メートル、高さが約七〇〇メートルの直角三角形だと考えればいいだろう。(19)

この三角形の内部には、大規模スーパーや商店街があり、それぞれの通りにもアジア・レストランや映画館――そしてマクドナルドも――が並んでいる。またこの「ショワジーの三角形」という表現自体も、広く一般に流通しているものだ。

複数形の Olympiades という単語は、「オリンピック競技大会」を表している。かつて一九六〇年代、この地域を対象とする再開発計画、「オランピアド地域開発プロジェクト」が持ち上がった時、ここには大がかりなスポーツ施設が建つ予定だったので、こうした命名が行われたという。(20)この計画は、結局中途半端にしか実現しなかったが、広場を取り囲んで建つビルの名は計画の名残で、ヘルシンキ、

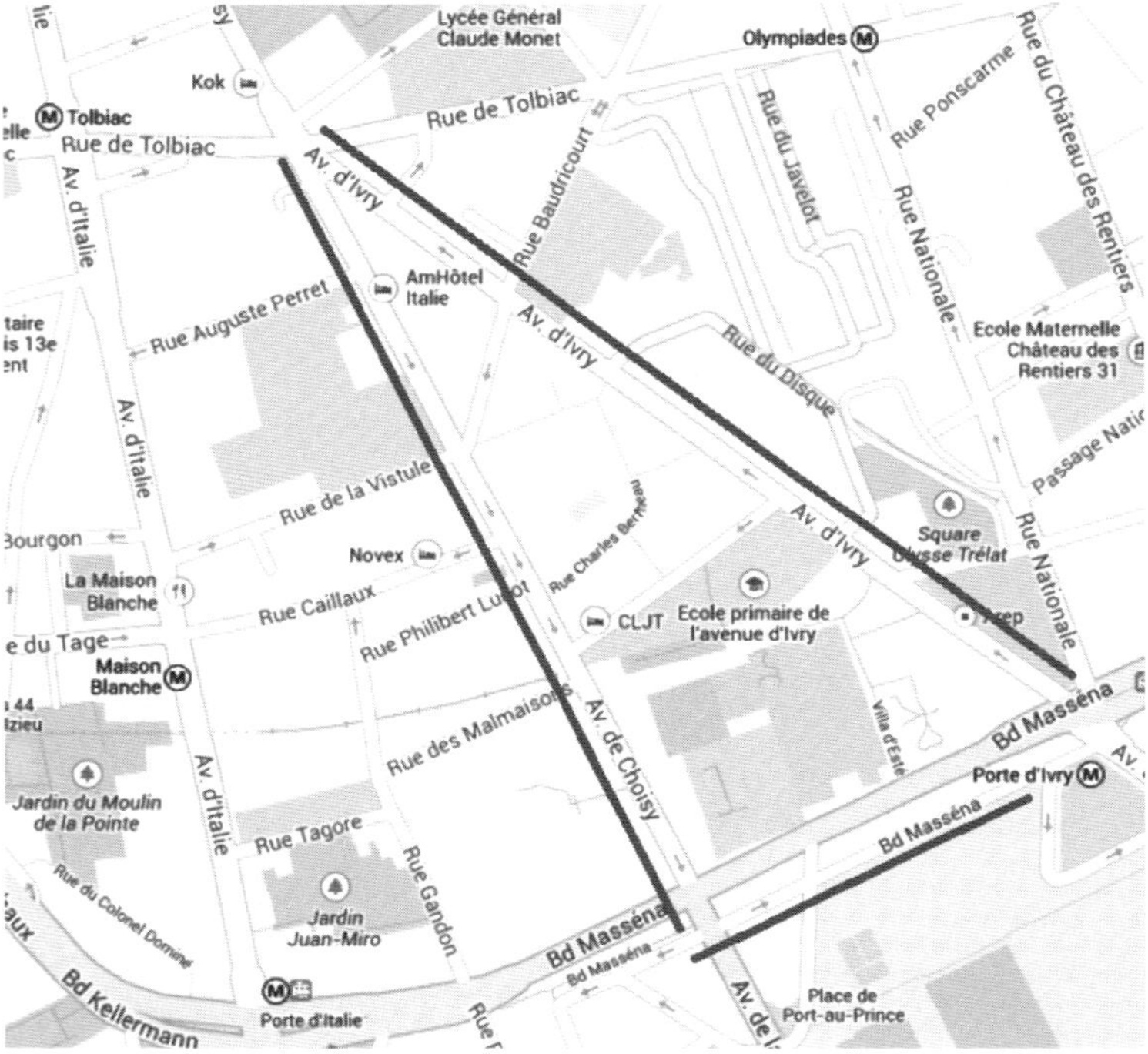

トーキョー、モスクワ、アテネなど、かつてオリンピックが開催された都市から取られている。近くには、メトロ十四号線のターミナル駅、オランピアド駅もある。

取り囲む高層ビルに抱かれているため、オランピアド広場の空は狭い。実質的には地上二階に位置し、床にはくすんだ舗石が敷き詰められている。そして目の前に二列並んだ平屋の建物群は、きわめて形容しづらい形状だ。[21] とはいえ、羽を広げたカモメのようなその屋根が、ヨーロッパ的美学からはきわめて遠いものであることは間違いないだろう。そしてこの驚異的な建物には、いくつものアジア系レストランに混じって、スーパー

のフランプリやカフェ、酒屋、薬局なども入居している。（右頁地図参照）

それにしても、このオランピアド広場に満ちる雰囲気は奇妙で独特なものだ。そしてあまりに風変わりだからこそ、ここがこの中華街の真の焦点に違いないと思う人もいるだろう。そう、そんな確信を抱いた人の中には、二人の映画監督も含まれていた。クリストファー・ドイル（Christopher Doyle, 1952-）とアンヌ・フォンテーヌ（Anne Fontaine, 1959-）だ。

Ⅳ　オランピアド広場

一九五二年にオーストラリアのシドニーに生まれたクリストファー・ドイルは、船乗りなどの仕事を経て、七〇年代後半から活動の拠点をアジアに移した。そして一九八三年、台湾で制作されたエドワード・ヤン（Edward Yang, 1947-2007）監督の『海辺の一日』（1983）において、撮影監督としてデビュー。その後今度は香港でウォン・カーウァイ（Wong Kar Wai, 1958-）監督の『欲望の翼（阿飛正傳）』（1990）や『恋する惑星（重慶森林）』（1994）のカメラマンを務め、世界的な注目を集めることになる。その後、日本と香港の合作映画『孔雀』（1999）において、初めて監督としての仕事にも挑戦。そして今回ここで取り上げる作品、オムニバス映画『パリ、ジュテーム』の中の「ショワジー門」は、彼にとって二本目の監督作品にあたっている。

『パリ、ジュテーム』は、ジョエル&イーサン・コーエン（Joel Coen, 1954-, Ethan Coen, 1957-）やオリヴィエ・アサヤス（Olivier Assayas, 1955-）を始めとする十八人の監督によるオムニバス作品で、監督たちはそれぞれ、パリ二十区の中のいずれかの地区をテーマとする短篇を提供している。ドイル作品のタイトルは「ショワジー門」だが、実質的には「十三区」という場所が彼に託された対象だと考えていいだろう。この五分四十秒ほどの作品の、冒頭は印象的だ。

まず仰角で映し出されるのは、薄暗い空を背景にした、二十〜三十階建てほどの建物群だ。ただし画面左下には、石垣で囲まれたなだらかな瓦屋根の建物がのぞき、その壁には漢字らしき文字が記されている。やがて左から右に、メトロが高架線を走り抜ける。(22) カメラが建物群に寄ってゆく。遠くから子供たちの声が聞こえる。

カメラはオランピアド広場に切り替わる。人間の腰ほどの高さに据えられたカメラの前を、キャリーを引く人影が左から右へ移動する。彼の姿は膝から鳩尾までしか見えない。カメラは、彼の動きについてドリー移動する。

次に映し出されるのはエスカレーターの頂上である。そこに、さきほどのキャリーの男が現われる。六十がらみのヨーロッパ系白人。髪はきわめて薄い。黒ジャケット、そしてパンツもシャツもネクタイも黒に近い灰色だ。彼はしかし、エスカレーターが動いていないのに気づき、すぐに引き返す。

カメラは、エスカレーターの下部に移動している。そのエスカレーターの向かって左隣には、幅の広い階段が並行してしつらえられている。男が階段のほうに歩くのに合わせて、カメラもドリー移動。すると、やはりキャリーを引く黒髪の女性が、階段を一段ずつ上っている姿がフレームインする。そっけないコートを着たその中年のアジア系女性に、男は声をかける、すみませんが……。彼女は驚きのあまりキャリーを手放すと、そこから果物が二つ三つ転がり落ちる。彼女は身を引き、中国語で短く叫ぶ。

続くシークエンスも、オランピアド広場である。中国語による伝統的な音楽が流れる中、フランス語によるマイクテストの声が聞こえる。さきほどの男が、漢字の垂れ幕が貼られた通路を進んでゆくと、そこでは、チャイナ・ドレスを着た、あるいはミニスカートをはいて着飾った若い女性たちが、ウォーキングの練習をしている。ジャージを着たインストラクターらしき男性もいる。彼女らが立つ簡素な舞台には、LES 13 MISS OLYMPIADES（十三区ミス・オランピアド）と書かれた横断幕が掲げられており、まもなくミス・コンテストが始まろうとしているのが分かる。男は探している美容院の場所をフランス語で尋ねるが、誰一人反応しない。男はあきらめ、歩き始める。

次に彼が尋ねるのは、地面に腰を下ろしている若い青年だ。おそらくはアジア人とヨーロッパ人を両親に持つであろう彼は、ストリート系のファッションに身を包み、「マダム・リー？　すぐそこだよ」と手ぶりで示す。背後には、軽いラップが流れている。

カメラが切り替わる。歩いている男の後ろ姿。そしてその先には、あのカモメのような建物が控えている。「美容室」という文字が読み取れる……。

この後ヨーロッパ系男性は、カンフーによる手荒い出迎えを受け、アジア女性の髪の問題に特化したシャンプーの売り込みを開始したときには、問題はお前だ、と突き放される。そしてそれに続く全編が、実はオランピアド広場周辺で展開しており、この短編のタイトルとなった「ショワジー門」は、ついに映像に現れることはない。「ミス・オランピアド」のコンテストを含め、ドイル監督はこの場所にこそ執着している。

では続いて、アンヌ・フォンテーヌ監督の作品を見てみよう。『ココ、アヴァン・シャネル』(2009)の記憶も新しいこの女性監督は、すでに一九九五年、コメディ映画『おとぼけオーギュスタン』(1995)を撮っている。主人公のオーギュスタンは「フランスのミスター・ビーン」とも評され、作品自体もヒットした結果、一九九九年、同じオーギュスタンを主人公に立てた続編、『オーギュスタン、恋々風塵』が制作されることになった。今ここで問題にしたいのは、この後者のほうだ。ポルトガル系フランス人であるオーギュスタンは、パリ十一区に暮らす売れない役者だ。偶然見たカンフー映画に衝撃を受けた彼は、カンフー役者を目指すことを決意、すぐにパリ十三区に引っ越す準備に取りかかる。十三区にあるはずのカンフー道場で修業を積めば、自分もまた——接触恐怖症を克服し——ブルース・リーのようになれるはず、と考えたのだ。荷物を愛用の自転車に詰め込むと、セーヌを越え、十三区の中華街へ。さっそく安ホテルに投宿すると、今度はアルバイトを始める。そしてその勤め先の雑貨店が、あのカモメ屋根の建物の中にあるのだ。オーギュスタンが夜の散歩に向かう先は、オランピアド広場内に設えられたオスロ商店街であり、しかも、彼が恋に落ちる鍼灸師リン先生は、オランピアド広場に面する高層ビルに住んでいる。その部屋から眺め下ろす広場の風景は、そこに住んでいない人間が実際に目にすることはないものだけに、ほとんど幻想的とさえ感じられる……。

こうして見てみると、二人の監督が、このオランピアド広場を特別扱いしているのは間違いないと思える。とはいえ、彼らがこの奇妙な広場にたどりついた経緯は同じではない。

香港を中心とするアジア圏で仕事を重ね、そこからハリウッドへと進出していったクリストファー・ドイル。『パリ・ジュテーム』というオムニバス映画において、中華街のある「十三区」を彼が担当したことは、むしろ当然だったと言えるだろう。そしてその十三区の中でも、あの独特なオランピアド広場を舞台として選び出した理由を考えるなら、その答えはドイルの作風に求めることができるかもしれない。

「ショワジー門」は、「物語」という観点に立てば、幾分荒唐無稽な部分、説明不足と思える展開があるのは否定しがたい。マダム・リーを訪ねた白人男性エニーに対して、ガラス戸を突き破った手が彼のネクタイを摑む場面、あるいはシャンプーを売りに来たエニーに対して、唐突に顧客たちの髪型の相談を持ちかける場面などが、それにあたる。さらに言うなら、ブロンドに憧れるアジア人女性に対し、そのままのほうがいいと諭すのが、他ならぬヨーロッパ系白人エニーであるのは、一見アジアを称揚しているように見えながら、そこに白人至上主義的な視線の存在を指摘することもできる[23]。つまりクリストファー・ドイルの本領は、巧みなストーリー・テリングや新鮮な展望にあるのではなく、飽くまでその映像の独自性にあるのだろう。そして彼が、自らの力を自由に発揮すべく選んだのがオランピアド広場だったというのは、十分に考えられることだ。

それに対してアンヌ・フォンテーヌの場合は、相対的には細い糸をたぐって、しかし最後は強くこの場所に着地したと言えそうだ。というのも、実は前作『おとぼけオーギュスタン』でも、アジア系のホテル・メイドが重要な役割を演じており、そのシークエンスが彼女にあるインスピレーションを与えただろうというのは、容易に想像できることだからだ。メイドの女性は上海出身で、五年前にパリにやってきた「コミュニスト」という設定だった。

この点に関して、アンヌ・フォンテーヌ自身はこんな風に事情を明かしている。

私にとって、オーギュスタンにはアジアとの無意識な関係がありました。それに、最初の作品では、これが前兆であったと自分で気づくことなく、すでに中国人とのメイドとすれ違っています。そして、『おとぼけオーギュスタン』がカンヌで上映された際、私の企画が明確になったのです。作品を買ってくれた香港のプロデューサーが中国人の俳優を使って私にリメイクを作らせたがったのです。私に関心があったのは、中国語で『おとぼけオーギュスタン』のリメイクを作ることではなく、中国でオーギュスタンを撮ることだと言い、それがこの物語の始動装置となりました[24]。

こうしてアンヌ・フォンテーヌは、オーギュスタンを十三区に送り込むことになるのだが、中でも敢えてこのオランピアド広場を中心に据えたのには、ドイル同様、なんらかの理由があったはずだろう。フォンテーヌ監督は、この作品では「すべての登場人物たちが、それぞれの方法で亡命している」[25]のだと言った後、以下のように続ける。

『オーギュスタン、恋々風塵』は、すべてが可能な映画、完全な違和感、地理的、文化的、身体的、心理的、愛情的な違和感を覚えるような作品であって欲しいと思います。[26]

これこそが、オランピアド広場が選ばれた理由なのだろう。アジアの近代史から「それぞれの方法で亡命」した人々が、やがてこの神話をまとう「パリ」に降り立ち、そこで「完全な違和感」の空間化とも言えるこの中華街、中でも軋むような独特の空気に満ちたオランピアド広場にたどりついたのだ。この広場には、たしかにフォンテーヌの意図を実現させるための場になる資格がある。

そしてフォンテーヌは、オーギュスタンがこの異界とも言える地圏へと移動してゆく過程を、はっきりと描いている。それはすでに触れた、彼が自転車で中華街へ向かうシークエンスだ。

十一区のアパルトマンで、「古きヨーロッパ」を思わせる老いた白人女性と別れた彼は、すべての荷物を自転車に載せて走り出す。南へ下り、コンコルド広場で東へと向きを変えると、そのままセーヌ河岸を走り続ける。その間彼の背景に映し出されるのは、ノートル・ダム寺院に代表される「パリ」の風景である。しかし、その後セーヌを越えて左岸に渡り、そのまま南下を続けると、やがて明らかに「パリ」とは違う雰囲気が漂い始める。漢字で書かれたネオン、東洋風な音楽。立ち並ぶどの店も、「パリ」のそれとは似ても似つかない。十三区、中華街だ。そしてオーギュスタンが入っていくのは「ホテル上海」であり、その戸口の脇には、黒髪のアジア人娼婦まで立っている。

この道程について、フォンテーヌはこう語る。インタヴュアーの質問から引こう。

——オーギュスタンの自転車での引っ越しのシーンは、パリがひとつの村のようであり、また旅することができる世界でもあることを描いていて、とても強い魅力を放っていますね。

アンヌ・フォンテーヌ　オーギュスタンはひとつの文化に入り込み、その中で生きたいと願っています。彼はエッフェル塔から十五分のところに存在する外国に行き、見知らぬ世界に移住するために、自分の知っているパリから離れるのです。同じ街の中で人生を変えることができるというアイディアに喜びを感じました。私たちは人生を変えたいと思うとき、すぐにどこか他の異なる場所に旅立つことを考えますが、しかしそこは身近に存在することがあります。(27)

インタヴュアーはこの映画を見誤っている。この映画は、むしろパリがまったく「ひとつの村」のようではない点を描いているからだ。その点で、フォンテーヌが使う「外国」や「移住」という表現は重要だろう。パリの内部においてさえ、「外国」に「移住」することができると彼女は言うのだ。それが、多くの「オーギュスタン」たちが繰り返し、これからも繰り返し続けることだというように。だとすると、この「移住」してきた者たちが作り上げた中華街は、第二、三章で取り上げたパリのユダヤ人街同様、多様な移民と彼らの文化が混成する、「郊外」的空間だということになるだろう。そしてさらに言うなら、クリストファー・ドイルがこの土地を選んだのも、彼の中の移民性が導いた結果であるようにも見えるのだ。

ところで、『おとぼけオーギュスタン』に登場するアジア系女性は上海出身だったわけだが、『オーギュスタン、恋々風塵』におけるリン先生の場合はどうだったのだろう？　マギー・チャン演じる彼女は、いかなる経緯で、オランピアド広場を見下ろす高層ビルに住むことになったのか？

リン先生のバック・グラウンドについては、オーギュスタンとの会話の内容から、いくつかのことが分かるようになっている。まず、彼女がパリに来たのは一年半前であること、鍼灸の技術は、広東省広州の名医である伯父に習ったこと、そして今一緒にいるのは遠い親戚であること、などだ。

そしてまた別の時、オランピアド広場を見下ろして歩いていたリン先生とオーギュスタンは、以下のような会話を交わすことになる。最初に問いかけるのは、リン先生のほうだ。

「ここみたいな場所、パリにはたくさんあるの？」
「いや、そんなことないよ」
「わたしは中華街しか知らないから……。でもここにいると、あなたも外国人ね、わたしみたいに[28]」

この会話もまた、先に引いたアンヌ・フォンテーヌの言葉──「すべての登場人物たちが、それぞれの方法で亡命している」──と呼応しているのだろう。しかし、この会話には続きがある。二人は歩き続け、やがて中国系移民・第一次大戦戦没者慰霊碑[29]の前に差しかかる。薄暮の空を背景に、オランピアド広場を囲む建物が二人を見下ろしている。

「これなに？」

リン先生が立ち止まると、オーギュスタンも歩みを止める。

「戦没者の慰霊碑だよ、第一次大戦の時の」

二人は慰霊碑を挟むように立っている。それは二人より背の少し高い石柱だ。たくさんの名前が彫りこまれている。

「フランスでも戦闘は多かったの？」

「そうだよ。一九三九年まではずっとね[30]」

リン先生は、いぶかしげにオーギュスタンを見やる。

オーギュスタンの返答は、開戦早々パリが占領されてしまった事実を皮肉っているのだろう。しかしここで注目すべきなのは、リン先生のセリフの中に現れる二つの語、「広州」と「戦争」のほうだろう。この二つの語が並置される時、避けがたく思い出されるものがある。アヘン戦争だ。

アヘン戦争は、一八四〇年、麻薬を売りたい一心のイギリスが清に仕掛けた戦争であり、そのイギリス軍の艦隊十五隻が最初に到着した港、それが広州だった。戦争に敗れた清は、一八四二年、南京条約締結の結果、香港を含む領土を割譲し、関税自主権を失った上、莫大な賠償金の支払いを受け入れざるを得なかった。そしてそれを見たアメリカやフランスも広州に艦隊を送り込み、ほぼ同じ内容の条約を結ばせてしまう。さらにはその十五年後の一八五七年、アロー戦争中に起きたいわゆる「広州の戦い」によって、広州がイギリス・フランス連合軍の占領下に置かれるようになった事実も、付け加えてもいいかもしれない。

映画の終わり近く、中国に旅立とうとするオーギュスタンはいくつものアドヴァイスをもらうのだが、その中に「アヘン」に関わるものがあったことは、決して偶然ではないのだろう。そしてこのアヘン戦争は、後述する中国系移民の流れにおいて、決して無視することのできない事件なのだ。

VI 中国系ディアスポラ

ではここで、この十三区と中国系移民の関わりを整理しておくことにしよう。まずは「十三区の歴史」、そして「中国系移民の流れ」を順に概観してゆくつもりだが、後者については、十三区だけではなく、より巨視的な視点でとらえてみたい。そこでは無論、アヘン戦争にも言及されることになるだろう。

十三区の歴史

もともと農村地帯だったこのあたりが「パリ」に編入されたのは、一八六〇年代、セーヌ県知事オスマンとナポレオン三世によるパリ大改造においてだった。「パリ」は十二区から二十区に拡大し、「十三区」となったこの地域には、やがて工場が進出し始める。セーヌ河の支流ビエーブル川が流れていたことが、さまざまな産業にとって好都合だったのだ。[31]

たとえば、今ガブリエル・フォーレ高校があるショワジー大通り八一番地、[32] ここはかつてフランス最古のチョコレート・メーカー、ショコラ・ロンバール（Chocolat Lombart）の工場があった場所だ。*Paris-13e, lumières d'Asie*[33] に掲げられた写真を見ると、大きな工場の前で、今から出荷なのだろう、何十もの馬車が〈CHOCOLAT LOMBART〉と書かれた大箱を曳いているのが見える。しかしその後この土地は、時流に乗っていた老舗の自動車メーカーのパンアール・エ・ルヴァソール社[34]によって買い取られ、より大規模な自動車工場の一部に組み込まれてゆく。工場の内部を撮影した写真には、積み上げられた車輪や旋盤、そして作業を続けるたくさんの男たちの姿が映っており、当時の活況ぶりをよく伝えている。[35]パリにやってきた地方の農村出身の若者たちは、こうした工場のいずれかに受け入れられ、彼らがこの地域の住人となっていったのだ。[36]一九三〇年には、メトロの七号線も開業する。[37]

そして一九六〇年代、十三区の再開発計画が持ち上がる。その中には、オランピアド広場建設に関わる、「オランピアド地域開発プロジェクト」も含まれていた。

開発側が考えたのは、この地域をスラムにしてはならない、ということだったようだ。つまり、低所得者向けの住宅ばかりを大量に用意するのではなく、いくつかのグレードを備えた住宅と、それに付加価値を与えるはずのさまざまな施設をセットで建設する、という計画だったのだ。しかし、建設側が想定した買い手／借り手は、この十三区が持っていた「古くからの工場地帯」というイメージを嫌い、結果的に空き家が大量に発生することになってしまったという。[38]

一九七〇年代に入り、けれどもこの問題は思わぬ形で解決を見ることになる。この「空きスペース」に、難民を含む中国系の人たちが大量に流れ込んだのだ。たとえ少々家賃が高めの部屋であっても、たとえば五人で住めば、家賃を払うこともできる。こうして、中国系移民は、一九七〇年代に一気にその数を増やすことになった。

中国系移民の流れ

中国系移民の流れの大枠については、すでにIで述べた通りだ。ただより正確に記述しようとするなら、大きく二つのグループに分けて考えるほうがいいのだろう。浙江省（特に温州）や広東省出身者が多い「（中国→フランス）直行」グループと、潮州出身者を中心とする「フランス領インドシナ経由」グループだ。ここでは、それぞれのグループについて、フランスへ移民することになった背景を探ってみよう。

まず「直行」グループにおいては、あのアヘン戦争が直接のきっかけだったと言われている。奴隷解放が進み、労働力を必要としていた「列強」が、中国の植民地化を図りながら、同時に中国系移民を受け入れ始めたのだ。「一八四〇年から一九〇〇年までの間に、二三五・五万人が海外に移民し、その内約一五四・五万人がアジアに、約四十万人がカリブ海地区と南アメリカ大陸に、そしてアメリカ合衆国、オーストラリア、ニュージーランド、その他の地域に向かった移民の合計が、約四十一万人[39]」だったという。これが第一期ということになるだろう。

そして二十世紀。この頃の中国の大事件を挙げるなら、まずは前世紀末一八九四〜五年にかけて起こった日清戦争。そして一九〇〇年の義和団事件。これらの事件を通じて、中国に対する植民地化の流れが加速される。そして一九一一年の辛亥革命。清朝は倒れるものの、やがて複数の軍閥が乱立、二六年には北伐も開始され、国内はきわめて不安定な状態に陥る。いや、それは単に不安定などというものではなかったのだろう、いつどこで戦闘が始まるかわからず、また貧しさの中、略奪や過酷な搾取が横行していたわけなのだから。

こうした中、特に温州から、土地を捨てて海外を目指す動きが出てくる。温州自体が港町であったこと、また北に四〇〇キロメートル行けば上海があり、海外へのルートが開けていたことなども、この動きに影響していただろう。さらに第一次大戦中には、十四万人もの温州人がフランスの労働現場に渡ったが、彼らは「北洋政府によって、洋銀三百元でフランス帝国主義に売りわたされた[40]」労働者だった。[41]現在でも、三区のメール通りには多くの温州人が集住し、「温州通り」と呼ばれることもあるという。[42]

そして第一次大戦と前後して、中国とフランスの間で注目すべき制度が生まれる。「留仏勤工倹学[43]」である。

この留学と労働が一体化したような制度は、勉学の志がありながら経済的に苦しい若者たちに、フランスで働きながら学ぶという道筋を開いた画期的なものだった。当時中国では、辛亥革命の蹉跌の後、西洋文明を取り入れた新しい教育の必要が叫ばれ、「ほとんどの青年たちが、自国の暗黒を痛恨し、出口を探し求めていた[44]」。また一方受け入れ側でも、戦争で失われた労働力を補充するという大きな目的に加えて、特にフランスの社会主義系の政治家にとっては、「プロレタリア・インターナショナリズムの精神からいって、遠い極東の労働者との連携をはかること[45]」が重要だと映った側面もあった。まず一九一九年中に六百人、二〇年は千二百人が勤工倹学生として渡ったが[46]、後にこの制度を利用してフランスに渡った者の中には、周恩来、[47]鄧小平など、後の新中国を支えることになるものたちも含まれていた。そして一九二〇年末のフランスには、留学生だけで千六百人以上、労働者は二十万人が滞在していたという。[48]これを第二期と考えることにしよう。

第三期にあたる新中国誕生（1949）後は、共産党の方針により、基本的に「直行」の移民は不可能になる。けれども、一九五八年以降の「大躍進」の時代や、「文化大革命」が終わり、「海外開放政策」が押し進められた八〇年代後半以降など、比較的海外渡航がしやすくなった時期には、中国系移民の数は増加する。特に後者の時代には、温州を含む浙江省ばかりではなく、福建省や広東省などからも移民があったという。[49]また一九九〇年代末には、中国東北部、いわゆる旧満州地区からの移民が急増したこともあった。この背景には、中国政府の政策転換の結果、その地区の重工業系の大工場が閉鎖されるという事情があったという。[50]「新移民」とも呼ばれる八〇年代以降の移民の中には、住居や仕事場を十三区に求めた人も多くあり、ここ二十年ほど十三区の発展は、彼らの存在なしには考えられないものだ。

では最後に、「フランス領インドシナ経由」グループについて触れておこう。

この地域では、一八八七年のフランス領インドシナ成立以前のかなり早い時期から、陸路で入植してくる中国人の流れがあった。ただしそうした移民の中には、売られていった人も少なくなかったようだ。第一次大戦後の東南アジアの中国系移民の状況について、何長工はこう書いている。

(東南アジアの)中国人労働者の大半は、「猪仔《チユツアイ》」として売られていったもので[…]以前は、この商売を専門にやる人買いブローカーがいたそうだ。[…]広東では、たくさんの田舎者が町へやってくるが、いきなり棍棒の一撃で気絶させられ、口をふさいで麻袋につめこみ、かどわかされてしまう。当局も手を出さぬ。そのうちだんだんと、出稼ぎを志願するものも出だした。あるものは、貧しくて生活のしようがなく、やむなくこの道をすすまざるをえなかった。またあるものは、いくらか山気があって、むこうで数年辛抱して「自由人」になれれば、金儲けのチャンスがあるかもしれぬ、と考えた。[51]

「猪仔《チユツアイ》」とは、奴隷として売られていった苦力の蔑称だ。[52]「もうひとつの奴隷貿易」とも呼ばれるこの苦力貿易は、十八世紀の初めに始まり、「列強」による植民地化が進むアヘン戦争時代にピークを迎える。しかし引用した文章が第一次大戦後であることを考えれば、その後もまだまだ続いていたことになる。

また引用文章中に現れる「広東」の中でも特に、香港から北東三〇〇キロメートル、潮州からの移民は多かったことが知られている。この潮州系の移民グループからは、その後事業に成功する人も少なからず出たが、フランス領インドシナ崩壊後の一九六〇年代から七〇年代にかけて、彼らは苦難の時代を迎えることになる。

まずはヴェトナム。この時代のヴェトナムは、言うまでもなくヴェトナム戦争真っただ中で、華僑たちの多くはアメリカへ、フランスへと渡っていった。その後一九七五年には終戦を迎えるものの、新政府は華僑を抑え込む反共政策をとり、四年後には中国が侵攻、戦争に突入する。華僑たちにとっては、移住以外の選択肢はほとんど残されていなかった[53]。またカンボジアでは、一九七五年、極端な共産主義を標榜したポル・ポトが残虐な粛清を開始。さらにラオスでも、六〇~七〇年代を通じて、長い内戦が続いていた。つまり、旧「フランス領インドシナ」の国々は、独立後それぞれ苦難の道にあり、難民となった華僑たちの中には、かつての宗主国フランスを目指す者も少なくなかったのだ。フランス内務省の資料から計算すると、一九七五年~七七年の三年間だけで、旧フランス領インドシナからフランスに流入した中国系移民は約八万人に及ぶことになる。さらに一九八〇年代、旧フランス領インドシナからの移民は二十五万近くに達し、その半数以上が中国系だったという[54]。そしてこの時代パリ十三区には、前述の通り、売れ残った空き家が多くあったのだ。

ここまで述べてきた事情を総合すると、いわゆる「中華街」がパリ十三区に形成されたのは比較的最近、つまり一九七〇年代以降のことなのだということが分かるだろう。つまり、「十三区のチャイナタウンの形成は、既存の準チャイナタウンを基礎に徐々に発達したのではなく、インドシナ三国から殺到した難民によって、比較的短い時間で行われた[55]」ということになる。パリ十三区の歴史と、中国系移民の流れが交わった時、そこに中華街が生まれたのだ。

Ⅶ　二つの寺院

この章では、中国系移民の宗教活動の拠点となっている二つの寺院について触れておきたい。これらの寺院は、Ｖで取り上げた二つの作品に登場していたものだ。『オーギュスタン、恋々風塵』と『パリ、ジュテーム』の中の「ショワジー門」には、すぐに気づく共通点がいくつかある。それはまず、メイン舞台がオランピアド広場であること、次に白人男性とアジア女性の出会いが物語の核心にあること、そしてもう一つが、本編中に寺院――それは別々のものではあるが――が登場することである。以下、ともにオランピアドの心臓部にあり、お互いに徒歩五分以内の距離にある二つの寺院を、順に巡ってみることにしよう。

今回のスタート地点は、オスロ商店街の通路の奥、ヴェトナム料理店 Lao Douang Dy の前だ。この店のすぐ傍らにある商店街用の小さな出入り口から、外に出てみよう。するとすぐ右手の突き当たりに、一見してそれと分かる仏教寺院が建っている。これが『オーギュスタン、恋々風塵』に登場していた「法國潮州會館」である。

この寺院は、一九八六年にできた「在フランス潮州出身同郷会」本部も兼ねている。潮州出身者はこの地区の多数派であり、あのスーパー・マーケット「タン・フレール」の創業者、タン兄弟《フレール》も同郷会のメンバーだ。今はフランス有数の資産家となっている二人だが、彼らが育ったのはメコン川沿いの田舎町、ラオスのターケークだった。そして一九七五年、二人はパリに移民してきたのだ。

さて寺院だが、これは独立の建物ではなく、ビルの一部に収まっている施設だ。拝観料はない。まず正面の部屋は、落ち着いた談話室になっている。一段高くなった右側の部屋に靴を脱いで上がってみると、そこは絨毯が敷き詰められた広々とした部屋で、一方の壁際には祭壇が設えられ、別の壁際には何体もの仏像や花などが整然と並んでいる。ただし、日本人にとっては親しみを感じさせる「佛」「徳」「尊者」などの漢字も、ヨーロッパ系の人間がここを訪れた場合、その印象は違ったものになるのだろう。あのオーギュスタンも、リン先生を探してこの寺院に入り込んだ時、戸惑うような表情を見せていたはずだ。

では次の寺院に移ろう。今度はオスロ商店街を通り抜け、イヴリー大通りに出る。そしてこの大通りを北東へ、二〇〇メートルほど進むと、大通りの東側、タン・フレールの並びに、駐車場へと続くトンネルが現れる。寺院は、このトンネルを五〇メートルほど奥に進んだところにある。(56)

この「在フランス・インドシナ出身者協会」は、さきほどの「法國潮州會館」と違い、一般に「儒・仏・道」と言われる三つの「教」を複合させた寺院である。(57) こちらの寺院のメンバーには、やはり十三区を代表するスーパーの一つ、パリ・ストールのオーナーが名を連ねている。ここもまた拝

法國潮州會館内部

在フランス・インドシナ出身者協会入口

観料はいらない。

部屋の中の雰囲気は、「法國潮州會館」に比べれば質素ではあるが、鎮座する像たちは美しく飾られている。中でもこの寺院を特徴づけているのは、道教の最高神の一人、真武大帝[58]の黄金像だろう。また部屋の隅には、中国将棋などができるスペースも用意されている。短篇「ショワジー門」の主人公エニーは、マダム・リーに店を追い出された後、この寺院にやってきたのだった。ただし「ショワジー門」を見ただけでは、ここが道教を含む寺院であることまでは分からないのだが。

二人の映画監督がなぜこのオランピアド広場を選んだかについてはすでに検討したが、これらの寺院の存在もまた、その選択の理由の一つに付け加えることができるだろう。というのも、中国系のコミュニティにとって、寺院は単に宗教的なものではなく、自分たちのアイデンティティを支える象徴的存在だからだ。ではその実情を、次の項で見てみよう。

Ⅷ　「移民」というアイデンティティ

最後に取り上げたいのは、中華街における移民としてのアイデンティティの問題だ。

ここで注目したいのは、『オーギュスタン、恋々風塵』の終わり近く、「法國潮州會館」で開かれるパーティのシークエンスである。それは「在フランス潮州出身同郷会」の十周年を祝うためのものなのだが、その中には、リン先生を含む数人が、舞台上でカラオケを歌う場面が含まれている。そして彼女らを中心に、会場が一体となって歌われている歌、それはローラン・ヴールズィー（Laurent Voulzy, 1948-）の「ベル・イル島、マリ・ガランド島」（Belle-Ile-en-Mer Marie-Galante）である。

ローラン・ヴールズィーは、一九四八年生まれの現役歌手だ。両親はともに旧フランス領グアドループ出身。ローランは歌手を目指す母親とともにパリに生まれ育ったものの、八歳の時にグアドループに戻り、再びパリに来るのは二十歳の頃。以降はフランスで音楽活動を続けている。一般には、ナツメロ・ソングをアレンジして歌う歌手というイメージで捉えられているかもしれない。発表した曲は数多いが、中でも「ベル・イル島、マリ・ガランド島」は、彼の最大のヒット曲だと言っていいだろう。一九九〇年の音楽コンクール「ヴィクトワール・ドゥ・ラ・ミュズィック」において、「八〇年代の名曲第一位」を獲得したのもこの曲だった。

　ではここで、この曲の歌詞を、試訳とともに確認しておこう。映画内で歌われるのは、＊の付いた二つの連である。（次頁）

　映画の中で実際に歌われるのは、第一連と最終連である。そこでは、故郷から切り離された移民の孤立感が、「水」によって隔てられた「島々」に仮託されている。中華街のにぎわいに隠されて見えなくなりがちだが、彼らの故郷への思いが消えてしまうわけではないのだ。たとえ、フランス国籍を取得しているとしても。

　ただ第二連、つまり「暴力」や「寛容さの欠如」といった部分は、映画においては完全にカットされている。それは監督のアンヌ・フォンテーヌが、この映画に政治的な色をつけたくなかったためかもしれない。とはいえ、この「ベル・イル島、マリ・ガランド島」は大ヒット曲であり、フランス人なら多くの人が、当然第二連以下の歌詞をも想起することになるのだろう。[59]

　この歌が歌われるのは、仏教寺院である「法國潮州會館」においてだ。しかし、広いホールに人々の合唱の声が満ちる時、宗教的な気配はほぼ消滅している。そして舞台の上には、広州から来たリン先生の姿がある。彼女がこの「ベル・イル島、マリ・ガランド島」を歌っている姿は、この十三区の中華街を支える人たちのアイデンティティのあり方を伝えているようではないか。中国系移民がフラ

* Belle-Ile-en-Mer
Marie-Galante
Saint-Vincent
Loin Singapour
Seymour Ceylan
Vous c'est l'eau c'est l'eau
Qui vous sépare
Et vous laisse à part

Moi des souvenirs d'enfance
En France
Violence
Manque d'indulgence
Par les différences que j'ai
Café
Léger
Au lait mélangé
Séparé petit enfant
Tout comme vous

Je connais ce sentiment
De solitude et d'isolement

Comme laissé tout seul en mer
Corsaire
Sur terre
Un peu solitaire
L'amour je l'voyais passer
Ohé ohé
Je l' voyais passer
Séparé petit enfant
Tout comme vous
Je connais ce sentiment
De solitude et d'isolement

* Karuquéra
Calédonie
Ouessant
Vierges des mers
Toutes seules
Tout l'temps
Vous c'est l'eau c'est l'eau
Qui vous sépare
Et vous laisse à part
Oh oh...

ベル・イル島（ブルターニュ地方）
マリ・ガランド島（グアドループ）
セント・ヴィンセント島（カリブ海）
遠きシンガポール
セイモア島、セイロン島
島々よ、おまえたちを隔てるのは
水、水なんだ、
おまえたちを遠ざけてしまうのは。

ぼくには、子ども時代の思い出がある、
でもフランスでは、
暴力、
寛容さの欠如、
わたしが持っている違いのせいで。
軽い
コーヒー
ミルク入りの
切り離されてしまった子どもは、
島々よ、おまえたちのようだ。

ぼくはこの感情を知っている
孤独と孤立の。

たった一人、海に残された
海賊のように
地上で
どこか孤独
愛、それが通りすぎるのをぼくは見た
オエ、オエ
それが通りすぎるのをぼくは見た
切り離されてしまった子どもは、
島々よ、おまえたちのようだ。
ぼくはこの感情を知っている
孤独と孤立の。

カルケラ島（グアドループ）
カレドニア島
ウェサン島（ブルターニュ地方）
ヴァージン諸島（カリブ海）
みなひとりぼっち
いつも
島々よ、おまえたちを隔てるのは
水、水なんだ、
おまえたちを遠ざけてしまうのは
オオ、オオ……

ンスへ至る道程は、たとえばアラブ系やアフリカ系の移民のそれとは大きく異なっているが、それでも、望郷の念という位相においては、さまざまな移民たちが相似形のアイデンティティを抱え込んでいるとも言えるのだろう。それはたしかに、単純な感情の形かもしれない。しかしそれは同時に、アイデンティティの複数性[60]、及びそこを出発点としたある種の連帯へ向かう契機の問題でもありえるのだ。

「亡命」者たちに共有されているこうした感情。観客たちはそれが、オランピアド広場の一隅で具体的に確認されるのを目撃する。こうしてこの奇妙な広場は、移民たちの郷愁の、アイデンティティの複数性の、共生の機縁の、〈場〉となってゆくのだ。

第四章では、まずフランスにおける中国系移民の状況を概観した上で、「フランス領インドシナ」の歴史を振り返った。次に、この「フランス領インドシナ」のフランスの側から意味を、『地獄の黙示録』と「痩せた黄色い肌の子どもたち」を通して確認した。特に前者に置いては、時代錯誤な考えに取りつかれた人物たちが、ヴェトナムにおける植民地主義国家フランスの身勝手さをあぶり出していた[61]。

また二つの映画作品、『オーギュスタン、恋々風塵』と『パリ、ジュテーム』の中の「ショワジー門」はともに、パリ最大の中華街にあるオランピアド広場を主な舞台としていたわけだが、その選択にはそれぞれに必然性があった。オランピアド広場は、移民区中華街の焦点だと言っていいだろう。

さらには、『オーギュスタン、恋々風塵』に登場するリン先生の言葉を出発点に、中国人移民の歴史的な二つの流れを確認することができた。それは、中国から直接フランスへやってくるグループと、フランス領インドシナを経由してやってくるグループだ。そして中国系ディアスポラの歴史を考えることは、取りも直さずアヘン戦争以降の中国の近代史を問い直す作業でもあった。

また最後には、上記映画作品に登場する二つの寺院、およびそこで展開される活動を通して、中国系移民のアイデンティティの問題にも触れることができた。

パリ十三区に中華街が出現した背景には、パリ行政側による十三区の再開発と、アジア近代史の混乱があった。言葉を換えれば、百七十年に及ぶ中国とフランスの関係、そしてアジアにおけるフランス植民地主義の記憶が、このパリ十三区に堆積しているということでもある。今後は、こうした記憶を背景としながらも、常に更新される「ディアスポラ的現在」を描出する作品の登場が期待される。それは間違いなく、パリの地誌の一部となるだろう。

第5章

ボビニー、あるいは不在としての「パリ」

――『アイシャ』試論

第二章から第四章において中心的に扱った三作品、つまり『イブラヒムおじさんとコーランの花たち』、『サンドイッチの年』、そしてパリ十三区を舞台とした『オーギュスタン、恋々風塵』や「ショワジー門」は、いずれも空間的にはパリ内部を舞台とした作品だった。そして「パリ」という〈場〉が、つねにそれぞれの時代の城壁に囲まれた土地の名であったという文脈の延長で捉えるなら、二十世紀後半以降のパリの境界を形成しているペリフェリックは、まさに現代の城壁だと言えるのだろう。城壁に囲繞されていることは、ローマ時代から二十一世紀まで、変わらぬこの街の特性であり続けている。

本章で取り上げる『アイシャ』は、それら三作品とは対照的に、セーヌ＝サン＝ドニ県のボビニー、つまりペリフェリックの外側の町を舞台としている。主人公アイシャが生まれ育ち、今も家族とともに住み続ける町、親戚はもとより、近隣の人たち、学校時代の同級生、さらには宗教的なつながりのある知り合いたちが暮らし、彼女を知る視線が網の目のように遍在している町、それがボビニーだ。だからこの映画は、いわゆる「郊外映画」の系譜のどこかに位置づけうることは間違いない。しかし『アイシャ』は、そうした位置づけだけに甘んじる作品ではない。

パリ周辺の郊外を舞台としたいわゆる「郊外映画」は、一般的に言って、「パリ映画」の一部だと看做すこともできるだろう。なぜなら、それらが成立し得るのは、あくまでパリの郊外であるという条件が必要だからだ。そしてこの事情は、『アイシャ』にも当てはまっている。『アイシャ』は「郊外映画」であり、そして「パリ映画」でもある。

しかし、『アイシャ』を「パリ映画」だと言明する場合、そこには、単にパリ郊外を舞台としているという以上のことを込めることができるようだ。たしかに主な舞台はパリの郊外であり、ヒロインであるアイシャは繰り返しそこに舞い戻りはする。しかし彼女の視線の遠い先には、いつでも「パリ」が存在しているのだ。つまり、『アイシャ』が「パリ映画」であると看做せるのは、ヒロイン・アイシャがパリを見つめる、その視線の密度においてだと言えるのだろう。もちろん〈パリ郊外映画〉の主人公たちの多くは、程度の差こそあれ「パリ」を意識してはいる。しかし『アイシャ』を貫く「パリ」への視線は、明らかにそうした不定形な「意識」と越えたところで発効している。というのもこの視線は、アイシャが何度でもボビニーへと戻ってゆく／戻されるという具体的行動を通して描出されることになるわけだが、この繰り返される往還運動のダイナミズムこそが、『アイシャ』を駆動する中心的なエネルギーを形成しているからだ。[1] そしてもしそうだとするなら、この往還の境界を形作るペリフェリックが、『アイシャ』において特別な意味を持つことは必然の結果だと言えるだろう。

ただし、たしかに境界としてのペリフェリックがこの往還運動の象徴であるとしても、やはりアイシャ一家が暮らすボビニーという町の特性を見過ごすことはできない。『アイシャ』において、いわば形而下的に詳細に語られるのは、生きられた空間としてのボビニーそのものであり、往還の内実は畢竟ボビニーの在りようと切り離すことができないからだ。注目しなければならないのは、だから、土地としてのボビニーそのものの現在であり、またその記憶である。『アイシャ』が内包するいくつかのテーマは、このボビニーという土地の固有性と深く結びついている。

本章では、まず『アイシャ』内におけるペリフェリックの価値を検討し、それがこの作品の基本的な構えを決定している点を具体的に見てゆくことにしよう。本作品内で生起するすべての事柄は、二つの世界、つまりボビニーと「パリ」という大きな結構を意識させるものだ。

次に、登場人物それぞれの背景と物語を概観した上で、ボビニーの町そのものの成り立ちについて振り返ることにする。そこからは、ボビニーが背負う、女性の解放・自立や、ユダヤ人迫害、アラブ人の病と死などについての記憶が浮かび上がるだろう。そしてその後、こうしたボビニーの現在と記憶が、どういう形で『アイシャ』が示す複数のテーマと結びついていくかを考察することにしよう。『アイシャ』の舞台がボビニーでなければならなかったのには、理由があるのだ。

I　二つの世界――『アイシャ』の基本的結構

終戦後間もない一九四九年十一月、写真家ロベール・ドアノーと詩人ブレーズ・サンドラールの協力のもと、一冊の画期的な本が出版される。『パリ郊外』と名付けられたその本は、すでに神話化された「パリ」を被写体とするのではなく、その神話から零れ落ちたもの、はじき出されたもの、あるいはあふれ出たものをこそ、掬い上げていた。当時のパリ神話の強固さの中にあって、そうした文脈を踏み越えてゆく二人の態度は、まさに画期的と呼ぶしかないものだった。

ところでこの写真集のカヴァーには、一枚の大判の写真が使われている。表一の部分には、高台の上、わずかに仰角で臨むエッフェル塔が画面中央に大きく立ち上がっているのだが、その向かって左側の脚は、無機質な直方体の建物に遮られている。それは、現在もなお老朽化しながら生き延びているＨＬＭの、誕生まもない姿なのだ。灰色の単調なファサードは、表四へと向かって、縦に五棟並んでいる。見物人だろうか、高台には行列する人影が写り、その列もまた表四へと伸びている。

しかしもちろん、この写真はモンタージュ合成されたものだ。そう、ドアノーはモンタージュ作品を楽しんだ写真家なのだが、それにしても、「[…] この扉写真にみなぎっているのは、遊び心という以上に、読者の意表をつく『新しい』パリ写真の世界へと誘おうとする気概[2]」だと言っていいだろう。

『パリ郊外』の表紙

エッフェル塔とボビニーの HLM

そしてこの写真集から半世紀以上経った二〇〇九年、パリ郊外ボビニーを舞台に制作された映画『アイシャ』において、観客はかつてのカヴァー写真[3]を彷彿とさせる映像に出会うことになる[4]。

まずは『アイシャ』のＤＶＤ版の、メニュー・リスト画面を見てみよう。その表示方法には、一つの単純な仕掛けがある。ローズ色のメニュー画面が、メニューそのもの以前にまず映し出すのは、エッフェル塔の姿なのだ。その先端から下方へ、映像はすばやく移動してゆく。そしてその画像がすばやくズームアウトしていったかと思うと、今度は画面の両側からＨＬＭが現われ、瞬時に画面のほとんどを覆ってしまう。エッフェル塔はこのコンクリートでできた屏風と屏風の間に吸い込まれてゆくが、ただし決して視界から消えてしまうわけではない。目を凝らせば、建物と建物のわずかな隙間に、その遠いシルエットを捉えることができる。

この間、わずか三、四秒ほど。しかしこのプログラム上の工夫は、『アイシャ』が成立している状況を的確に表現していると言えるだろう。パリ及びその周辺の住民にとって、それがそこにあることを知っているだけでなく、その存在をどこかで意識してしまうエッフェル塔。しかし郊外の住民に限って言えば、この「パリ」を象徴する鉄塔の姿は、普段彼らの視界には入ってこない。なぜなら林立する高層のＨＬＭが、彼らの視界を遮ってしまうから。それはもちろん、これから物語が展開するボビニーにおいても、よく当てはまる事情だ。そして「はじめに」で述べた通り、ＨＬＭは今や、まちがいなく「郊外」のアイコンなのだ……。ＤＶＤ鑑賞者は、早くもこの段階で、示唆的なメッセージを受け取っていることになるのだろう。

そして映画冒頭は、アイシャの友人ナディアの結婚式の場面だ。監督であるヤミナ・ベンギギ（Yamina Benguigui, 1957- ）[5]は、あるインタヴューにおいて、今回は「アングロサクソン風のフィクション」を意識したと発言しており、その意味で結婚式は、『ゴッドファーザー』（1972）を持ち出すまでもなく、登場人物紹介のための一つパターンだと言っていいのだろう。実際アイシャのナレーションは、次々に登場人物を紹介していく形になっている。しかし、この紹介が始まる前に、観客は彼女のモノローグを聞くことになる。アイシャは言う。

両親の面目を失わせることなくシテを抜け出す唯一の方法、それは結婚だ。わたしたち女性はみんな、それだけは避けたいと思っているんだけど。でも、わたしの幼馴染のナディアが選んだのは、まさにこの方法だった。とはいえそれもまあ、選択肢があるとしての話ではあるけれど。(6)

そしてこのモノローグには続きがある。彼女を取り巻く多くの人物たちの紹介を終えた後、アイシャはついに自分について語り始める。

わたしはアイシャ、ブアマザ家の長女。家族みんなをとっても愛しているけど、でもわたしは、ナディアみたいにはならない。明日の夜、リザと一緒に出発するの、人生で一番長い逃避行に出る。ペリフの向こう側へ、フランスへ。

このアイシャの宣言は、前述のメニュー画面とはっきり呼応していると言えるだろう。ボビニーとパリ、その境界をなすペリフエリック。ここに、この映画の構えがはっきりと示されている。ペリフエリックの向こう側とこちら側、この二つに分割された世界こそが、『アイシャ』における結構なのだ。

そしてアイシャが、「ペリフの向こう側へ、フランスへ」と言う時、こうしたアイシャの認識に対し、観客は違和感を感じないだろう。そしてアイシャの言う「フランス」が、ヨーロッパ系白人のそれであるのは言を俟たない。だとすれば、「こちら側」には何があるのか。それは家族であり、コミュニティであり、子ども時代の記憶であり、しがらみであり、アルジェリアであるのだろう。

さて、上で引用したモノローグが終わると同時に、結婚式のシークエンスも終わる。画面が切り替わるとタイトルが表れるのだが、その時の背景の映像は、鳥瞰的なボビニーの町である。そして画面奥、半ばかすんでいる遠景の中に浮かんでいるのは、またしてもあのエッフェル塔のシルエットなのだ。ドアノー／サンドラールがモンタージュとして提出したイメージが、ここではついに、現実として捉え直されているのだ。

Ⅱ　作品概要

映像作家としてのヤミナ・ベンギギは、ドキュメンタリ作品をその中心的フィールドとしてきた。代表作である『移民の記憶 *Mémoires d'immigrés*』(1997) では、マグレブ移民第一世代の、それまで語られることのなかった記憶を掘り起し、また『ガラスの天井 *Le Plafond de verre*』(2004) では、マグレブ系女性の、社会的上昇を阻むガラスの天井を可視化してみせた。

そしてベンギギ監督の長編フィクション作品は、『アイシャ』シリーズを除けば『日曜日にこんにちは』のみである。この作品は、アルジェリア移民一家の妻・ズニアを主役に据え、彼女が「夫や義母のルールとフランスのルールの狭間で、自分なりの生き方を模索する」(7) 物語であった。またキャリー・ターによれば、一九九〇年代の後半に入り、アラブ系の映画制作者たちは、自らの過去を題材とし始めたという。そこには、アルジェリア独立戦争中に、あるいは戦争終結後に、親たちが体験した過酷な経験も含まれていたのだと。[8] そしてターがその例として挙げる作品の中には、この『日曜日にこんにちは』も含まれているのだ。こうした文脈で言うなら、『日曜日にこんにちは』での経験を踏まえ、二つの世代の相克へとさらに歩みを進めた作品、それが『アイシャ』なのだと言うこともできるだろう。

さらにターは、二十一世紀に活動している西ヨーロッパのディアスポリックな女性映画作家たちを論じた文章の中で、ラシダ・クリムやザキア・タヒリらとともに、マグレブ系監督の一人として再びヤミナ・ベンギギに触れている。[9] そこでターは、こうしたディアスポリックな女性監督たちの作品を、三つのタイプに分けてみせる。

①歳若い移民、ないしディアスポリックな女性たちの、アイデンティティの葛藤を扱う作品群。
②自らの出自によりカテゴライズされるのを嫌い、あえて男たち、ないし非ディアスポリックな女性たちの経験を描くグループ。
③成人の移民、ないしディアスポリックな女性たちのアイデンティティや、ヨーロッパにおける地位などを探る作品群。

もちろんター自身が言うように、この分類はゆるやかなものだ。そして実際『アイシャ』の場合も、①と③の要素が、いわば相互浸透的に共存しているのだ。これは上述の、二つの世代の相克の描出と呼応していると言えるだろう。そしてこの点は、『アイシャ』全体の結構とも関わっているのだ。

ブアマザ家の人々

ではここで、『アイシャ』の概略を確認しておこう。まずは、アイシャを中心とした登場人物を見ておくのがいいだろう。というのも『アイシャ』には、群像劇の趣もあるからだ。

中心となる家族は、アルジェリア系移民のブアマザ家だ。[10] 一家五人全員がムスリムであり、見てわかる《ヴィジブル》アラブ系である。

ブアマザ氏は、アイシャの言葉を借りれば、「本物の雄鶏タイプ」の父親だ。家長として、家族たちに命令を出すことに躊躇はない。一九五二年にアルジェリアからフランスに移民。アルジェリア独立戦争時は、FLNを支持していた。映画内の時間で退職の日を迎えるが、その会社では勤続三十年の表彰を受ける。趣味は「雄鶏」らしくボクシングである。ただし、このアラブ系男性の「男らしさ」の権化のようなブアマザ氏は、退職に関連してある弱さをも露呈する。それが、このブアマザ氏の人物造形にリアリティを与えているのは間違いない。

マダム・ブアマザは、近隣のアラブ系コミュニティにおいては、模範的な母親として通っている。当然、共同体内での発言力も強い。もちろんムスリマだが、一方で、クルマの運転免許取得には大いなる価値を置いている。それは彼女にとって、具体的な自由の獲得を意味しているからだ。こうした自由への渇望の根源には、子ども時代、母親によってさまざまなこと禁じられた経験が横たわっている。またそうした、いわば現代的な自由を自然に求めながら、娘の恋愛などに関しては、きわめて迷信深い一面も見せる。アフリカ系の祈禱師を尋ね、娘が純潔を守れる薬を調合してもらうと、それをこっそりアイシャの飲み物に混入しさえするのだ。またこの両親のフランス語は、ネイティヴのそれではない。

そしてこのブアマザ家の長女、それがアイシャだ（アイシャの上に長男がいるが、彼はすでに結婚、独立しており、物語の外部に置かれる)。二十五歳で独身。物語の始まりの時点では、恋人はいない。ボビニーにある、経営者と従業員二人だけの小さな自動車整備工場で、事務員として働いている。アイシャの学歴についてははっきり言及されていないものの、後出する従妹ネジマとの会話から、アイシャがディプロムを取得していないことははっきりしている。バカロレア、あるいはＣＡＰ（certificat d'aptitude professionnelle 職業適性証書）かＢＥＰ（brevet d'études professionelles 職業教育修了証書）取得というレベルなのだろうと推察される。またそのファッションは、ときに「ファティマの手」のネックレスを付けたり、ガネーシャがデザインされたシャツを着たりもするが、肌の露出の程度や全体のシルエットについては、一般的なパリジェンヌと選ぶところがない。

　こうしたアラブ系の若い女性を主人公とする映画作品について、キャリー・ターは興味深い指摘をしている[11]。そうした作品は、二〇〇〇年以前、少数の例外[12]を除いてほとんど制作されなかったというのだ。移民系の人物が主役クラスに配置される場合、それはアラブ系ないしアフリカ系の男性、あるいはアフリカ系の女性であり、たとえアラブ系の若い女性が登場しても、それは自主性を持たない、従属的な脇役以上ではなかったと。ただ二〇〇〇年以降は、『サメ *La Squale*』(2000)、『サミア *Samia*』(2001)、さらには第三章でも触れた『ブルー通り17番地』(2001)、ベンギギ監督の『日曜日にこんにちは』(2001)など、その数は急激に増えてゆく。『アイシャ』はもちろんこうした流れの中に位置づけられるわけだが、特にフィリップ・フォコン（Philippe Faucon, 1958- ）監督の『サミア』とは、類縁性が高い――その舞台がマルセイユの郊外である点を別にすれば――と言えるだろう。

　次男フアド。アイシャの弟である彼は、大学生なのだろう、国際弁護士を目指して勉強中だ。また彼の勉強仲間であるアラブ系のムスタファも、同じシテ・カール・マルクスに住んでいる。ムスタファはゲイである。

アイシャの妹リム。高校生くらいだろう。ただし、若い無関心さをまとう彼女が、物語に絡んでくる場面は多くない。そして子どもたち三人のフランス語は、ネイティヴのそれである。

シテ・カール・マルクスには、ブアマザ氏の弟家族――こちらもブアマザ家ということになるが――が暮らしている。ブアマザ氏の弟が亡くなったとき、当時「パリ」に住んでいた寡婦と娘二人が、ブアマザ氏の命に従い、このシテ・カール・マルクスに移ってきたのだ。

まずは、寡婦であるマリカ。義理の姉にあたるマダム・ブアマザと仲のいい彼女は、いつも「パリ」に暮らした時代を懐かしんでいる。娘たちが問題を起こすと、それはここボビニーに越してきたのが原因なのだと嘆きもする。

マリカの長女であるネジマ。アイシャと同世代である彼女もまた、彼女なりのやり方でボビニーを出て行こうとしている。ネジマは博士号を取る寸前であり、企業が行うインターンシップに参加しようとしている。そして自分は「パリ」で就職するのが当然の人間だと考えている。

一方ネジマの妹であるファリダは、大きな問題を抱えている。ある日彼女は自殺を試みるのだが、それは彼女が、ムスリム家庭の娘でありながら、妊娠してしまったからだ。これはもちろん、両ブアマザ家の名誉にかかわる大きな問題だ。

そしてさらに、アイシャから見れば叔母にあるビウーナがいる。一人暮らしである彼女は、シテ・カール・マルクスで美容院を経営している。もちろん、ブアマザ夫人やマリカとは仲がいい。彼女はかつて、チェ・ゲバラと恋に落ちたとアイシャに語る。

さてここまでで、アイシャと血縁関係にある九人の登場人物を紹介した。ここからは、それ以外の人物たちを見ていこう。

まず取り上げなければならないのは、アイシャの勤め先である整備工場の経営者、アブデルだろう。

アイシャは、最初のシテ・カール・マルクス脱出計画が頓挫した後、いわば彼と偽装結婚することで、「ボビニー」からの逃走を完遂しようと企てる。そしてこのアブデルという人物について言えば、彼はその外見に大きな特徴がある。アラブ系の名前を持ち、フランス語を話す彼は、青い瞳とグレーの髪を持っているのだ。[13] そして彼の父親は、アルジェリア独立戦争時、フランス軍の中尉だった。つまりアブデル一家は、アルキとしてフランスに暮らしているのだ。

またアイシャの親友、ヨーロッパ系白人でフランス人のリザも、重要な価値を負っている。[14] アイシャを取り巻く人物で、物語の初めからアイシャと繋がりがあったヨーロッパ系フランス人は、リザただ一人なのだ。彼女はテンプル通りに住み、アイシャにとっての「パリ」を象徴する人物とさえいえるだろう。彼女はいわゆるフランス的価値観を生きるが、同時にマダム・ブアマザのケーキが大好きでもある。そしてこの挿話には、一定の意味が込められているだろう。なぜなら、ポスト・コロニアルな時代に入ってから生まれた若いリザの態度には、オリエンタリスムの影を見出すことはできないからだ。

さらにパトリックもいる。アイシャの同級生ドミニク——すでに結婚してカリブ海に渡っている——の兄である彼は、今ボビニー再開発計画に携わっている。アイシャはやがて、ビジネスマンらしい合理主義を生きるこのヨーロッパ系男性と恋に落ちる。彼とのパリでのデートは、唯一アイシャと「パリ」が幸福な結びつきを見せる瞬間である。

最後に、ブアマザ家のかかりつけの医師である、アコッカ氏を挙げておこう。彼は、アイシャやネジマの「処女証明書」の発行を依頼されたり、退職するブアマザ氏の相談に乗ったりする。アラブ系の容貌を持つアコッカ医師は、『アイシャ』内に登場する唯一のユダヤ人である。彼が開業しているのは、シテ・カール・マルクスから徒歩圏の、ウルク運河の近くである。

この他にも、ネジマが「一時的結婚」をすることになる伝道師メディや、ムスタファの母親でありマダム・ブアマザとも近所付き合いのあるベン・ミルー夫人なども登場し、それぞれの内面を垣間見せるが、ここでは名前を挙げるにとどめておこう。

物語

では、右で紹介した人物たちは、いかなる物語を生きるのだろうか。ヒロインであるアイシャを中心に、その物語をたどってみよう。

事の発端は、すでに引用した映画冒頭のアイシャのモノローグにはっきり示されている。アイシャはこう宣言したのだ、「明日の夜、リザと一緒に出発するの、人生で一番長い逃避行に出る。ペリフの向こう側へ、フランスへ」と。

翌日アイシャは、勤め先の整備工場で、給料の前借りに成功する。そして小さな事務室で、両親に別れの手紙を書く。

パパ、ママへ。わたしは家を出ます。もう大人だから。
傷つける気なんてないの、恥だなんて思わないでね。(15)
だけど、ここは息苦しい、どこか別の場所で生きていきたい、この牢獄じゃなく。
ブアマザの名を汚すことはしません。
わたしが最初に出ていくけど、パパ、ママを迎えに戻ります。
このままじゃ、生きてる気がしない、整備工場、シテ……

しかし、この逃避行は未遂に終わる。整備工場まで迎えに来たリザに対し、アイシャは予定を変え、家庭内の「しきたり」に則って家族に別れの挨拶をしに戻ると言い出すのだ。そして自宅に立ち寄ったとき、ちょうどファリダの自殺事件が起きてしまう。騒動の後、アイシャを含めたブアマザ家の人間たちは、みな病院に集合する。そして発覚したのは、未婚ムスリマ、ファリダの妊娠だった。ブアマザ家が大きな混乱に陥ったのを見て、アイシャは別れの手紙を破り捨てる。

その後もアイシャは、家出のタイミングをうかがい続ける。が、パトリックと一緒に喫煙しようとしていたところを父親に見つかり、父が怒りのあまり、家族全員でのアルジェリア帰還を言い出したとき、アイシャは苦し紛れに言ってしまう、わたしはアルジェリア人と結婚する予定なの、と。

これはむろん事実ではなく、しかもあれほど否定していたナディアと同じ脱出方法である。ただナディアと同じでない点、それはアイシャが、結婚後すぐ離婚するつもりだったことだ。とにかくこの「牢獄」を脱出し、あとは「パリ」で考えようという、衝動的と言うほかない言葉だった。

そして、当座の結婚相手としてアイシャが選んだのがアブデルだった。なかなか結婚できずにいたアブデルもまた、すぐにその話に飛びついてくる。もちろん、アイシャと付き合い始めたばかりのパトリックにしてみれば、それは考えられない行為なのだが。

ブアマザ家の人たちとアブデルの顔合わせが進む中、アイシャは、叔母ビウーナが「シテの才人コンクール」に参加するのに協力。その結果、大会でのアイシャの活躍ぶりに注目した男性から、仕事のオファーを受ける。しかしその面接日は、ブアマザ家総出でアブデルの南仏の実家を訪れる日と重なっていた。アイシャは怪我を装い、この小旅行を欠席、面接に向かう。運よく採用されるものの、勤務先は念願のパリではなく、ボビニーの支店だった。パトリックとのパリでのデートは素晴らしかったが、結局まだボビニーを出ることはできていない……。

そしてこうしたアイシャを中心としたメイン・ストーリーには、いくつかのサブ・ストーリーが並行している。それらの概略も確認しておこう。

サブ・ストーリーの中で最も重要なのは、ネジマに関わるものだ。前述の通り、博士号取得目前である彼女は、当然、その資格に見合った職業を得ることを期待している。それは彼女にとっての、ボビニー脱出の形でもある。しかし、彼女が提出したエントリー・シートに返事は来ない。それは、自分が「アラブ系で、このシテ出身だから」だと彼女は考えるが、後に「フランス」風の名前で応募するとすぐに連絡をもらえたことから、この考えが正しかったことが証明される。(16) つまりネジマは、自分がそこで勉学に打ち込んできたヨーロッパ系白人社会に、あっさり裏切られたのだ。ただし、「フランス」風の名前で受け付けられた面接の会場まで足を運んだ彼女は、結局その会場に足を踏み入れることなく立ち去ってしまう。「アラブ」という自分のアイデンティティが変更しようのないものであることを、その時ネジマは思い知るのだ。

その後ネジマは、怪しげなイスラーム系団体のリーダー、メディに急接近する。アイシャからその男性の胡散臭さを指摘されても、アイデンティティの危機にあるネジマは耳を貸そうとしない。そしてリーダーの申し出を受け入れ、彼と「一時的結婚」をしてしまう。その意味するところは、イスラームの教えに反することなく性的関係を結べる、ということだった。

しかしこのリーダーは、ネジマの処女を奪ったあとまもなく、たった一本のメールで一時的結婚の解消を伝えてくる。弄ばれたことに気づいたネジマは一時半狂乱となるが、自分が処女を失った事情を誰にも話すことはできない。結局ネジマは、その秘密とともに、ヘジャブの内側で生きてゆくことを選択する。

そしてもう一つの重要なサブ・ストーリーは、ネジマの妹、ファリダの妊娠だろう。ファリダは、アイシャが家出を予定していたまさにその日、自殺を決行したのだ。そして運び込まれた病院で、彼女の妊娠が発覚。母親のマリカはもちろん、ブアマザ家は大きなショックを受ける。アイシャでさえ、「彼女は死んだほうがよかった」と漏らすのだが、それが親友リザに対しての言葉であることを考えると、これはアイシャの本音であろうと考えられる。ただし、この後のファリダに最も親身になるのは、アイシャその人であるのだが。

その後ファリダは、アイシャの弟ファアドの友人、ムスタファと結婚することになる。実はムスタファも、自宅で女装しているところを見つかり、自分がゲイではないことを証明する必要があり、赤ん坊の父親を探していたファリダと利害が一致したのだ。これ以外に、二人がこのイスラーム・コミュニティで生きてゆく方法はなかった。

物語の終わり近く、ファリダは出産する。しかしそれは、アフリカ系の赤ん坊だった。ムスタファが父親でないことは明らかだった……。

このファリダのストーリーは、配分される時間は限られたものであるものの、作品の多層性を形作るためには不可欠のものだと言えるだろう。それは、後述する女性解放のテーマとも関わってくる。

以上が、アイシャを中心としたメイン・ストーリーと、ネジマ、ファリダを中心としたサブ・ストーリーの概略である。

Ⅲ　ボビニーの地誌――パリ郊外の「新都市」

『アイシャ』の監督であるベンギギは、ボビニーという町について、こんな発言をしている。

アイシャが住んでいるシテは、ここ数十年来、ペリフェリックの外側で増えてきたあのゲットーじみたシテのどれにも似ていますｓ。そこには、何千という移民労働者たちの家族が詰め込まれてきたのです［…］[17]。

これは無論重要なポイントだ。「ボビニー」は、ペリフェリックの外側に遍在する。そうしたものとしての「ボビニー」という視点が、この作品にある種の普遍性を与えているのは疑いないだろう。とはいえ、そうした普遍に通じる「ボビニー」は、また個別のボビニーでもある。そして普遍性への回路が、個別性の果てに開かれるものであるとするなら、やはりここでは、その個別性を審らかにしておく必要があると考えられるだろう。

ではここから、『アイシャ』の舞台となったボビニーとはそもそもいかなる町なのかについて、考察してゆきたい。もちろん映画内でのボビニーは、さまざまなコノテーションを背負った町であるに違いない。しかしここではまず、現実のボビニーを把握することから始めるのがいいだろう。

ボビニーとZUS

セーヌ＝サン＝ドニ県の県庁所在地であるボビニーは、パリの中心からなら約十キロメートルほど、ペリフェリックからなら三キロメートル程度の距離しかない。面積は六・七七平方キロメートル、人口は四万九千人ほどである。

ただ人口について少し振り返るなら、かつて大革命当時は二百五十人程度、第一次大戦当時は五千人程度、第二次大戦前後は一万七千人程度であったのだが、それが一九六〇年頃から急激に増えだし、一九七五年にはすでに四万三千人に膨れ上がっていた[18]。これは後述する通り、地方からの上京者や移民の流入が背景にあったわけだが、七三年のオイル・ショック以降この伸びは鈍化し、現在に至っている。また、全市民のうち三十九歳以下が六〇パーセントを占めるいわば若い街であるのは、そうした移民の二世や三世たちの存在と無縁ではない[19]。

またボビニーは、地域的に八つのカルティエから構成されている。そしてそのうち四カルティエがＺＵＳ（Zones Urbaines Sensibles 困窮都市地区）の指定を受けており、それら四地区すべてにＨＬＭが存在する。ＺＵＳ指定のない他の一地区にもＨＬＭがある。

Onzus（Observatoire national des zones urbaines sensible 脆弱都市地区観測所）が二〇一一年に発表した報告書[20]によれば、ＺＵＳでの失業率は二〇パーセントを超え、特にヨーロッパ以外の国からの移民の失業率は二五パーセントを越えている。これは「ＺＵＳのある都市ユニットのＺＵＳ以外の地域」の失業率＝十パーセントと比べると、その深刻さがはっきりするだろう。またＺＵＳにおける「移民及び移民の子孫」の人口は五〇パーセントを超え、さらにその半数がマグレブ出身である。ここには、明白なセグレガシオン（階層別棲み分け）が存在していると言えるだろう。そしてまさにブアマザ家は、ＺＵＳに住むマグレブ出身者の例に該当しているのだ。

このブアマザ家が暮らしているのは、ボビニーの中でもその中心部、メトロ五番線のターミナルであるボビニー＝パブロ・ピカソ駅から徒歩十分ほどの、シテ・カール・マルクスである。その十五階建ての高層ＨＬＭの一室に、ブアマザ家五人は住んでいる。アイシャから見れば叔母にあたるマリカの家族もまた、同じ塔（tour）に住んでいる。

となると次に問題になるのは、いかなる経緯でこの場所、つまりパリ郊外のボビニーに、シテ・カール・マルクスが建設されたのか、そしてそれはどのように受け入れられ、どのようなトポスを形成してきたか、という点だろう。ただここでは、そうした問題を検討する前に、敢えてスパンを長く取

シテ・カール・マルクス

り、ボビニーの歴史を簡単に振り返っておきたい。こうした背景の中でこそ、シテ・カール・マルクスを生んだ都市計画は、その実像を出現させるだろうからだ。

ボビニー小史

ボビニー市の公式HPの「ボビニー小史」には、ボビニーの開発の歴史を、七つの時代に区分している。

①古代から旧体制の終わりまで(-1788)
②フランス革命期(1789-98)
③帝政時代の終わりまで(1799-1870)
④産業化の始まり(1871-1913)
⑤二つの大戦(1914-1945)
⑥人口爆発と都市開発(1946-1960)
⑦現代まで(1961-)[21]

この「小史」によれば、歴史上「ボビニー」の名が初めて文献に現れるのは六世紀だという。当時は、城壁で守られた、教会と墓地のある田舎町だった。それが大革命前の時代になると、不況、過重な税金、経済の混乱などのために、ボビニーの土地の八〇パーセント近くが、ボビニー外の人間の所有になった。

その後ボビニーは、三度の占領を経験する。まずはナポレオン戦争時の一八一四年と、百日天下後の一八一五年。そして一八七〇年の普仏戦争時である。この時ボビニーは、パリ防衛の拠点の一つとされ、フランス軍によりほとんどすべての家屋が破壊された。その後プロシャ軍に占領されたわけだが、彼らが去った後、家は四軒しか残っていなかったという。この時、多くの住民がボビニーを離れた。

十九世紀の最後の三十年は、普仏戦争からの復興と、パリの境界付近から流入した野菜栽培農民の増加によって特徴づけられる。その後はアルザスやブルゴーニュからも国内移民が流入し、その結果一八九六年には、ボビニー住民の七〇パーセントが、ボビニー外で生まれた者たちによって構成されていた。しかし当時、ボビニーの行政体制は、この新たな人口増に対応しきれていなかった。主要な行政サーヴィスはボビニー外にあり、たとえば警察署や裁判所などはパンタンに、軍や医療関係はノワジー＝ル＝セックに、という具合だったのだ。ボビニー中心部にあったのは、市役所、郵便局、そして教会だけだった。公立学校は二つ（男子校と女子校）、キリスト教系の小さな市立学校が一つ。下水も電気もなく、水は井戸から得ていた。住民の生活に対する公的な支えは、最小限にとどまっていた。

ただし社会的インフラに目を移せば、十九世紀の初めには、ウルク運河——その恩恵を受けるのは主に「パリ」であるが——が建設されたし、十九世紀中葉には東武鉄道、一八六九年にはプティット・サンチュールが開通、七五年にはグランド・サンチュールが計画され、八三年には全通。一九〇二年には、ボビニーとパリ・オペラ座を直結するトラムが完成。これをきっかけとして、ボビニーでも、労働者への土地分譲が始まりもしたのだった。

二十世紀に入っても、ボビニーの人口増加は続いていた。その大多数は労働者や雇われ人だったわけだが、彼らの住宅は、ほとんどアクセス不能の土地に建てられ、村へ行くもの相当の遠回りが必要だった。つまり、従来からの農民たちと、新参の労働者の間には、断絶があったのだ。

そして二度の大戦。第一次大戦では、ボビニーの人口四千人の内、百七十八人の兵士が戦死した。そして第二次大戦、この時ボビニーは、あまりに大きな役割を果たしてしまう。一九四三年から四四年までの期間、ボビニー駅こそが、ユダヤ人たちを絶滅収容所へと連れ去る出発地点となったのだ。というのもボビニーの北側に接するドランシーには、フランス最大のユダヤ人収容施設があったからだ。そこからボビニー駅までは、バスで移送されたのだ。

そして戦後の人口爆発。ボビニーでも人口増加は激しかったが、それは多くの出産があったからだけではなく、フランスの地方から仕事を求めて上京してくる国内移民が流入したからでもあった。一九四六年から六二年までの十七年間に、人口は一万七千人から三万七千人に増加している。

この人口増加に対応すべく、ボビニー市は、一九五四〜五八年、千五百の住居を擁するシテ・ドゥ・ラブルヴワールをはじめ、三つの集合住宅を建設した。[22] もちろん、それに伴う各種施設や、道路の整備も並行して行われた。

そして一九五九年、低所得者のための住宅供給を専門に扱う組織、l'OPHLM（l'Office Public d'Habitations à Loyer Modéré de Bobigny）が創設される。一九六〇〜六一年、l'OPHLM は市の中心部の再開発を決定、続く六四年には、その再開発計画が発表されたが、その計画こそは、シテ・カール・マルクスを含むものだった。中心部再開発計画は、戦後に建てられた集合住宅の伝統にならい、高層の塔と横長の屏風状の建物で構成された集合からなっていたが、それは、一戸建て住宅ゾーンの開発という、長い間の「ボビニーの伝統」との決別を意味していた。

しかし、この計画は途中で変更を迫られる。というのも一九六八年、ボビニーがセーヌ＝サン＝ドニ県の県庁所在地に指定されたからだ。中心部には、県庁をはじめ行政関係の建物が複数建設されることになったのである。

現在のボビニー中心部の様相は、ル・コルビュジエによってインスパイアされた、七〇年代初めの都市計画に多くを負っている。つまり、増大する住宅需要に応えながらも、シテを「住みやすく調和のとれた」ものとすることが重要視されたのだ。

ただ現在では、この計画の限界が明らかになっている。ボビニーは再考されなければならない。市当局がこの十年取り組んでいるのは、新たな都市計画であり、この計画は今まさに進行中である……。

以上がボビニー市のＨＰに記載された「ボビニー小史」の概要である。これを見ると、たとえば十九世紀に経験したウルク運河の掘削、三度の占領、あるいはグランド・サンチュールの敷設などは、どれもパリを囲繞するペリフェリックの外側ならではの性格、つまり、パリに奉仕し、その影響を直接蒙り、同時に依存せずにはいられないという性格を、明白に示していると言えるだろう。ボビニーが、他の諸都市と共有している歴史や都市計画の経験を越えて、ボビニーに固有なトポスを形成しているのは、こうした条件によってもたらされたものに違いない。

ただし、この「ボビニー小史」には、現在のボビニーという町のアイデンティティに強く関わるピースが（意図的かどうかはともかく）抜け落ちている。それは、外国からの移民の存在である。

シテ・カール・マルクス

上述の通り、l'OPHLM は一九六四年に市の中心部の再開発計画を発表した。しかし、四年後の六八年にボビニーが県庁所在地に指名されると、その計画の一部は変更されることになった。そして一九七〇年、新計画に沿ってボビニーの中心部近くに出現したのが、シテ・カール・マルクスだった。

それはまさに、当時パリ郊外に登場し始めた「新都市」の一つであり、複合的な高層の五塔を中心に、全体が人工地盤によって結ばれている。住居数七百五十、住民は二千六百人。そしてこのシテの歴史と現状については、マリー＝ピエール・ジョリ（Marie-Pierre Jaury, 生年不明）監督の『ボビニー、シテの記憶 *Bobigny, mémoires d'une cité*』という記録映画が、詳細に報告している。

二〇〇七年に制作されたこの五十分ほどの作品は、数多くのインタヴューや、現場の取材によって構成されている。この映画が重要なのは、「ボビニー小史」では抜け落ちていた、外国人移民労働者とシテ・カール・マルクスの関係を、はっきり描いている点だろう。[23] ではここで、『ボビニー、シテの記憶』の内容を確認していおこう。

一九五〇年代、戦後の人口爆発に対応するため、巨大な低家賃住宅が建設されたわけだが、そのあとに待ち受けていた問題、それはフランス外からの移民労働者の住宅問題だった。彼らは当初、フランス流の暮らしに適応できないというあいまいな理由で、低家賃住宅に入居することを拒否されていた。その結果、パリの境界地帯や、新しく建設された高層ビルの傍らなどに、数多くのビドンヴィルが立ち並ぶことになった。ほぼスラムと言わざるを得ないそれらのビドンヴィルについて、行政側は早急な撤去を望んでいたが、そのためにはまず彼らの住居を用意する必要があった。そうして新たに建設された施設は、独身者の一時的利用に限定されていたりもしたが、それでも時代の流れはとどまることなく、移民たちのフランスの地への定着も、現実の事情として認識されるようになっていった。そこには同時に、「外国人嫌い」という風潮もないわけではなかったのだが。

シテ・カール・マルクスが作られた一九七〇年以降も、ボビニーでは中心部の開発が続いていた。が、七三年にオイル・ショックが起きると、七〇年代半ばには、そうした工事は次々に中止に追い込まれていった。シテ・カール・マルクスは、中心部との連絡が不十分なまま、孤立することになった。

一方当時の大統領ジスカール・デスタンは、土地所有を優遇する政策を打ち出し、それを受けて非移民系の中流層は一戸建地区に移っていった。シテ・カール・マルクスは空き家が目立つようになり、ついに市は、移民たちの入居を許可する決定を下した。シテは、瞬く間に移民たちで一杯になった。彼らの大半は、非正規労働者と失業者だった。

その後シテ・カール・マルクスは、一九九三年にZUSの指定を受け、二〇〇〇年にはSURが施行されている。今も再開発が続くこのシテには、四十を超えるエスニック・グループが暮らし、この映画の中の表現を借りるなら、「時代ごとのさまざまな移民の波の縮図」という様相を見せている。

シテを歩く――ル・コルビュジエ的都市への反発と妥協

今シテ・カール・マルクス周辺、つまりボビニーの中心からその周囲にかけてを広く歩き回って感じることは、なんといっても街区ごとの性質の違い、そのはっきりしたコントラストである。

シテの内部では、高層の塔や、それらよりは低層ではあるが、無機的と言わざるをえない直方体の団地が組み合わされ、それらを縫うように走る車道はといえば、最低限の舗装以上のことはなされていない。たしかに通りの周囲に緑地はある。しかしその通りに人影は少なく、また店舗もほとんど皆無だ。パリとは言わずとも、多少とも店舗のある通りとは、おのずから雰囲気が違っている。

シテを出て石造りの一軒家が多い地区に入ると、そこはたしかに町の中心から離れてはいるものの、その分落ち着いた静けさがある。とはいえ、一戸建ての多くはむしろ質素な造りで、あまり手入れされていない家、相当年月が経っていると思われる家、あるいはごく限られた土地いっぱいに建てられた家なども少なくない。中には、芝生が敷きつめられた広い庭、やや高年式ながらドイツ製の高級車が置かれた車庫を備えた家なども見出せるが、それらはあくまで少数だ。総じて、シテ内の集合住宅の、半ば物置とも見えるベランダに比較すれば余裕があるとは言えるだろうが、いわゆる高級住宅街という雰囲気とは遠い。

さらに歩けば、低層の低家賃住宅群と、質素な一戸建ての街区がパズルのピースのように組み合わされ、その間には工場や駐車場、街道沿いならガソリン・スタンドなどが、どこか殺伐とした景色を形作っている。近くを流れるウルク運河沿いの散歩道には、スプレーによる派手な落書きが並んでいる。

さて、こうしたさまざまな街区は、オギュスタン・ベルクの分類に従うなら、集合住宅を中心とした「都市型」街区と、一戸建てを中心とした「村落型」街区に分けることができる。そしてこのようにさまざまな街区によって構成されていることこそが、「パリ近郊のすべての新都市」の共通点だというのだ。ベルクは、すべてのパリ近郊の都市が、その「形態の多様性」によって、「目的のないゲームのような印象」さえ与えるという。[24]

しかし一九七〇年代以降に出現した新都市は、なぜこうした多様性を持つことになったのだろうか。実はそれには、はっきりした理由がある。そもそも新都市は、「[…]一方で前の時代の過ち（機能主義的な地区割りと高層住宅）を避けようと願いながら、他方では量産による経済効率を維持しよう」という意図のもので建設されたのだが、その結果、「少量生産に断片化するという現象」が起こった。そしてこの「断片」こそが、さまざまな街区そのものなのだ。[25]

ところでこのベルクの説明には、新たな要素も含まれている。それは「前の時代の過ち」である。これは何を意味しているのか？

かつてピエール・メルランは、パリ郊外の変転を以下の六時期に分けてみせた。

①フォブールの時代（産業革命前）
②工業郊外の時代（第一次大戦まで）
③一戸建て住宅（pavillon）の時代（両大戦間）
④団地（les grands ensembles）の時代（大戦後一九六〇年代まで）
⑤新都市（la ville nouvelle）の時代（一九七〇年代）
⑥再都市計画の時代（一九八〇年代以降[26]）

ベルクの言う「前の時代」とは、大戦後一九六〇年代までの「団地の時代」のことに違いない。当時ボビニーでは、シテ・ドゥ・ラブルヴワールなどの集合住宅が建設されていたことはすでに触れた。こうした巨大建築の背後には、ル・コルビュジエの機能主義的な思想があったわけだが、そうして建設された建物の非人間性は、かなり早い段階から指摘されていた[27]。そして七〇年代、新都市が建設される段階で、ル・コルビュジエ的機能主義は一応「過ち」として否定されながらも、経済効率という点において、部分的に生き延びてしまった、ということなのだ。実際シテ・カール・マルクスにも、高層の塔が含まれている。

まとめるなら、以下のようになるだろう。一九六〇年代、住宅問題に対応するため、ル・コルビュジエ的機能主義に基づいて団地群が建設されたが、それらはすぐに非人間的という批判にさらされることになった。そして続く七〇年代の新都市建設においては、その批判は有効だったものの、なお経済効率優先を完全に改めるには至らず、六〇年代的な要素を残してしまった、と。

では、シテ・カール・マルクス周辺の一戸建て住宅地区については、どう考えればいいだろうか？

ボビニー小史による区分	メルランの区分
① 古代から旧体制の終わりまで（ -1788） ② フランス革命期（1789-98） ③ 帝政時代の終わりまで（1799-1870） ④ 産業化の始まり（1871-1913） ⑤ ２つの大戦（1914-1945） ⑥ 人口爆発と都市開発（1946-1960） ⑦ 現代まで（1961-）	① フォブールの時代（産業革命前） ② 工業郊外の時代（第１次大戦まで） ③ 一戸建て住宅の時代（両大戦間） ④ 団地の時代（大戦後 1960 年代まで） ⑤ 新都市の時代（1970 年代） ⑥ 再都市計画の時代

メルランの分類に戻るなら、ここにはもう一つ注意すべき点がある。それは、「両大戦間に盛んに建てられた『一戸建て《パヴィオン》』は、［…］フランスでは中級以下の低廉な住宅を指す」[28]ということだ。ここで前出のボビニー市が示す歴史区分を、（上記のメルランの区分とともに）もう一度見てみよう。[29]

「ボビニー小史」における④～⑦が、ほぼメルランの②～⑤と一致しているのがわかる。ボビニーはむろん「パリ郊外」の都市であり、この一致は当然というべきなのだろう。だからこそ、シテ・カール・マルクス周辺に見いだされる一戸建て群の中にも、両大戦間に急増した「低廉な住宅」が多く含まれていると考えられるのだ。「ボビニー小史」の概要においては、一戸建て住宅地区の建設がボビニーの「伝統」だったと指摘されていたが、それはこの点を指していたのだろう。

さて、これでシテ・カール・マルクスを取り巻く状況は明確になった。この点を踏まえ、次はさまざまな「意味」を背負った「ボビニー」を見てみよう。

描かれた「ボビニー」

a　犯罪の町

パリ郊外を描いた『憎しみ』が発表されたのは一九九五年のことだった。この映画が、一連の「郊外映画」の中でもエポック・メイキングな作品だったことは、第一章で述べた通りだ。そこでは、それぞれユダヤ系、アラブ系、アフリカ系の三人の青年[30]が登場し、鬱屈した日常を持て余していた。[31]二〇〇九年発表の『アイシャ』にもまた、アラブ系のコミュニティと接する形で、ユダヤ人医師やアフリカ系祈禱師などが登場している。ただ前述の通り、シテ・カール・マルクスだけで四十に及ぶエスニック・グループが存在することを考えれば、これはなんら驚くにあたらないだろう。

さてこの項では、ボビニーがどのように描かれてきたかをたどりながら、この町が負ういくつかの連想的イメージを探っていこう。『アイシャ』がボビニーをトポスとして選んだ時点で、こうしたイメージ群は必然的に前提となっているはずだからである。

主演にアラブ系の名優ロシュディ・ゼムを迎えた二〇〇八年の『ゴー・ファースト 潜入捜査官』は、「ゴー・ファースト」と呼ばれる麻薬密売組織を追う捜査官たちの苦闘を描いている。映画前半、モロッコからスペインへと船で密輸された麻薬は、パリ郊外、クリシー＝スー＝ボワのシテ・ドゥ・ラ・フォレスティエール[32]に運び込まれる。クリシー＝スー＝ボワといえば、もちろん、あの二〇〇五年の暴動が発生した土地として記憶されている町だ。さらにこの最初の密輸が成功した後、二度目の密輸が敢行されるのだが、この計画は不首尾に終わる。ただ、この時麻薬が届けられるはずだった目的地、それがまさにボビニーだった。つまりここでボビニーは、クリシー＝スー＝ボワと対になる土地として扱われているのだ。言い換えれば、ボビニーのイメージとは、いわば「未遂のクリシー＝スー＝ボワ」だということなのだろう。[33]

次に取り上げるのは、二〇一一年制作の『おまわり *Polisse*』だ。この作品は、パリ警察の「未成年保護部隊 Brigade de Protection des Mineurs（略称ＢＰＭ）」の活動に焦点をあてながら、そのメンバーたちの日常をも描いている。メンバーの中には、ヨーロッパ系だけでなく、アラブ系も、アフリカ系も存在するし、また彼らが出会う未成年者たちも、もちろんヨーロッパ系ばかりではない。監督であるマイウェン（Maïwenn, 1976- ）自身、母親はアルジェリア系フランス人女優・カトリーヌ・ベルコジャであり、父親はヴェトナム系ブルターニュ人。つまりこの監督には、アフリカ、ヨーロッパ、アジアの血が同時に流れているのだ。マイウェン本人が演じる写真家の実家はシャトー・ドーにあり、アフリカ系を中心とするその混成的な街の表情を、彼女のカメラは暖かく捉えてみせもする。

この『おまわり』が描くのは、ＢＰＭのメンバーたちの日常だと紹介したが、それはつまり、彼らの壮絶な仕事ぶりだけでなく、個人生活における様々な問題まで含めて、ということだ。たとえば、ＢＰＭのリーダーが、ささいなことから妻と口喧嘩を始める夜の場面がある。夫が、明日も早朝からペリフェリックのモントルイユ門近くに出動予定であることを嘆くと、妻はこう言い放つ。

あんたのちっぽけな頭の中じゃ、近親相姦は十九区にしか存在してないのね？　六区はお金持ちだから、そんなこと起きないって？　バカすぎるでしょ！　あんたの助けを必要としてる子供たちは、みんなボビニーから来てるとでも？

これが第一線で活動する刑事の妻の言葉であることを思い出そう。「近親相姦」をはじめとするさまざまな問題を抱える「十九区」。その背後にあって、それらの問題の供給源である「ボビニー」。それがここで示されているボビニーのイメージだと言えるだろう。そしてこのイメージに、移民の存在が意識されていることは、映画が取り上げている諸事件から明らかなのだ。

また、二〇一二年制作の『アンタッチャブルズ』の場合は、映画が描出する内容とは別に、作品全体の構え自体が、きわめて『アイシャ』と近似している。というのも『アンタッチャブルズ』の原題 ***De l'autre côté du périph*** は、直訳的には「ペリフェリックのもう一つの側」となり、ペリフェリックのこちら側とあちら側に、二つの世界が存在していることを前提としたものだからだ。もちろんどちらが「こちら側」であるかは、視点によって入れ替わることになるわけだが、それらが「パリ」と「(ペリフェリックの外側である)郊外」であることは言うまでもない。二つの世界を分断するものとしてのペリフェリックを中心に置いた点で、これら二作ははっきり類縁性がある。

さてではこの『アンタッチャブルズ』におけるボビニーは、どんなイメージを与えられているのだろうか。

結論からいうなら、それは『おまわり』の場合同様、犯罪の町というイメージに他ならない。またこの映画は、ボビニーで起きた殺人事件が、パリで進行している事件と結びついたところから動き始めるわけだが、前者を担当していたのがオマール・シー演じるアフリカ系の刑事であり、後者を担当していたのがローラン・ラフィット演じるヨーロッパ系の刑事であることは、誰の目にも明らかなコントラストを作りだしている。[34] この二人の人物それぞれは、いわばボビニーと「パリ」の擬人化であるとさえ言えるかもしれない。[35] ボビニーはここで、犯罪の町であると同時に移民の町であるという相貌のもとに現れているのだ。

以上、二〇〇八年の『ゴー・ファースト　潜入捜査官』、二〇一一年制作の『おまわり』、二〇一二年の『アンタッチャブルズ』と、二〇〇〇年代の三本の映画におけるボビニー像を順に見たが、ここでのボビニーは、犯罪と移民の街として——半ばステレオタイプ化されて——描出されていると言えるだろう。

b「ボビニー裁判」

ボビニーはまた、いわゆる「ボビニー裁判」のあった土地としても知られている。一九七二年に争われたこの裁判は、フランスにおいて人工中絶が合法化されてゆく過程で、きわめて大きな意味を持つことになった。まずは、フランスにおける中絶に関わる歴史的状況を確認しておこう。


十三世紀、男児は受胎後四十日、女児は受胎後八十日に魂が宿るとされた。

一五三二年、カロリーナ刑法典において妊娠した女性が胎動を感じたときから魂が宿るとされた。

一五五八年、形式的にローマ教皇が中絶を禁止。

一八一〇年、ナポレオン法典において中絶が禁止される。

一八五二年、中絶が「家族および公衆道徳の秩序に反する犯罪」として法に明記される。

一九二〇年、一九二〇年七月三十一日法制定。堕胎罪が刑事罰の対象に。

一九四一年、ヴィシー政権のもと、中絶は国家に対する反逆罪に。

一九六七年十二月二十八日、Neuwirth 法成立により避妊合法化。

一九六八年、Humanae Vitae
一九七一年、「三百四十三人のあばずれ女の宣言」

一九七二年、ボビニー裁判
一九七五年一月十七日、ヴェイユ法成立により中絶合法化(36)

こうした流れの中で、一九七二年の「ボビニー裁判」は、七五年のいわゆる「ヴェイユ法」成立を促した主要因の一つと考えられている。ではここで、裁判の過程を振り返っておこう。

一九七一年、当時十六歳だったマリ＝クレールは、同じ高校の男子生徒にレイプされ、妊娠してしまう。しかし、シングル・マザーとして三人の娘を育てていた母親には十分な財力がなく、結局母娘は、安くすむ闇中絶を選択せざるを得なかった。しかしその手術後、マリ＝クレールは出血多量で病院に運び込まれる。幸い、彼女の命に別状はなかったが。

それから数週間後、マリ＝クレールをレイプした男子が、盗みの容疑で警察の取り調べを受けた際、彼は自分の減刑のために、マリ＝クレール母娘が中絶手術を行ったことを密告する。この情報により、マリ＝クレールと母親、そして中絶に関わった母親の同僚などが逮捕されてしまう。

そんなとき、読書好きだった母親は、ある一冊の本と出会う。その本は、フランス兵にレイプされ拷問されたアルジェリア女性兵士について書かれていた。著者は女性弁護士ジゼル・アリミ。母親はアリミに連絡をとると、自分たちの弁護を担当してくれるように懇願する。アリミは快諾する。[37]

ジゼル・アリミは、一九二七年、ユダヤ人の両親のもと、チュニジアの首都チュニスで生まれた。一九五六年にパリで弁護士としてのキャリアをスタートさせるが、その活動は、単なる弁護士という枠を超えた、フェミニスト的闘士のそれだった。

マリ＝クレール事件の弁護を引き受けたアリミは、シモーヌ・ドゥ・ボーヴワール（Simone de Beauvoir, 1908-1986）らと協力して、徹底抗戦する道を選んだ。つまり、中絶を禁じた一九二〇年法そのものが社会的不正だと主張したのだ。要点は二つ。まず、当時中絶は広く行われており、イギリスやスイスで手術を受けてくる富裕層が罪に問われたことがないにもかかわらず、今回裁かれているのが経済的弱者であること。また、「フランス本国では家族計画に対して政府の補助金が打ち切られているのに対して、レユニオン島など海外県では家族計画が推進され、女性の同意のないまま中絶と不妊手術が行われていること[38]」である。こうした主張に賛同した文学者の中には、前出のボーヴワール、さらにはエメ・セゼール（Aimé Césaire, 1913-2008）の名前もあった。多くのメディアが取り上げたこの裁判は、フランス中から大きな注目を集めることになった。

裁判の結果、マリ＝クレールは釈放、彼女の母親は執行猶予付きの罰金（五百フラン）刑を受けた。が、その後控訴のための法廷が開かれなかったため、自動的に時効が成立。マリ＝クレール事件関係者は全員実質的な無罪を勝ち取ることになった。[39]

この判決を受け、一九七五年、厚生大臣シモーヌ・ヴェイユ（Simone Veil, 1927- ）によって提出されたいわゆるヴェイユ法が可決、一定の条件のもとでの中絶が合法化されるに至った。これが裁判の概略である。

このボビニー裁判は、早くも一九七七年、アニエス・ヴァルダ（Agnès Varda, 1928- ）が作品に取り込んで見せた。『歌う女、歌わない女』[40]（1977）である。この映画は、二人の若い女性が、それぞれの仕方で自立してゆくプロセスを描いているのだが、その表現の過程では、妊娠、中絶、出産というテーマが繰り返し現れてくる。その意味で、この作品の核をなすのは「ボビニー裁判」そのものであるとさえ言えるかもしれない。物語は以下の通りだ。

一九六二年のパリ。十七歳でバカロレアを三か月後に控えたポム、一方まだ二十二歳ながら、三歳と九か月の子供を抱え、芸術家肌で妻帯者であるカメラマンとともに暮らしているシュザンヌ。幼馴染だった二人は、たまたまポムが覗いたシュザンヌの同居人のギャラリーで再会する。そして乏しい生活にあえぐシュザンヌが、三人目の子どもを妊娠したことで、物語が動き始める。ポムは、親を騙して手に入れた金を、中絶の費用としてシュザンヌに与える。中絶自体は成功したものの、その直後、仕事に行き詰まったカメラマンが自殺してしまい、シュザンヌは不仲の実家に帰ることを余儀なくされる。ここでいったん、二人の道は分かれたかに見えた。

しかし十年後の一九七二年、二人は再会する。ボビニー裁判所の前、歌手になったポムが、マリ＝クレールを擁護する戦闘的な歌を歌っていた時、群衆の中からポムに駆け寄ったのはシュザンヌだった。彼女は今、家族計画センターで、女性たちに出産にかかわるアドヴァイスをする仕事についていた。そしてポムはと言えば、イラン人の恋人と一緒だったが、実は二人が出会ったのは、ポムが中絶のために訪れたアムステルダムでだった。つまり、二人それぞれが背負うものも、また二人を結び付けるものも、妊娠・中絶に他ならない。

その後ポムは、恋人とともにイランに渡り、結婚、妊娠する。しかしイランは、ポムにとって「自由のない国」でしかなかった。フランスに戻ったポムはシュザンヌのもとに身を寄せ、そこで出産。夫を愛してはいるものの、イランでの生活は拒否。その代償として、夫が赤ん坊をイランへ連れ帰ることを許すことにする、もう一人産んで、その子はポムがもらうという、エゴイスティックな条件を飲ませて。やがて、結婚前の仲間たちに合流したポムは、巡業団の歌手としての活動を再開する。一方シュザンヌは、先の中絶で妊娠できない体になっていたが、息子の怪我を通して知り合った小児科医と恋に落ち、やがて結婚。二人は、歌う女と歌わない女として、友情を深めてゆく……。

この映画の核に「ボビニー裁判」があることは、すでに指摘した。これは換言すれば、もし「ボビニー裁判」が行われなかったら、この映画が作られることもなかっただろうということだ。映画にインスピレーションを与え、その骨格を強く支えているのは、まちがいなくこの裁判自体だと考えられる。

さらに二〇〇六年には、裁判そのものをドラマとして描いた、フランソワ・ルチアーニ（François Luciani, 生年不明）監督の『ボビニー裁判 *Le procès de Bobigny*』というテレビ映画も制作される。この作品は、たとえばマリ＝クレールが夜遊びを繰り返していた姿をも描くなど、初めから女性弁護を図るという形ではなく、いわば静かに、丹念に裁判をドラマとして再現することで、結果としては、やはり女性自立へ向けた強いメッセージを発する映画に仕上がっている。つまり、これら二作に共通しているのは、言うまでもなく女性の解放、女性の自立の追求というテーマなのだ。こうしてボビニーという町は、女性たちの自立を下支えした場所として、他にはない意味空間を形成することになった。ボビニーはもはや、「パリ郊外の単なる一都市」ではなくなったのだ。

c　イスラーム病院とイスラーム墓地

ここまで、「描かれた」イメージとしてのボビニーが、犯罪や移民の、そして女性自立の文脈の中に位置づけられることを確認してきた。しかしボビニーがまとっているのは、これら二つのイメージだけではない。わたしたちはここで、第三の、むしろ前二者より深く刻み込まれているかもしれない相貌を指摘することができる。ボビニーという土地は、フランスにおけるムスリムの存在の、一つの象徴であるとさえ言えるのだ。ここでは、この事情がはっきり確認できる映画作品として、モロッコ系フランス人イスマイル・フェルキ（Ismaël Ferroukhi, 1962- ）監督による『自由な人間たち *Les Hommes libres*』（2012）を検討してみよう。この作品には、ボビニーにある「パリ仏‐イスラーム病院（Hôpital franco-musulman de Paris）[41]」や、「ボビニーイスラーム墓地（Cimetière musulman de Bobigny）」が、重要な〈場〉として登場している。まずは簡単にストーリーを記そう。

舞台は一九四二年、ドイツ占領下のパリ。アルジェリア系移民のユネスは、闇の商品を売りさばいて生計を立てるうち、アラブ音楽の歌手サリム[42]と知遇を得る。サリムはユダヤ人であり、ゲシュタポの手は彼に迫りつつあったが、そんな時ユネスは、パリにおけるムスリムの最大拠点であるラ・グランド・モスケ・ドゥ・パリで、ユダヤ人たちが匿われていることを知る。活動の主体となっているのは、マグレブ系移民[43]が構成するレジスタンス組織だ。ユネスは次第にこの組織と行動を共にし始め、ユダヤ人の子どもたちを救ったりもする。しかし一方で、仲間は次々に連行、あるいは銃撃の末殺害されたりしてゆく。そしてやがては、ユネス自身も追われる身になる……。これが粗筋だ。

この作品では、たしかにアラブ人レジスタンス組織がユダヤ人たちを救う。しかしアラブ人たちが目指しているのは、植民地主義とファシズムの打倒であり、ユダヤ人の救出はその一部にすぎない。つまり、今フランスの「自由」のために戦うことは、将来におけるマグレブの「自由」を求める闘争と等価だという認識が、彼らの根底にあるのだ。映画は、こうした信念が、当のフランスによって蹂躙される未来まで描くわけではない[44]。しかしそうした痛切な皮肉は、この運動自体が持つ本質的な限界を差し引いたとしても、やはり映画全体を覆っていると言えるだろう。

本書の文脈に戻るなら、この作品において注目すべきは、すでに触れたパリ仏－イスラーム病院やボビニーイスラーム墓地が描出される場面であろう。まず病院だが、これは物語内で二度登場する。

最初の場面は、ラ・グランド・モスケ・ドゥ・パリの美しい中庭で展開する。主人公ユネスが、アルジェリアから逃亡してきたコミュニスト[45]である若い女性に対し、自分の過去を語って聞かせるのだ。大戦前に兄を頼ってパリに来たこと、工場で二年間働いたこと、その後結核を患い、ボビニーのパリ仏－イスラーム病院に入院していたこと、今は健康を回復したが、仕事には就いていないこと……。この場面に横溢しているのは、まちがいなく恋愛の始まりの気配なのだが、この女性はまもなく、パリ郊外フレンヌにある政治犯刑務所に連行され、銃殺されてしまう。

第二の場面はさらに直接的だ。ユネスの仲間の一人が、ゲシュタポとの格闘で負傷し、パリ仏－イスラーム病院に運びこまれる。しかしゲシュタポがその病院を突き止めるのは確実であり、彼を病院からラ・グランド・モスケ・ドゥ・パリの地下に連れ戻す必要があった。ユネスを含む四人は、クルマで病院に向かう。そして彼らの活動に理解のある医師の協力を得て、仲間を連れ出すことに成功する。しかしその帰途、密告された彼らはゲシュタポに追われ、ついには銃撃戦を戦うことになる。生き残ったのは、ユネスを含む二人だけだった。

この二つのエピソードは、映画内で静かに響き合っている。病院のある「ボビニー」という土地の名は、観客の胸にはっきりと根を下ろすことになるだろう。

では次に、ボビニーイスラーム墓地が登場する場面を見てみよう。この墓地もまた、映画の中できわめて重要な位置を占めている。

若き有望歌手サリムは、ある時ついにゲシュタポに捕えられてしまう。サリムの偽造旅券を、彼らはもう信じようとしない。その時サリムは、かねてからラ・グランド・モスケ・ドゥ・パリの院長(46)に指示されていた通り、ボビニーイスラーム墓地に父親の墓があると主張する。それが真実であれば、彼はムスリムであり、ユダヤ人ではないことが証明されるのだ。

墓地に到着したサリムとゲシュタポ。そこに彼の父親の墓があるはずはないのだが、院長はユネスに命じ、すでに偽の墓を作らせていた。サリムは、この偽の墓によって命を救われる。ムスリムの翼が、ユダヤ人サリムをも助けたのだ(47)。小さな墓標が立ち並ぶ墓地で、唐突に解放されたサリムが跪く姿は、きわめて印象深いものだ。

さて、これらの病院や墓地をめぐるエピソードの背景に横たわっているものは何か?　それは無論、ボビニーという土地が、フランスにおけるムスリム移民の存在と強く結びついているという事実以外ではないだろう。彼らムスリムにとって、自分たちのアイデンティティを理解して受け入れてくれる病院、それはパリには、いやフランス全土を見渡しても、このボビニーの仏‐ムスリム病院しかない。また、彼らの教義に則って埋葬が行われ、すべての墓標がメッカを向いて並ぶ墓地は、唯一ここボビニーにしかないのだ。
では最後に、ボビニーのイスラーム病院とイスラーム墓地の来歴に触れておこう。ただしここには、パリ五区にあるラ・グランド・モスケ・ドゥ・パリの建設も関係している。まずはそこから出発しよう。[48]

ラ・グランド・モスケ・ドゥ・パリは、一九二二年に着工され二六年[49]に竣工した、フランス最大のモスクだ。モスクの建設計画自体は十九世紀末からあったのだが、それが第一次大戦後にやっと、フランス軍に従軍して命を落としたムスリムのためにという名目で、建設許可が下りたのだ。フランスは資金協力にも応じたが、一方でフランスにとって、植民地経営の続行は既定の路線だった。一九三〇年には、アルジェリア占領百年の記念行事が行われ、翌三一年にはパリで植民地博覧会が開催される。

こうした中、一九二〇年代末には五万人を超えていたマグレブ移民労働者に対して、病院や墓地を用意することの必要性が検討され始めた。ユネスも侵された結核、そして梅毒もまたすでに彼らの中に蔓延しており、それらに適正に対処することこそが、移民政策の正当性を担保し、ひいてはフランスの利益になると主張されたのだ。

ただし、候補地となったボビニー側の立場は違っていた。当時の市長だったジャン＝マリ・クラマミュは、住居などボビニーがより必要としているものの供給を求め、イスラーム病院がもたらすあらゆる不都合を並べ立てた。しかしボビニー側の要求は、パリ市とセーヌ＝サン＝ドニ県の合意の前で、まったく無力だった。こうして、八ヘクタールの敷地を持つパリ仏‐イスラーム病院[50]は一九三五年に竣工し、またボビニーイスラーム墓地は、一九三七年に死者を迎え入れ始めることになる。

現在、病院は五百八十四床の規模にまで発展し、工場地帯に囲まれた墓地には七千を越える墓がある。両施設とも、マグレブ出身のみならず、中東からインド出身者まで、広くムスリムを受け入れている。

以上、「描かれたボビニー」について、三つの価値を確認してきた。後述する通り、特に女性自立という文脈は、『アイシャ』が内包するテーマと深く関連している。またイスラーム教徒のための病院や墓地は、より具体的、日常的なレベルで『アイシャ』の設定を支えていると言えるだろう。そして「犯罪の町」という点について言えば、むしろそうした犯罪を描かないことで、メディアを通して流布したステレオタイプを逃れ、郊外の現実を現実として描出することが可能になったのだと看做すことができるかもしれない。つまり、それぞれの位相は異なるにもせよ、『アイシャ』が舞台としてボビニーを選んだのは、理由のないことではなかったのだ。

ユダヤ人迫害の記憶——アウシュヴィッツへの出発駅

フランスは、いち早くユダヤ人に市民権を与えた国として知られている。特に革命前後から、フランス国内のユダヤ人は増えていったし、やがてはユダヤ人組織も作られるようになった。第一次大戦では、恩義あるフランスへの返礼として、志願兵になるものもいた。しかし、第二次大戦でフランスは、市民であるはずのユダヤ人をナチに引き渡し、その「捜索」に協力さえした。フランス自身は長くその事実を否定していたが、ついに一九九五年、シラク大統領はその非道の行為を認めることになる。(51) さて、ではこうしたフランスにおけるユダヤ人迫害の記憶は、どういう形でボビニーと結びつくのだろうか。実は第二次大戦後期、ユダヤ人をフランスから絶滅収容所に移送する起点の一つとなったのが、ボビニー駅だったのだ。

現在ボビニーの中心をなしている駅と言えば、メトロ五号線のターミナルであるボビニー＝パブロ・ピカソ駅である。ここにはトラム一号線も乗り入れ、パリの外周を移動するにも便利だ。しかし、このボビニー＝パブロ・ピカソ駅（及び隣駅、ボビニー＝パンタン＝レイモン・クノー駅）が完成したのは一九八五年のことであり、それ以前、ボビニーにおける鉄道駅と言えば、ボビニー駅のことを指していた。

ボビニー駅は、一八八二年、グランド・サンチュールのための駅（halte）として建設された。駅と言っても、それは線路際に建つ小さな建物にすぎなかったのだが。

一九二八年、グランド・サンチュールの「コンプレマンテール」が完成したことで、翌二九年には、この駅（halte）が取り壊され、新たな駅（gare）が建設された。この新駅舎は、しばらく乗客も利用していたが、一九三九年、戦争の勃発とともに貨物専用となった。そしてその後、一九四三年七月十八日から一九四四年八月十七日までの約一年間、このボビニー駅から、多くのユダヤ人がアウシュヴィッツなどに移送されたのだ。

戦後の一九五〇年代、ボビニー駅は貨物用として復活する。逆に乗客用駅舎は、一九七九年に修復された際ごく短期間使用されただけで、すぐに廃駅となった、二〇〇五年には歴史的建造物の指定を受け、二〇一二年からは、ホロコーストの記憶を留めるフランス唯一の駅として、一般公開が始まっている。こうしてボビニーは、アウシュヴィッツへの出発点となったボビニー駅の存在を通して、ユダヤ人迫害の記憶を色濃くまとった町となっている。もちろんこの記憶には、移送に協力したフランスの裏切りが含まれていることは言うまでもない。

ところで、なぜこのボビニー駅が移送の出発駅になったのかといえば、それはボビニー市の北側に隣接するドランシー市に、フランス最大のユダヤ人収容所があったからだ。

ドランシー収容所

大戦中、ドランシー収容所として接収された建物は、元来シテ・ドゥ・ラ・ミュエットの一部であった。世界恐慌の後、一九三一〜一九三五年に建築されたこのシテは、三種類の建物によって構成されていた。まずは、地上五十メートル、当時としては超高層と言っていい十五階建ての五つの塔、そしてそのそれぞれの足下に二棟ずつ、つまり十棟並行して建つ低層住宅、さらには、二百メートルの二辺と四十メートルの一辺を組み合わせたコの字型――フランス式に言うならUの字型――の建物もあった。住居数は、塔が二百八十戸、櫛状に並ぶ低層が九百七十戸、そして馬蹄形の建物が三百六十戸、合計で千六百十戸という、巨大なシテだった。この時代主流だったレンガではなくセメントを用いた、いわば未来志向型の建物だったと言えるだろう[52]。そしてこのうち、後に収容所として使われることになったのは、馬蹄形の部分だった。

一九四〇年六月十四日、パリを占領したドイツ軍は、同時にこのシテをも接収。当初は全体を捕虜収容所として使っていたが、四一年以降は、馬蹄形の建物をユダヤ人収容所として使い始めた。そこには、パリはもちろんフランス中からユダヤ人が連行され、やがて絶滅収容所へと送り出されるまでの期間、彼らはここに留め置かれたのだった。この収容所が機能していた一九四二年六月から一九四四年七月までの約二年間で、移送は六十四回に及び、そのうち六十一回の目的地はアウシュヴィッツだった。一回の移送人数は千人。その結果、フランス各地から絶滅収容所に連行されたユダヤ人約七万六千人の内、八十五パーセント以上がこのドランシーを経由することになった。

ただし、このドランシー収容所に駅があったわけではない。ユダヤ人たちはここでバスに乗せられ、駅まで移動させられたのだ。そしてその駅とは、一九四二年四月二十七日から四三年六月二十三日まではブルジェ＝ドランシー駅、一九四三年七月十八日から一九四四年八月十七日までが、ボビニー駅だった。この起点駅変更の背景には、新たにドランシー収容所の責任者になったアロイス・ブルンナーの存在があった。彼はこの移送を、より秘密裡に、より効率的に行うべく、駅の変更を指示したという。このボビニー駅からは、都合二十一回の移送が行われ、二万人以上のユダヤ人がその対象となった。そしてボビニーは、消すことのできない記憶をまとうことになったのだ(53)。

Ⅳ 『アイシャ』をめぐる三つのテーマ

ここまで、ペリフェリックを挟む二つの世界という『アイシャ』の結構、ブアマザ家を中心とする登場人物たちの背景、物語、さらにはボビニーという町の地誌を、それがどのように描かれ、またどのような歴史的文脈を負っているかについて述べてきた。こうしたことを踏まえ、ここからは、『アイシャ』という作品が持つ多層的な価値を明らかにしてゆくことにしよう。

郊外映画——日常性、そして帰国神話の崩壊

第一章では、いわゆる移民映画の内、「郊外映画」と呼べる作品の系譜について述べた。郊外映画の嚆矢となった一九九五年の『憎しみ』以来、そこでは「暴力」が描かれることが少なくなかった。郊外を舞台にしたフィルム・ノワールもそこに含めるとするなら、その傾向はさらに顕著なものとも見える。中でもとりわけボビニーの場合は、前述の通り、犯罪の町というコノテーションをはっきり

背負っており、郊外都市の中でも、特にボビニーは「暴力」と親和性がある町だと言って差し支えないだろう。

しかし『アイシャ』では、「暴力」は一切描かれないのだ。そこで描出されるのは、ブアマザ家を中心とする家族の、平凡とさえ言える日常である。

郊外映画において、日常性の表現が一つの鍵になっていることはすでに指摘した。たとえば二〇〇九年の『きらきらしてる』に見られるように、とりわけ二〇〇〇年代になると、郊外映画における日常の描出はきわめて丹念に行われ始めた。またそうした日常性を描くこと自体は、すでに『憎しみ』において、萌芽的に現われていたことも確認した。

パリ郊外のボビニーを舞台にしている『アイシャ』は、当然いわゆる郊外映画に数えられる。実際作中では、繰り返し「郊外」のアイコンであるＨＬＭが映し出され、ここがどこなのかを常に観客に思い出させる仕掛けになっている。しかし『アイシャ』は、むしろ上で述べた日常性を描く郊外映画の列に連なっているると言うべきなのだろう。描かれているのは、登場人物たちの卑近な日常の風景、つまりゴミ出し、バスを使っての出勤、給料の前借り、ハマム、クルマ……などだ。

しかも重要なのは、ここでは日常が、物語が生まれ、そして展開する〈場〉そのものである点だろう。もはや日常は、物語の背景ではない。物語は、日常そのものによって構成されているのだ。

ヤミナ・ベンギギは、この点についてこう語っている。

わたしが作りたかった映画は、日常において、［…］すべての女の子たちの体験、さまざまな不安、そして希望を描くものなのです［…］(54)。

このベンギギの発言の意図は明らかだろう。彼女がカメラを向けたのは、「郊外」に押し付けられた「暴力」のイメージなどではなく、小さな幸福や葛藤に満ちた日々の暮らしだった。二十一世紀の少女たちが、そして彼女らの母親たちが生きる日常だったのだ。

このベンギギの日常へと向かうベクトルは、以下のような言葉にも読み取れるようだ。

この映画でわたしが意図したのは、わたしたちをシテの内側へ、塔の内部へと導いてくれる旅を成し遂げることです。この旅は、ブアマザ家のアパルトマンの中へ入ることを可能にしてくれます。そしてその一家の長女がアイシャだというわけです。(55)

状況を外からなぞるのではなく、その「内側」から描いてみせること。これはベンギギの、一つの変わらない方法論なのかもしれない。というのも、ドキュメンタリ映画『移民の記憶』の制作において、なぜ移民一世たちにマイクを向けたのか、その理由について彼女はこんな風に語っているからだ。

たとえば、郊外の団地で事件が起これば、通行人やたむろしている少年たちにマイクが向けられるわけです。でも、インタヴュアーが移民の家庭にあがり、両親の声を聞くことは絶対にありません。(56)

だからこそ彼女は、移民家庭の「内部」に入り込み、口を閉ざしがちな一世たちにマイクを向けたのだ。フィクションとドキュメンタリの差はあっても、この「内部」へ向かう／「内部」から描くという意思は、ベンギギ作品を貫く特徴の一つだといえるのだろう。そうした意思が、『移民の記憶』

だ。

では稀有なインタヴューとして、『アイシャ』では「日常」を描くフィクションとして、結実したのだ。

また付け加えるなら、『移民の記憶』と並置したときはっきり浮かび上がる、『アイシャ』が示す特質もある。それはこの描かれた日常が、アラブ系移民複数世代のそれだという点だ。あの『憎しみ』にも、アラブ系青年は登場していたが、ユダヤ系、あるいはアフリカ系青年の家庭的日常が描かれる一方、彼の家庭生活だけは撮られることがなかった。「荒れた郊外」を舞台にアラブ系の少年が登場する映画は数多いし、『きらきらしてる』にはアラブ系の若い女性が、『ハムは残ってる？』にはアラブ系青年医師が登場していたが、複数世代のアラブ系移民が、その対立と共感を通して描かれることはなかった。だから、パリ郊外におけるアラブ系複数世代の日常を描いているという事実は、たしかに『アイシャ』の特質の一つだと言えるだろう[57]。

しかし、二〇〇〇年代以降の郊外映画において、日常の描写が重要なファクターであったとするなら、何が制作者たちをそうした方向へ押し出したと考えられるのだろうか？　この点については、以下の二点を指摘することができるようだ。つまり、こうした日常の前景化は、まず移民たちが郊外で営む「日常」が、まさに日常的なものになったということ、さらには、特にアルジェリアを中心とするマグレブ系移民においては、いわゆる「帰国神話」が崩壊したということ、である。そしてこの両者の背景にあるのは、移民二世・三世の出現である。

監督であるベンギギは、自らが娘時代に体験したこの帰国神話について、このように説明している。

私たちはいつも「帰国神話」のなかで暮らしてきました。たとえば母は、衣服や食器を整理する棚を買おうとせず、いつも段ボール箱に囲まれて生活していました。「どうせ帰るのだから仕舞う棚など必要ない」というのです。では、いつ帰るのか。「この秋よ」、「たぶんこんどの春よ」と母はよく言っていました。これは多くのマグレブ移民に共通する体験です。ある家庭では、父親が一度も絨毯を買い換えなかった。「フランス人の家に投資して何になる」というのが彼の口癖でした。しかし、帰国は明らかに神話だったのです。[58]

このように、いつかは故国アルジェリアに帰るのだという神話、決して達成されることのない神話を、フランスの地で生き続けねばならないこと、それが移民二世である「わたしの世代の最大の悲劇」なのだとベンギギは言う。ベンギギのような若い世代は、「[…]内心では、もう祖国には帰らないだろう、とわかって」いたにもかかわらず、「これを認めるのを恥と感じていた」のだ。

しかし娘たち、息子たちは成長する。そして彼らはやがて、「フランスは『私の』社会だと認識する」ようになる。自分が生きる場所、生きてゆきたい場所はフランスなのだと気づくのだ。

ブアマザ家の家長であるアイシャの父親の場合は、一九五二年、つまり戦後七年目にフランスに渡った。そしてそのとき彼は、コーランにかけて誓ったのだ、退職の日には、家族を連れて故国アルジェリアに帰ることを。しかし、映画の時間の中で退職の日を迎えた彼は、コーランにかけた誓いの、現実における不可能性の前で苦悶する。ブアマザ氏から見れば、子どもたちはフランスではなくアルジェリアに属している、しかし、今「子どもたちにそんなことは言えない」というのだ。

退職から数日後、しかしアイシャが若い男と一緒に路上でタバコを吸っているのをたまたま見かけたブアマザ氏は、箍が外れたように怒り出す、そしてこう宣言するのだ、「道端でフランス女みたいなまねして！［…］全員を連れて大急ぎで国に帰るぞ。家族手帳を探してこい！」と。しかし、そのときの家族の反応は冷ややかだ。それが実現可能な言明でないことは、誰もが知っているからだ。

またアイシャ本人について言えば、移民二世としての彼女の心理の推移は、ベンギギ監督個人の場合とパラレルなものなのだろう。しかもアイシャの場合は、単なるフランスではなく、ペリフェリックの内側＝「パリ」を望んでさえいるのだ。アラビア語が話せず、「祖国」に帰ったことがないか、あっても数えるほどという状況では、ほとんどの二世・三世が生きる場所としてフランスを選ぶのは、むしろ当然だというべきだろう。

ここに至って、一世たちが頑なに手放さなかった帰国神話は、事実の上で崩壊する。どんな退職した親が、アラビア語さえ話せない成人した子供を、ほとんど血縁もいない「祖国」に連れ帰れるはずがあるだろう？(59) ブアマザ氏がそうであるように、彼らもまた、それがいかに非現実的な試みなのかは十分承知しているのだ。象徴的に言うなら、二世たちが成人するとき、帰国神話はとどめを刺される。そしてその結果、彼らのフランスでの「日常」は、真の意味で日常となる。これが、二〇〇〇年代以降の郊外映画に、そうした日常が刻印される由縁であると言えるだろう。

女性解放映画——解放の多様さとその行方

次に考えるべきは、女性解放というテーマだろう。『アイシャ』は、その主人公アイシャばかりではなく、彼女の母親であるマダム・ブアマザ、従妹のネジマ、叔母のファリダ、そしてビウーナなど、世代も境遇も違う複数の女性たちを描き出している点で、まちがいなく「女性映画」であると言えよう。ただし、すでに述べた通り、二〇〇〇年以前は、民族的マイノリティ集団に属する若い女性——アイシャのように——を主人公とする映画はごく少数だった。ではそうした期間、つまり『アイシャ』が制作される以前、彼女らはどのように描かれていたのだろうか？

キャリー・ターはその点について、以下のように指摘する。つまり、フランス映画のメインストリームにおいて、開かれた都市空間に出現したマイノリティの女性たちは、まずはその少数性において、そして性的な、エキゾチックな、あるいは麻薬漬けの存在として、二重に「他者化」されていた。彼女らは、娼婦であり、ダンサーであるしかない。そしてそうした状況と鋭い対立を示すのが、家庭内での彼女らの描かれ方だ。家父長的で抑圧的な、アラブ－イスラーム的のジェンダー・システムの犠牲者。それが彼女らだ。つまり、しいたげられた哀れな女性でないなら、助けを必要とする弱い女性だというわけだ。とりわけ後者の表現には、ヨーロッパ中心主義的な偽善が立ち現われるケース――『女はみんな生きている』(2001)のように[60]――もあったのだ。[61]女性映画としての『アイシャ』を検討する場合、こうしたことを前史だと考えることができるだろう。

『アイシャ』の舞台であるボビニーは、「ボビニー裁判」の地として知られている。中絶の権利を打ち立てる大きなきっかけとなったこの裁判を中心に据えた映画、『歌う女、歌わない女』には、妊娠・出産や中絶を通して表現された、女性解放という大きな課題が横たわっていた。『アイシャ』には、直接ボビニー裁判そのものを想起させるセリフなどを見出すことはできないが、やはり映画内には、「ボビニー裁判」的なテーマに触れている点が存在する。

『アイシャ』における妊娠・出産と言えば、まずはファリダに関わるサブ・ストーリーが想起されるだろう。それは確かに、アイシャ自身の問題ではないかもしれない。しかし、アフリカ系の赤ん坊を出産したファリダは彼女の年若い従妹であり、アイシャと同じ未婚のムスリマなのだ。ファリダは、可能性におけるアイシャだとさえ言えるだろう。ただこの項では、必ずしも妊娠・出産に限定することはせず、そこから導かれるより一般的な女性解放の様相について、『アイシャ』に登場する三人の女性たち、つまりアイシャ、その母親であるマダム・ブアマザ、そして従妹のネジマらの行為を通して考察していこう。三人の解放、ないし脱出の形は、それぞれの独自性がありながら、同時に共通の要素を見出すこともできる。[62]

まずアイシャの場合、その解放の希求は明白だろう。すでに引いた手紙でも、「ここは息苦しいの、どこか別の場所で生きていきたい、この牢獄じゃなく」と彼女は書いていた。「牢獄」であるボビニーと、解放が約束された土地としての「パリ」。前者を断ち切ることができず、後者を強く希求するアイシャの内面は、ペリフェリックの内と外というこの作品の結構そのものだと言っていい。

当初アイシャは、ボビニーを出てリザのアパルトマンに寄寓する決意だった。しかしこの計画は、ファリダの自殺未遂事件のために流れてしまう。しかもその後、パトリックとタバコを吸おうとしていたところを父親に目撃されたため、急遽計画を変更、アブデルとの結婚の道を探る。無関係のアブデルを自己本位に利用することにためらいを見せないほど、アイシャはボビニー脱出に固執しているのだ。しかし、この結婚話が進む中、「パリ」での仕事が得られそうになると、今度はそちらの可能性を追い、その結果たしかによりよい仕事が得られはしたが、勤務先は「パリ」ではなく、ボビニー支店だった。

アイシャはこれで、解放されたと言えるのだろうか？　その答えを下す前に、ここでアイシャの言う「牢獄」の意味を検討してみよう。そこには、彼女が試みる脱出の、不可避的な結末が読み取れるからだ。

ボビニーが、シテ・カール・マルクスが「牢獄」である理由、実はそれは明白なのだ。その内部に網の目のように張り巡らされた視線、その背後にある様々なレベルでのしがらみ。それが、多くの「アイシャ」たちの足枷となる「牢獄」の実態であるに違いない。さらにそうした視線やしがらみは、家族主義と結びつくことで、物理的にも精神的にも閉ざされた空間を形成する。「アイシャ」たちは、その中で生まれ育ち、暮らすことになる。
たとえば朝、整備工場への出勤時、たまたまバスに乗り合わせたアラブ系の中年女性から、「あなたの口紅、やりすぎね。映画スター気取りなの？」と問いかけられる場面がある。このときアイシャは、比較的大きなファティマの手のネックレスをしているが、それが免罪符になるわけでもない。また別のとき、ややタイトなシルエットのTシャツを着ていたアイシャに対し、マダム・ブアマザは「そのTシャツ、縮んだの？」と問いかけ、暗に体の線が出ていることを非難してくる。またさらに特殊な印象を与えるのは、アイシャやネジマが医師による処女証明書を取得させられることだ[63]。背景には、処女のまま結婚するというイスラーム的な戒律がある。こうしたいわば物理的な「取り締まり」が、同時に精神的な重荷となって「アイシャ」たちを束縛してくるのは明白だろう。

もちろん「アイシャ」たちが、そうした価値観を全面的に受け入れられるなら、それは束縛ではなく、むしろ「自由」のための跳躍台でさえあったかもしれない。けれどもアイシャは、ペリフェリックの内側「パリ」に住む友人リザ同様、フランス的な価値観をも身につけている。アイシャはフランスで生まれ、フランスの学校に通い、フランス語を話し、フランスに住んでいるのだ。移民第一世代である両親が、たとえフランスにいても、帰国神話の中で生きてきたのとはまったく事情がちがう。アイシャは、自分の人生を自分で決めることを望んでいるのだ。

ではこうした、いわば二つの分裂した価値観、現状では相容れることのない二つの体系が、一つのアイデンティティを形成することは可能なのだろうか？　この問いに対しては、ベンギギが『アイシャ』のそもそものアイディアについて語ったインタヴューがヒントになるようだ。彼女によれば、ある時三人のアラブ系少女の訪問を受けたという。そしてその内の一人、ノラと名乗る少女が、処女膜を再生してくれる医者を紹介してほしい、とベンギギに頼んできたというのだ。「だってあなたなら分かってくれるでしょ。わたしがもう処女じゃないってばれたら、わたしは生きていけない。わたしたちはシテの人間なの。よく知ってるでしょ、わたしたちの世界で、それが恥だっていうことは！」とノラは言う。その時ベンギギが思っていたのは、以下のようなことだった。

わたしの前に座っていた三人［…］は、生きる逆説でした。彼女らは現代的で自由であると同時に、家族内の伝統による束縛に囚われていました。彼女らは、家族と仲違いせず、個としてのアイデンティティをもつ「わたし」になりたがり、同時にゲットーの共同体的ルールと妥協するという選択をしていたのです。彼女らは、両立しえないものを両立させようとしていました。［…］彼女たちがいる場所は、ほとんど、あるいはまったく知らない故郷の国の価値観や習慣と、受け入れてくれたフランスの社会的ルールとの狭間です。そういう中で彼女らは、二つの世界を両立させようとしているのです。(64)

この三人の出現が、「アイシャ」というキャラクターを着想させたという。つまりベンギギを訪ねてきたこの三人の少女たちの中にこそ、「アイシャ」の原型があるのだ。とするなら、「アイシャ」は初めから、相矛盾するものを二つながら抱きしめる存在として構想されていたことになる。そしてこれら相反する二つの価値観が、一方は「パリ」に、もう一方は「ボビニー」に属していることは、ここでも強調しておく必要があるだろう。つまり、二つの価値観の間での精神的な揺れは、アイシャの空間的往還とパラレルなのだ。アイシャ本人は、「パリ」を希求しながら、「ボビニー」を捨て去ることができない。しかし肉体はペリフェリックの内か外、そのどちらかにしか置けないように、二つの基準を同時に満たすことはできない。その意味で、この三人の少女やアイシャの試みが最終的に達成される可能性は、いわばあらかじめ失われているとしか言いようがないのだ。

ここまで来れば、さきほど提出した問い、アイシャの脱出の試みが成功しているのかどうかに対する答えは明らかだろう。この試みは、原理的に成功し得ない。だからこそ監督ベンギギは、最終的にアイシャが働くことになる場所として、ボビニー支店を設定したのだ。もちろん作劇上は、――ご都合主義とのそしりは逃れえないとしても――アイシャに「パリ」内の居場所を用意することは簡単だったはずだ。しかしそれは、無数の「アイシャ」たちの生きる物語ではない。彼女らが生きる空間としての「ボビニー」は、そう簡単に「パリ」に席を譲ることはない。

アイシャが配属されたボビニー支店の窓からは、つい最近まで彼女が働いていた整備工場が見下ろせる。それを発見したときアイシャが浮かべる微笑には、破産した脱出計画に対する苦みが含まれている。しかしその苦みは、すべての「アイシャ」に対する、ベンギギの誠実さの証しでもある。

では次に、マダム・ブアマザにおける解放の様相を見てみよう。

彼女における脱出の象徴は、クルマの運転免許である。それは彼女に、具体的な行動の自由をもたらす。しかも、映画内でクルマを運転しているのは、パリジェンヌであるリザと、やはりパリで暮らすパトリックの二人だけであることに注目するなら、クルマに「パリ」の気配を感じることは不当とは言えないだろう。

しかし、それはそうであるとして、クルマがマダム・ブアマザにもたらすはずの行動の自由は、娘であるアイシャの場合と、はっきり異なる文脈にある。マダム・ブアマザは言う。

クルマがあれば、どこでも好きなところに行ける。女友達だって、好きな時に乗せて、送っていくことだってできる。家族を乗せて、そして荷物を持ったら、国に行くの。そしたら、たとえ死んでも、心静かに死ねるでしょ。

この引用したセリフの前半、「女友達」に関わる部分は、彼女らをハマムに連れて行くことを想定しているようだ。(65) そして後半、マダム・ブアマザは家族とともに祖国に帰還する夢を語っている。これは紛れもない帰国神話であるが、それを彼女が、クルマで果たそうとしているところに、ブアマザ氏を代表とする男性的な帰国神話と一線を画する点があると言えるだろう。実質上破綻している帰国神話を、マダム・ブアマザは、クルマという「自由」の側にある道具を用いて達成しようとしている。これは「アイシャ」において、原理的に不可能と考えられた二つの価値体系を、いわば弁証法的に解決したようにさえ見えるのだ。このマダム・ブアマザのなにげないセリフの意味は、きわめて大きいと言わねばならない。

しかしマダム・ブアマザは、なぜ他のムスリマたちにも増して自由を求めるのだろうか? それは彼女の母親が「なんでも禁止」したからだという。アイシャを第二世代、マダム・ブアマザを第一世代とするなら、この母親はゼロ世代とでもいうべき年代であり、自らは移民することなく、しかし子供たちを移民として送り出した人たちだ。

ただ、戦前を生きたゼロ世代の彼（女）らが、たとえば現代のボビニーにおけるイスラーム共同体内に比べて、より厳格な規範を生きていたかと言えば、それは必ずしもそうとも言えないようなのだ。ベンギギがあるテレビインタヴューで語ったところによれば、アルジェリアにおけるイスラームは、時代の進展に呼応して変化し続けているが、逆にボビニーのような、いわば飛び地のように隔絶されたコミュニティでは、そうした変化を良しとせず、むしろ頑なに古い教えが守られてきているという。ベンギギはそうした現象を「化石化」と呼んでいた。(66)

ベンギギの指摘を受け入れるとするなら、マダム・ブアマザの姿勢は別の意味を帯びることになる。つまり、「なんでも禁止」する戒律とは、まさに現代のボビニーで実践されているものだということになるからだ。マダム・ブアマザが反抗しているものは、実はアイシャが逃れようとしているものと同一なのだ。ここでブアマザ家の母と娘は、双生児のように同じベクトルを抱いている。

しかし忘れてはならないのは、アイシャにとってマダム・ブアマザは、まさにそうした戒律の化身であり、実際マダム・ブアマザのさまざまな言動は、アイシャのこの見方を支持するものだということだ。それは、Tシャツが体の線を出し過ぎている、タバコのにおいがする、といったこまごましことだけではない。自由を象るクルマの運転免許を強く求めるマダム・ブアマザは、一方でアイシャの純潔を守るためなら、アフリカ系の祈禱師を訪れ、飲み続ければ純潔を守れるという怪しげな薬を調合してもらうと、それをこっそりアイシャの飲み物に混ぜることも厭わないのだ。しかも彼女は、その薬の効き目を信じきっている。同じように自由を求め、同じように戒律に抗する母娘、しかし母親において、戒律はすでに内面化され、それは彼女の無意識を支配しているようにさえ見える。一方娘にとって、戒律はあくまで外在的なものであり、ただ愛する家族がその化身であるからこそ、簡単には飛び立てないというジレンマに陥るのだ。

かくてマダム・ブアマザは、きわめて矛盾した存在となる。この矛盾はまた、郊外に暮らす移民第一世代の女性たちが生きる矛盾の一つの形なのだろう[67]。そしてマダム・ブアマザが魅力的なの登場人物であり得るのは、この矛盾のリアリティゆえであると考えられよう。

では続いて三人目として、ネジマにおける解放の形を探ってみよう。ただここでまず確認しなければならないのは、『アイシャ』に登場するようなディアスポリックな女性たちにとっての、「仕事」の意味だ。アイシャの場合、脱出の希求の強さの影に隠れがちだったが、もちろん「仕事」が持つ価値は見過ごされていたわけではない。すでに引いた二十一世紀のディアスポリックな女性監督たちに関する論文の中で、キャリー・ターは「仕事を通しての女性の自立の重要性」(68)が、彼女らのすべての作品で下線が引かれていることを指摘していた。そして「仕事」の重要性は、低賃金のサービス業――バーや食堂での労働――であろうと、農業であろうと、変わるものではないが、現実問題としては、ミドル・クラスの仕事――学生、教員、オフィス・ワーク――を得た女性はまだ「例外」にしか過ぎないというのだ。

この点を踏まえるなら、博士号の取得を目前に控えたネジマの場合は、まさに「例外」的だと言えるだろう。『アイシャ』の登場人物の中で最も高学歴である彼女は、だから当初、自分がボビニーからの脱出するのは必然だと考えていた。いわゆる資格社会であるフランスにおいて、自分は「パリ」に迎え入れられるはずだとネジマが考えていたとしても、それは必ずしも期待過剰とは言えないだろう。しかし、同級生たちが次々にインターンシップを開始する中、いくらエントリー・シートを送っても、彼女は面接にさえたどり着けない。そして、ついにエントリーしたすべての会社から拒絶された時、大学の就職担当者は、名前を変えたらどうか、と提案してくる。この提案は、差別からではなく、現実に対応するための「好意」から出たものであったが、ネジマはその提案にショックを受け、逃げ出すようにその場を離れる。

しかし、自宅で一人になったネジマは、迷った末、たまたまついていたテレビドラマの登場人物の名前、カロリーヌ・レモンという「フランス」風の名を騙って、面接の申し込み電話をしてみる。するとやはり、その申し出はすぐに受け入れられるのだった。

ネジマが面接に向かったのは、明らかに「パリ」にある数十階建てのビルだった。が、その巨大な建物を見上げていたネジマは、突如泣きながら踵を返す。ネジマ・ブアマザはカロリーヌ・レモンにはなりえない――。主観的にも客観的にも動かしがたいその事実にネジマが気づき、それを受け入れた瞬間だった。彼女の「パリ」への脱出の試みは、ヨーロッパ系白人的「フランス」の裏切りによって、ここで終わるしかなかった。[69]

その後ネジマは、あるイスラーム系の団体に加わる。そして前述の通り、その団体のリーダー[70]と一時的結婚をし、処女を奪われた挙句捨てられてしまう。この処女を奪われるということの「ボビニー」における重大さは、さきに紹介したノラたちのエピソードが参考になるだろう。『アイシャ』にインスピレーションを与えたあの少女たちだ。

ネジマもまた、この事実の意味を知っていた。そして彼女が選択したのは、ノラのように処女膜再生手術を受けることではなく、ヘジャブを被り、その宗教的な装いの中に引きこもることだった。つまり、ボビニーにおけるイスラーム共同体の戒律を破らされることになったネジマは、この共同体から出ていくのではなく、逆にその中心に自ら身を沈める決意をしたのだ。処女喪失という秘密を抱いたままのこの沈潜こそが、ネジマにおける、逆説的な脱出の形となったのだ。無論この脱出は、ヨーロッパ系白人的な「フランス」ばかりでなく、自らのルーツに近いと思われたイスラーム系団体のリーダーにも裏切られるという、いわば二重の裏切りという文脈でこそ理解されるべき、困難な選択であったことを忘れることはできないが。

さてここまで、アイシャ、マダム・ブアマザ、ネジマら三人それぞれの、脱出の形を見てきた。そこに共通しているのは、ボビニーのイスラーム共同体からの脱出の意思だった。そしてその内部で流通しているのは、「化石化」したイスラームであった。しかし、その脱出を望む対象が同じであったとしても、そこからどこへ向かうかには、はっきりした違いがある。

アイシャはペリフェリックの内側、「パリ」を望んだ。しかし、二つの価値体系を生きる移民二世にとって、この脱出はあらかじめ失われた可能性であり、事実「パリ」で仕事を得たはずのアイシャも、勤務地はボビニー支店でしかなかった。アイシャはいわば、宙づりのままだ。マダム・ブアマザの場合は、クルマの運転を通して「パリ」を望んでいるようにも見えるが、彼女は同時にイスラーム的価値観を深く内面化しており、それを生きることは自明の前提となっている。だからこそ、アイシャでは不可能とされた止揚が、単純な形ながら表現されてもいたのだ。この隘路をたどることが、マダム・ブアマザにおける脱出だったと言ってよかろう。そして最後にネジマだが、高学歴ゆえに望んだ未来が「フランス」によって拒否された時、彼女は「パリ」へ向かうことを断念し、その反動として、イスラーム共同体に接近する。しかし、宗教グループの男にも騙された彼女は、この二重の裏切りの果てに、一層深く共同体の中へと身を沈めるという、逆説的な脱出を選択することになる。これが、三人の示した脱出の形なのだ。

共生と対立の行方

『アイシャ』の登場人物は、そのほとんどがムスリム／ムスリマであるわけだが、たった一人だけ、ユダヤ人も登場する。[71] それはアコッカ医師だ。彼の容貌が明らかにアラブ系のそれであることを考え合わせれば、医師はマグレブ系ユダヤ人ということになろう。[72]

ブアマザ家のかかりつけの医者である彼が最初に登場するのは、ファリダの自殺未遂の後だ。娘たちの処女性が気がかりになったマダム・ブアマザとマリカが、それぞれの娘であるアイシャとネジマを連れて、アコッカ医師を訪れる。娘二人の、処女証明書を発行して欲しい、というのだった。ただ母親たちは、医師としての彼に相談しているのであって、ここで彼がユダヤ人であるかどうかは、まったく問題になっていない。

次に医師が登場するのは、ブアマザ氏の退職の日のことだ。退職パーティの後、打ちひしがれた様子のブアマザ氏は、その足でアコッカ医師のもとを訪れる。ブアマザ氏の悩みは帰国神話に関わるものだった。つまり、一九五二年に祖国アルジェリアを離れたとき、退職後は家族を連れて祖国へ帰ることを、コーランにかけて誓っていたのだ。しかし、繰り返し触れた通り、こうした帰国神話はまったく現実的ではない。ブアマザ氏自身、たとえそれがコーランにかけた誓いであっても、実現できないことはよく承知している。だからこそ、その悩みをアコッカ医師に相談しにきたのだった。

もちろん医師にしたところで、帰国神話自体をどうこうできるはずもない。けれどもここで彼が示したヒントは、ブアマザ氏や観客や意表をつくものだった。

だけど、誓いを取り消す祈りの言葉があるんじゃないか？　イスラームは開かれた宗教なんだから、なにか方法が見つかるよ。あんたは運がいい、だってユダヤ人じゃないんだから。おれ達のところじゃ、話はもっとずっとややこしいからな。

この返答は、直接ブアマザ氏の悩みに応えるものではない。しかしここには、ある種の連帯の感覚がある。つまり、宗教を生きると者としての連帯だ。二つの宗教の差異を語ることで、逆に彼らが生きる共通の基盤を指し示しているのだ。

この小さなシークエンスを、過度に解釈することは控えることにしよう。しかしそれでもここに、イスラーム教徒とユダヤ教徒の平和な共存、しかも相互に信頼を置いている共生が、日常の中で達成されているということは指摘しておくべきだろう。人口の十パーセントほどがアラブ系であり、同時にヨーロッパ最大のユダヤ人国家であるフランスにおいて、両者はいわば隣り合って暮らしている。

一九九五年の『憎しみ』における主人公三人のうちの二人も、二〇〇九年の『きらきらしてる』のヒロイン二人も、それぞれアラブ系とユダヤ系だった。そしてそこに、隔たりの意識は見当たらなかった。メインストーリーには接触しないものの、このエピソードもまた、『アイシャ』が語る物語の一部なのだ。

そしてアコッカ医師に関連して、わたしたちが想起しなければならないもう一つの事柄がある。それはすでに紹介した、ドランシー収容所の存在だ。

アコッカ医師の診療所は、そこに向かうブアマザ氏が歩いている道程から考えて、ジャン・ジョレス通りとウルク運河が交差する地点の周辺だと推察できる。そしてそこからなら、ドランシー収容所にいたユダヤ人たちが連行された場所、アウシュヴィッツへの出発点となった旧ボビニー駅まで、徒歩二十分ほどの距離しかないのだ。ユダヤ人であるアコッカ医師が、そのことを知らないとは考えられない。もちろんそれは、ベンギギ監督についてもあてはまるだろう。つまりこの小さなエピソードの背景には、ボビニーという町の負の記憶が横たわっており、だからこそ一層、二人の連帯・共生は、その重みが増してくると考えられるのだ。

さてここまで、ブアマザ氏とユダヤ人医師との信頼関係について述べてきた。しかしブアマザ氏は一方で、あるグループの人間たちとははっきりと敵対してもいる。FLN（アルジェリア民族解放戦線）派である彼は、MNA（アルジェリア独立運動）やアルキ（アルジェリア独立戦争中、フランス軍に従軍したアルジェリア人）とは、まったく歩み寄る気配を見せないのだ。それが現われるのは、アイシャの結婚相手とされた、アブデルの実家を訪れる場面だ。

その日、アイシャは怪我を装いアブデルの実家訪問に加わらなかったため、ブアマザ夫妻を中心とするブアマザ家のメンバーだけが、フランス南部の都市ロデスまで出かけてゆく。アブデルの両親は

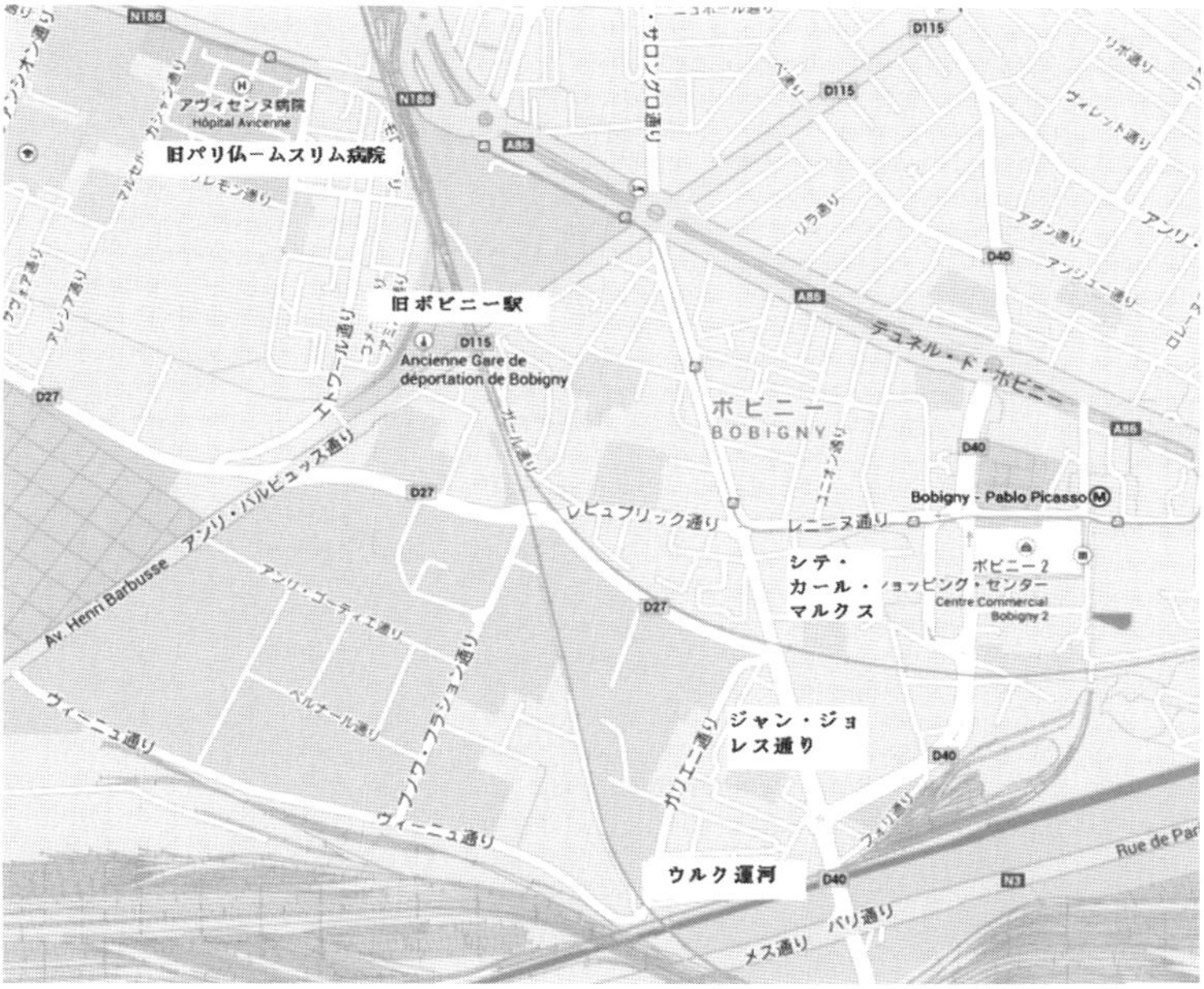

健在だが、父親は車椅子生活を送っている。アイシャが欠席したため、最初からとげとげしい雰囲気で始まったこの会見は、この車椅子生活の原因が「戦争」だったという事実が話題になると、さらに緊迫の度を増してゆく。それはどの「戦争」で、それぞれどちらの側にいたのか、ということが問題になったのだ。そしてアブデルの父親がMNA上がりのアルキであり、しかもフランス軍の中尉であったことが判明するや、FLN派であるブアマザ氏はついに怒りを爆発させる。もちろん、話し合いは完全に決裂。ブアマザ家は席を蹴り、ボビニーへと戻ってゆく。

　MNAとFLNは、ともにアルジェリア独立を目指していたものの、その方法論の懸隔から、きわめて激しい内部闘争を繰り広げたことで知られている。そしてたとえば、一九五七年五月、

ＦＬＮがムルーザ村の村民三百人以上を虐殺したとき、「この虐殺はＭＮＡの戦士、とくにモハメド・ベルニスが率いる戦士たちを刺激し、彼らは直接、フランス軍に加わった」[73]というような事態も発生していた。

また監督ベンギギ個人にとっても、この対立は他人事ではない。彼女の父親はＭＮＡの闘士であり、叔父はＦＬＮに殺されたという。[74]この問題は、アルジェリア系の人たちの間に、今も暗い影を落としていると言わねばならない。一方の父親がＦＬＮ派で、もう一方がＭＮＡないしアルキだった場合、一般的には子供同士が結婚するのは不可能に近いと言われている。それを解決しようという動きも、今はまだ見られないようだ。[75]

ところでこのブアマザ氏の、まったく非妥協的な態度は、ユダヤ人医師との友好関係と比べるとき、その頑なさが際立って見える。これは第一世代の抱え込んだ矛盾であり、課題なのだ。しかしここでも、一つの答えのヒントが用意されている。

ロデスから自宅に戻ったブアマザ氏は、自宅にいたアイシャに宣言する、アルキの息子との結婚など論外だ、と。そしてその時、マダム・ブアマザはこう言うのだ。

アルキであってもなくても、みんなフランス人よ。

このマダム・ブアマザの発言には、さきほど触れたクルマで祖国に帰るという発想と共通の視点が感じられる。ＦＬＮかアルキか、そのどちらかに肩入れするわけではなく、時代の変転の中で、彼女なりの止揚を達成しているのだ。ここでは、「フランス人」であることが重要なのではない。彼女が意識しているのは、共和国の理念ではない。ただ、共通の地平が見出せることそのものが重要なのだ。

ユダヤ人医師とは協調できるが、ＭＮＡやアルキとは対立したままのブアマザ氏。一方、アコッカ医師との信頼関係はもちろん、ＦＬＮとＭＮＡやアルキの間にも、次元を変えた共通の地平を見出すマダム・ブアマザ。イスラーム、そして家族主義などを共有する彼らではあるが、その寄って立つ場所は同じではない。

二〇〇八年に話題作『郊外少年マリク』を発表したマブルーク・ラシュディ（Mabrouck Rachedi, 1976-）は、アイシャ同様、アラブ系移民二世としてパリ郊外に育った。現実世界のラシュディは、フィクションの世界のアイシャと同年代だと言っていいだろう。しかし、二人の「パリ」に対する態度は大きく隔たっている。

二〇一二年の来日講演会(76)でのこと、あなたが創造した「マリク」も、またあなた自身も、ペリフェリックの内側の住人になることに関心がないように見えるが、『アイシャ』のヒロインのように「パリ」を目指す気持ちはないのか、と問われたラシュディは、はっきりと答えた、仕事はどこにいてもできる、「パリ」には興味がないと。そして実際、ラシュディは今もパリ郊外に住み続けている。作家という職業が、比較的場所に縛られないものであることを差し引いても、パリ郊外の若者の中に、こうした「パリ」に対する態度を示すものがいるのは事実なのだろう。

しかしアイシャはそうではなかった。彼女の思いは、いつも約束の地に向かい、もがいていた。ラシュディは、自分の宗教的生活について公に語ることをせず、したがってその詳細はわからない。しかしイスラームが、男性であるラシュディにとってより、女性であるアイシャや多くの「アイシャ」たちにとってのほうが、より戒律的に感じられるとしても驚くには当たらないかもしれない。それが、ラシュディとアイシャの「パリ」に対する態度の差に、幾分か影響を与えたと考えることもできるだろう。アイシャだけではない、マダム・ブアマザも、ネジマも、解放を望んでいたのではなかったか？　一方アイシャの弟ファドには、そうした傾向は現われていなかった。

いずれにせよ、『アイシャ』の女性たちは脱出を望んだ。そしてその脱出の希望が「パリ」と結びつき、「牢獄」がボビニーと結びついたとき、それが『アイシャ』の結構となるのは必然だった。そしてその二つの世界の境界としてのペリフェリックは、両世界の分断、あるいは両世界の往還の象徴として、映画内に遍在していたとさえ言える。女性たちの脱出の形には、世代による差も、キャリアによる差もあった。しかし脱出の目的地は、決して「ここではないどこか」ではなく、「パリ」でしかなかったのだ。そしてボビニーという土地の特性や記憶が、この構図の意味を多層的にするのに与っていることは言うまでもない。

『アイシャ』を可能にしたもの、それはペリフェリックの外側でありながら、そこからわずか三キロメートルしか離れていないボビニー、女性解放、あるいはユダヤ人迫害の記憶を背負ったボビニーという町そのものだった。

第6章

「ユダヤ人-アラブ人映画」

——深化する「移民映画」の一潮流

第二章においては、フランソワ・デュペイロン監督の『イブラヒムおじさんとコーランの花たち』を取り上げ、その撮影場所となったクレリー通りとボールギャール通りという二本の通りそれぞれが、映画内の二つの意味空間と照応関係にあることを検証した。前者は少年モモを取り囲んだ、戒律と影がつきまとうユダヤ的世界であり、後者は、イブラヒム老人や娼婦たちの活動、いわば触知できる生と性が展開するエロス的世界だったと言えよう。一方の側に現実のパリの通りを配したこうした照応こそ、二〇〇三年制作のこの作品が〈パリ移民映画〉であることの意味だった。

ただこうした照応をいったん背景に置くなら、この『イブラヒム』はまた、「ユダヤ人とアラブ人の関係」をテーマにした作品だという見方もできるだろう。そしてこのモチーフは、〈パリ移民映画〉群の中でも、繰り返し現れてきたものだ。(1)

ディナ・シャーザーは、一九八〇年代から九〇年代にかけてのフランス映画において表現された「異人種間の恋愛や関係(interracial love affair or relationship)」の例として、「フランス人とアラブ人」、「フランス人と黒人」、あるいは「ユダヤ人と非ユダヤ人」などの組み合わせを示してみせた。そしてほとんどは関係が成就されないそうした作品の中で、「例外」的に幸福な結末を迎える作品として、『ロミュアルドとジュリエット』(1987)と『カフェ・オ・レ』(1993)を挙げている。(2)

シャーザーはここで、interracial という語を、「異人種間」ではなく「異民族間」の意味で用いているが、提示された二作品に限って言えば、いずれも異人種間の恋愛を描いた作品である。また、たとえば「フランス人」白人女性刑事とアフリカ系男性刑事の関係を扱った『刑事《デカ》』(1987)や、「フランス人」白人男性とアフリカ系女性の恋愛を描いた『黒い陰謀』(1986)――シャーザーは「例外」的ではない、つまりハッピーエンドではないと看做しているが――などの「異人種間」恋愛映画も、そうした作品の列に付け加えることができるだろう。いずれにせよ、幸福な結末を迎え得なかった作品を含めるなら、一九八〇年代以降、interracial――どちらの意味で使うにせよ――な関係を扱うフランス映画は、相当数に上っている。(3)

話を『イブラヒム』に戻そう。この作品は異民族間、つまり「ユダヤ人とアラブ人の関係」をモチーフとした作品だったわけだが、〈パリ移民映画〉のうち、この両者の関係を主要なモチーフとした作品を、ここでは特に「ユダヤ人-アラブ人映画」と呼ぶことにしよう。もちろん現実世界を見るなら、パリにおけるユダヤ人とアラブ人の出会いは、ナポレオン戦争からアルジェリア占領へと至る十九世紀前半以来、無数に起きていたに違いない。しかしそれが個別の現実的な事例を離れ、映画という媒体を通して描出されるのは、一九七〇年代を待たなければならなかった。〈パリ移民映画〉における最初の「ユダヤ人-アラブ人映画」、それは一九七七年の『これからの人生』だと考えられる。(4)

第六章では、この点を踏まえ、「ユダヤ人-アラブ人映画」がどのような特徴を持ち、どのように発展してきたのかについて、具体的に分析してゆきたい。対象とした七作品は、あくまで〈パリ移民映画〉の中の「ユダヤ人-アラブ人映画」なのであり、各作品分析においては、その空間性に注目する必要があるのは言うまでもない。物語が展開するトポスとして選ばれた〈場〉は、作品のモチーフと密接に関係している。

また「ユダヤ人-アラブ人映画」は、必然的に共生の可能性/不可能性についての態度表明を含んでもいるだろう。この点については、前述のシャーザーの視点を援用しつつ、論を展開させてみたい。

Ｉ　「ユダヤ人－アラブ人映画」の全体像

〈パリ移民映画〉のうち、「ユダヤ人－アラブ人映画」だと看做せる作品は、少なくとも七本挙げることができる。まずはそれらを時代順に、舞台となった地区とともに表にしてみよう。

この表を見てまず最初に目につくこと、それはそれぞれの作品の舞台として選ばれた場所が、すべて移民街である点だろう。つまり、①、②、④、⑤の舞台となった、ベルヴィル、バルベス、メニルモンタン、シャトー・ルージュは、いずれもパリの代表的な移民街であり、[6]また③のブルー通りは、すでに第一章や第二章で触れた通り、アシュケナジムを中心とするユダヤ人地区だった。そして⑥と⑦のラ・デファンスとバニョレは、それぞれ西と東でペリフェリックに隣接する郊外都市である。また⑥の場合、ヒロインたちはラ・デファンスで働き、暮らしているのはそこから徒歩十分ほどの住宅街ピュトーであるが、このピュトーも、そして⑦のバニョレも、「郊外」として多くの移民を受け入れてきた土地であると言っていい。つまり、七作品のすべてが、移民街を舞台とした作品なのだ。

次に注目すべき点は、監督たちの民族性だろう。ここには単純だが際立った特徴を見出すことができる。それは、アラブ系ユダヤ人であるナカシュ監督を除けば、七作中三作までがユダヤ系の監督によって撮られている一方、アラブ系監督はロシュディ・ゼムただ一人だけである事実だ（どちらの民族にも属していない監督は二人）。さらに、もしここに〈＊〉を付けた参考作品まで含めるとするなら、実に十作中六作までがユダヤ系監督だということになる。

そしてこの「ユダヤ系」監督たちは、当然さらに二グループに分けることができる。ミズラヒ、ジ

	タイトル	監督	舞台	ユダヤ	アラブ
①	『これからの人生』(1977)	モーシェ・ミズラヒ（ユダヤ系）	ベルヴィル	女	男
②	『聖なる結合』(1988)	アレクサンドル・アルカディ（ユダヤ系）	バルベス	男	男
③	『イブラヒムおじさんとコーランの花たち』(2002)	フランソワ・デュペイロン	ブルー通り	男	男
④	『ダメな信仰』(2006)	ロシュディ・ゼム（アラブ系）	メニルモンタン	女	男
⑤	『シモン・アシュケナジの狂った物語』(2009)	ジャン＝ジャック・ジルベルマン（ユダヤ系）	シャトー・ルージュ	男	男（ゲイ）
⑥	『きらきらしてる』(2010 mars)	ジェラルディン・ナカシュ（ユダヤ系）、エルヴェ・ミムラン	ラ・デファンス／ピュトー	女	女
⑦	『戦争より愛のカンケイ』(2010 nov.)	ミシェル・ルクレルク	バニョレ	男	女
*[5]	『贖罪の日』(1982)	アレクサンドル・アルカディ（ユダヤ系）	ピガール	男	男
	『憎しみ』(1995)	マチュー・カゾヴィッツ（ユダヤ系）	シャントルー	男	男
	『リトル・エルサレム』(2001)	カリン・アルブー（ユダヤ系）	サルセル	女	男

ルベルマン（とカゾヴィッツ）らアシュケナジム系の監督たちと、アルカディとナカシュ（とアルブー）が属するセファルディムである[7]。この両者がフランスにたどり着いた経緯は同じではないし、したがって特にポスト・コロニアルな文脈をあてはめた場合は、異なる位相に置かれることになる。しかしここでは、その点を意識しながらも、より広いトランスナショナルな文脈を尊重することとしたい。

　キャリー・ターは、「郊外映画」における民族性とアイデンティティをテーマとした文章の中で、一九九五年に制作された六作品を、二つのグループに分けて論じている。白人監督による三作品（『憎しみ』、『財産目録』、『ライ』）と、アラブ系監督による三作品（『バイバイ Bye-Bye』、『クリム Krim』、『麗しきフランス』）である。そしてターは、この二グループの差異として、以下のような点を指摘する。つまり、前者は人物たちの民族的出自にあまり興味を示さず、郊外における若者の怒り、疎外、そして警察との間の暴力や敵意を描くことに力を注いでおり、一方後者は、アイデンティティや同化といった個人的な問題が焦点化され、権力との対立を描くことは避けれられている、また、女性の地位問題を含むマグレブ共同体の中での変化が問題となっている、ということだ。そして後者における民族性とアイデンティティの追求こそが、「多文化社会としての現代フランスの表象」としての民族的マイノリティの重要性を、担保しているとも主張する。(8)

ここで取り上げようとしてる七作品について、その舞台がすべて移民街に設定されていることはすでに述べた。そしてバルベスなどの移民街は、いわば開かれた空間であり、たとえば『アイシャ』の舞台となったボビニーのような、アラブ系のコミュニティが成立している空間ではない。そしてターが指摘する、アラブ系監督がマグレブ・コミュニティを舞台として選ぶ傾向があるという事実は、開かれた空間を舞台とする「ユダヤ人－アラブ人映画」のほとんどが非アラブ系監督の作品であることと、表裏の関係にあるのだろう。また、唯一のアラブ系監督であるロシュディ・ゼムが選んだのも、移民街メニルモンタンではあるが、それでもやはりアラブ人男性イシュマエルが属しているのはアラブ系コミュニティ――だけではないが――であり、例えば彼の妹がこの共同体内で置かれた立場の描写などには、まさにターの言う「女性の位置の問題」が絡んでいる。「ユダヤ人－アラブ人映画」にも、こうした傾向が存在するのは間違いないだろう。

また、表から指摘できる第三のことがらは、扱われる「関係」のパターンについてである。七作品は、ヘテロセクシャルな恋愛、そして老人と子供の関係を描く映画がそれぞれ二本、男同士の友情、女同士の友情をテーマとした作品が各一本、ホモセクシャルな男性同士の恋愛を描く映画が一本、という構成になっている。この内、老人と子供の関係を扱った二本については、物語中での老人の側の死が描かれ、現世的な関係は失われてしまうのだが、残る五作品はすべて、明白な共生の希望の内にあると言っていいだろう。この結果は、前述のシャーザーの指摘と一見矛盾するようにも見える。しかし、シャーザーが対象としたのは一九八〇～九〇年代のいわゆる「アラブ映画」や「郊外映画」であり、そのことが、「例外」の多寡に直接影響していると考えられるだろう。暴力や疎外、社会的不正を描くそれらの作品群は、共生とは別のベクトルを持っていたからだ。

以上、「ユダヤ人－アラブ人映画」に関する三つの点、つまり、すべての作品が移民街を舞台としていること、ほとんどが非アラブ系の監督の作品であること、そして構成は、必ずしもヘテロな恋愛ものばかりではなく、二人の人間の間に生じ得るさまざまな関係が描かれていること、これが「ユダヤ人－アラブ人映画」という作品群の輪郭だと言えるのだろう。

ところで、この「ユダヤ人－アラブ人映画」を、「ユダヤ人」と「アラブ人」の部分に力点を置いた場合、真っ先に想起されることと言えば、それはやはりこの両者が中東戦争の当事者であったこと、そしてそうした状態が、二十一世紀の現在も続いているということだろう。第二章では、ユダヤ人のディアスポラは仮構であるという主張に触れたが、その当否とは別に、両者が現在置かれている状況を意識しないわけにはいかない。

ヨセファ・ロシツキーは、一九九五年発表の『憎しみ』について、以下のように指摘している。

『憎しみ』は、植民地という周縁からポスト・コロニアルな首都への移民経験を扱っている作品だと看做すことができる。そしてそうとらえた場合、『憎しみ』が描いているのは、単にヨーロッパにおける新しい新参者や他者の出現だけではない。それはまた、「ユダヤ人」が、古いヨーロッパにおける伝統的な他者という立場から、新しいヨーロッパにおける主要な他者たちの一員という立場へシフトしたことをも描き出しているのだ。この新しい他者たちのなかには、ポスト・コロニアルなアラブ人、南アジアのムスリム、そしてアフリカ系黒人たちも含まれている。(9)

ロシツキーは、『憎しみ』が公開された一九九五年を一つの分水嶺とみなし、その前後で、ヨーロッパにおける「他者」の表象が変化しているのだと指摘している。(10)もちろん、このような表象表現の変化が、ある年を境に一斉に起こることは考えられないが、変化の象徴としてこの年号を掲げることには、第一章でも触れた通り、一定の正当性があると言えるだろう。だから、いったんこのロシツキーの主張に従うとするなら、「ユダヤ人‐アラブ人映画」とは、「新しいヨーロッパ」における「他者」同士の関係を描いているものだとも看做せるだろう。もちろん一方は、「古いヨーロッパ」における「他者」でもあったわけだが。

では、各作品の分析に入っていくことにしよう。注目すべき点は、もちろん、「ユダヤ人‐アラブ人」の関係の描き方についてである。

Ⅱ 「ユダヤ人‐アラブ人映画」の展開——7つの映画を巡って

① 『これからの人生』

この作品は、一九七五年のゴンクール賞受賞作である小説『これからの人生』(*La vie devant soi*, Gallimard, 1975) に基づいている。この小説は、エミール・アジャール (Emile Ajar) 名義で発表されたが、その名は後に、ゴンクール賞作家であるロマン・ガリー (Romain Gary, 1914-1980) の別名であることが、本人の告白によって判明した。そしてオマー・バートヴが指摘する通り、この「エミール・アジャール」が、ユダヤ系の出自を持つ作家の、「アラブ人」としての「オルター・エゴ」である点は、強調しておく必要があるだろう。[11]

ガリーの出自については、作家本人の韜晦傾向もあり、確定しがたい。[12] ただ、一九一四年、現在はリトアニアの首都であるヴィリニュス（ないしモスクワ）で生まれたこと、両親は早く離婚し、彼は父親を知らないこと、アシュケナジム系ユダヤ人の家系であること、一九二八年にはフランスのニースに移り、それ以降母子はフランスで暮らし始めたことは、間違いないようだ。

ガリーは一九三五年にフランスに帰化し、第二次大戦にも参加。戦後は外交官としてブルガリア、スイス、ニューヨークなどで勤務しながら、次々に作品を発表した。一九五六年には『空の根 *Les Racines du ciel*』でゴンクール賞を受賞。[13] またその後は、あの『史上最大の作戦』(1962) の脚本の執筆にも加わっている。

小説『これからの一生』は、一九六〇年代[14]のベルヴィルを舞台とし、ユダヤ人の元娼婦と、彼女が営む託児所に預けられたアラブ人少年の日常を描いたものであるが、そこにはストーリーらしいストーリーがあるわけではない。買い物、往診、界隈の人間たちのあれこれのエピソードが繋ぎ合わされた、いわば「私小説」風の作品である。そして舞台となったベルヴィルは、パリの代表的な移民街の一つであり、その豊かな他民族空間の中で人物たちは交流する。

映画『これからの人生』[15]は、フランス系イスラエル人のモーシェ・ミズラヒ[16]（Moshé Mizrahi, 1931- ）監督にとっては第八作目にあたる。彼の作品には、ユダヤ人が登場するものが多い。また『これからの人生』という映画も、原作小説同様、多くのエピソードを繋いでゆく構成をとっており、ストーリー展開で観客の興味を引っ張って行くタイプの作品ではない。そしてその中心となっている二人の登場人物が、ユダヤ人とアラブ人なのである。

ユダヤ人であるマダム・ローザはポーランド生まれ[17]。彼女はそこで娼婦として働き始め、その後はモロッコやアルジェリアでも娼婦として働いた。そして一九四二年、当時パリで働いていたローザは、元恋人の密告によって捕えられ、アウシュヴィッツに移送されてしまう。終戦後、しかし彼女は生きてパリに戻ってきた。そして再びかつての生業に戻る道を選んだものの、やがて五十歳を過ぎ、体力が衰えが目立ってくると、今度は年下の娼婦たちの子どもを預かる、いわば私設の託児所を開設。それでなんとか糊口をしのぐ生活に入る。場所はベルヴィル。彼女にとっては馴染みの場所だった。今彼女は六十七歳になり、かつての高級娼婦の面影はどこにもなく、「胸も尻も腹も樽のようにでっぷりと太った彼女の身体には、老いの醜さがいっぱいにあらわれて[18]」いる。そして今も、ナチの幻影は彼女を脅かし続けている。

ここで確認しておかなければならないこと、それはこのマダム・ローザがユダヤ教徒であるのかどうか、という問題だろう。この問いに対する答えは、否である。彼女は言うのだ、アウシュヴィッツの後で、自分たちは何を信じることができるのだろうか、と。彼女はユダヤの神を信じてはいない[19]。

ここで思い出されるのは、第三章で扱った『サンドイッチの年』のマックスであろう。マダム・ローザとマックス、二人はまさにアウシュヴィッツからの生還者という共通点を持ち、その体験から、同じ視点にたどり着いているのだ。それはまた、すでに指摘した通り、エリ・ヴィーゼル(Elie Wiesel, 1928-)が『夜』においてはっきりと提示した立場でもある[20]。

一方アラブ人であるモモ(=モハメッド)は、現在十四歳。三歳の時マダム・ローザに預けられ、以来十一年間彼女と暮らしている。モモの両親は養育費こそ払い続けているものの、今までに一度も会いには来たことがない。ただ、両親から頼まれたのだろう、マダム・ローザはこのモモを、「アラブ人」として育てようとする。

　モモは自分の両親がどんな人間なのか、まったく知らない。そのことが、フランスに暮らすアラブ人であるモモの自我を、きわめて不安定で、壊れやすいものにしている。マダム・ローザでさえ、モモの両親の素性については固く口を閉ざしたままだ。ただ近所に住むムスリムの老人だけが、モモの父親はアルジェリア独立戦争で死んだ祖国の英雄だと語るものの、やがてそれは真実とはほど遠いことが判明する。物語の後半、死期の近いモモの父親——もちろんアラブ系だ——が、息子の前に姿を現したのだ。マダム・ローザは、しかしこの父親に対してモモの存在を隠すのだが、父親の訴えを通して、モモの母親が娼婦であったこと、そして父親はその「ヒモ」であったことが暴露されてしまう。しかもこの母親は、モモを預けた直後、嫉妬した「ヒモ」、つまりモモの実父に殺されていた。十四歳の少年が安定した自我を得る契機は、ここでもまた得られることはなかった。

　それにしてもなぜ、マダム・ローザは嘘をついたのか。それは彼女自身が言うように、この父親はモモにとって災いでしかないように見えたからでもあろう。しかしそれと同時に、マダム・ローザはモモを失うのが怖かったのだ。今もアウシュヴィッツの悪夢にうなされ、一斉検挙の朝の記憶に苦しみ、体の衰えとともに経済的にも困窮してきたマダム・ローザ。彼女にとってモモは、自分の傍らにいてくれる唯一の人間であり、自分が愛したいと思う唯一の人間でもある。アウシュヴィッツで別れた家族たちは、今ここにいるわけではない。

　そしてモモにとっても、事情は相似的だと言えるだろう。太って病んだ老婦人こそが、たとえたびたび衝突することがあるとしても、この世で自分に関心を持ってくれる唯一の人間なのだ。彼もまた、マダム・ローザを失うことを非常に恐れている。

　たとえばアンドレ・ラヴォワは、この二人の関係を、ユダヤ人とアラブ人の間で結ばれた「もっとも美しい親愛の一つ」[21]だと指摘し、後の『イブラヒムおじさんとコーランの花たち』との比較を試みている。二人の間に在るものは、たしかに「美しい親愛」にちがいない。しかしそれはこの両者、いずれも傷ついた自我を修復できずにいる二人が、自分の実存に関わる深みにおいて、お互いを必要としているという意味においてであろう。この関係は、たしかに共依存的だと指摘することができるかもしれないが、だからと言って、この物語が傷ついた二つの魂のそれであることに変わりはない。これがこの作品の核であり、しかもその傷とは、それぞれの民族性と深く絡み合っているのだ。二人は、フランスにいるユダヤ人と、フランスにいるアラブ人なのだ。

二人の関係については、マダム・ローザ自身の以下のような言葉を見出すこともできる。小説から引用してみよう。視点はモモの一人称である。

ぼく（＝モモ）の国はアルジェリアかモロッコのあたりのどこかでしょう、たとえ書類上はどこにも現われなくても。マダム・ローザはそのことに確信を持っていました。つまり彼女は、気まぐれにぼくをアラブとして育てたわけではないのです。彼女はまたこうも言いました、彼女にとってはそんなことはどうでもいいし、どつぼにはまってる時は誰もが平等なんだ、ユダヤ人とアラブ人が殴り合いをしても、だからといってユダヤ人とアラブ人が他の人と違うと思っちゃいけない、兄弟だからこそけんかをするんだ、ただ、あのやりすぎのドイツ人たちは例外だけどね、と。[22]

この一節には、ごく単純な二重性がある。つまりマダム・ローザは、ある一般性の内で、「どつぼにはまった時は誰も平等なんだ」という哲学を語っている一方で、この一般論を、「ユダヤ人とアラブ人」の例に特化して理解しているように見えるのだ。ここで忘れてはならないのは、六日間戦争（一九六七）と、オイル・ショックを伴った第四次中東戦争（一九七三）の存在だ。マダム・ローザが言う「殴り合い」が指し示しているのは、こうした激しい戦闘に他ならない。すでに述べた通り、この小説の発表は一九七五年、映画の公開は七七年だった。だから上で引用した言明は、実は「ユダヤ人とアラブ人」の問題から出発し、またそこに着地する形で成立しているのだと考えて、差し支えないだろう。マダム・ローザは、「例外」であるアウシュヴィッツの記憶の前景に、終わらない中東戦争をも抱えこんでいる。

ここまで来れば、この『これからの人生』が、「ユダヤ人－アラブ人映画」としてどのような表出の形を組織していたのかは明らかだろう。つまり、物語はまず傷ついた二人の人間を舞台に連れ出してくる。アウシュヴィッツの記憶を抱えた元娼婦と、アラブ系移民の孤児だ。そして両者の傷とは、生きられた民族性の痕跡なのだ。それはすでに引いたロシツキーの言葉を用いるなら、「新しいヨーロッパ」における「他者」として生きざるを得なかった時間の、現在における表象とも言えよう。二人は互いに依存し合うことで、選択の余地のなかった過去を辛うじて生き延びているのだが、彼らは同時に、現代社会における敵対関係をも生きている。中東戦争だ。しかしこの事情は、二人の関係に影を落とすことはない。それは彼らの生きる現実や意思が、中東のそれとは別の文脈の内にあるからなのだ。「他者」同士として、深く求め合い、現実社会での敵対をも越えて共感を生きる「ユダヤ人－アラブ人」。それがローズとモモの姿だ。

では最後に、この物語が展開する地圏と、そこを行き交う人々を確認しておこう。そうした土地と人物たちもまた、この映画の主題と深く結びついている。

小説『これからの人生』には、かなり多くの通りの名が登場する。以下、列挙してみよう。ビッソン通り、グット・ドール通り、ムッシュ・ル・プランス通り、ボーリウー小公園、スュルクーフ通り、アルジェ通り、ピガール通り、ブランシュ通り、ジャン・マセ通り、ポンチュー通り、フールシー通り、ブロンデル通り、シーニュ通り、ベルヴィル大通り、オペラ座、シャンゼリゼ大通り(23)。

ここには、マダム・ローザたちが暮らすベルヴィル近辺の通り、歓楽街であるピガール周辺の通り、かつて彼女が娼婦として立ったユダヤ人地区の通りなどが含まれているが、同時に、ポンチュー通りやシャンゼリゼなど、いわゆる「パリ」の地名も含まれている。それは無論、マダム・ローザの生業が、娼婦たちの子どもを預かるということであり、つまり実際に託児料を支払う母親たちの仕事場が、パリの各所に散らばっていたことと無関係ではないだろう。しかしそれだけでなく、学校に通う許可を得られなかったモモが、ベルヴィルを離れ、パリの各地に足を運んでいたことの結果でもあるのだ。

ただし小説と違って映画では、言及される通りの名は多くない。ビッソン通り、ムッシュ・ル・プランス通り、それだけだ。もちろん映像は、移民街ベルヴィルはもちろん、多くの「パリ」をも映し出している。そこには、モンパルナスの有名カフェ、ラ・クーポールさえ含まれている。つまりこの作品は、あくまでベルヴィルという街の本性と一体化しながら、その背後に「パリ」の存在を感じさせる作りとなっていると言えよう。

そしてそうした街の本性は、主人公二人のアイデンティティだけでなく、作品内を行き交う登場人物たちによっても表現されている。ユダヤ人医師カッツ、アラブの老人ハミル、ナイジェリア出身で「ヒモ」の元締めであるアメデ、そしてヴェトナム人の両親から生まれ養子にもらわれてゆくミッシエル。彼らの存在は、明らかにベルヴィルという移民街に流れた時間の蓄積を提示している。そして彼らの中でも、特に重要な位置にあるのが、セネガル出身の黒人娼婦、ローラの存在だろう。

ローラはパリに生きる黒人であり、娼婦であり、性転換して女性になった人間でもある。つまり彼女は、いわば多重にマイノリティである存在なのだ。またローラは、マダム・ローザと同じエレベーターさえない古いアパルトマンに暮らしており、決して裕福とは言えない。しかし彼女は、そうした状況にありながら、マダム・ローザにお金を、あるいはマダムの気がふさいでいる時はシャンペンを、香水を与え続ける。またマダムが亡くなった後には、モモに対して自分と住むことを勧めさえする。ローラは、与えることができる――幾分か理想化された――人間として描かれていると言えるだろう。

『これからの人生』の主人公は、たしかにマダム・ローザとモモである。その点でこの作品は、まちがいなくパリの「ユダヤ人－アラブ人映画」の第一作であると看做すことができる。しかし同時に、二人の背景にアフリカ系のローラを配することで、本作は〈パリ移民映画〉として、より立体的な骨格を獲得していると言えるのだろう。

②『聖なる結合』

『聖なる結合』は、一九八八年、アレクサンドル・アルカディ（Alexandre Arcady, 1947- ）監督によって制作された。ユダヤ系アルジェリア人の母と、ハンガリー出身の父を持つ彼は、戦後二年目の一九四七年、アルジェに生まれている。アルジェリア戦争末期の一九六一年、彼が十四歳になる年、一家はパリ南郊ヴィトリー＝シュル＝セーヌのシテに移住した。つまりアルカディ一家は、フランスに住むセファルディム系ユダヤ人ということになるが、この「ユダヤ人－アラブ人映画」に関わったユダヤ系監督のなかで、セファルディムなのは彼だけである。

アルカディ監督の長編第一作、『サハラの風 *Le Coup de sirocco*』（1979）は、一つの時代を開いた作品だった。というのもその作品は、アルジェリアから引き揚げたピエ・ノワールを描いた最初の映画だったからだ。それはまさに、監督自身の体験でもあった。彼はそれに続く『贖罪の日』（1982）[24]においても、さらには『偉大なるカーニバル *Le Grand Carnaval*』（1983）においても、アルジェリアのピエ・ノワールを登場させている。

そして一九八八年、監督は『聖なる結合』を発表する。「聖なる結合」[25]を意味するこのタイトルは、ユダヤ人刑事シモンと、対外治安総局（ＤＧＳ）所属のアラブ人捜査官カリムの「結合」を指している。この作品もまた、「ユダヤ人－アラブ人映画」そのものだと言えるだろう。また、シモンがピエ・ノワールのユダヤ人一家の出であることを考えれば、アルカディー監督は四作続けて、主要人物にピエ・ノワールを据えたことになる[26]。

そしてまた本作は、主役二人の役柄からも想像できる通り、その核にフィルム・ノワール的要素が横たわっている。それは端的に言えば、「男の友情」が描かれている点にある。シモンの元妻を挟んで生まれかけた三角関係さえ、彼女の死によってその可能性が失われ、結果として、「男の友情」、ないしその成立の過程が映画そのものと強く結びつくことになるのだ。

さて、ではこの『聖なる結合』が「ユダヤ人－アラブ人映画」であることはまちがいないとして、この「結合」は、シモンとカリムそれぞれにとって、どのように受容されたのだろうか。むろんそこには背景的要素、つまりピエ・ノワールとアラブの関係、イスラーム過激派の、一般のイスラームとの、あるいはユダヤ人との関係など、さまざまな要素が絡み合っているのだが、ここでは、シモンとカリム、二人の関係に焦点を当てて考えることにしよう。ごく単純化して言うなら、それはフィルム・ノワール的枠組みを利用し、敵対から和解、友情へと進む関係である。そして、その変化の中心にいるのはシモンである。

まず二人の出会いだが、これは幸福なものではなかった。というのも、シモンを含む警察隊が捕えた麻薬密売人たちの中に、スパイとして潜入していたカリムがいたのだが、シモンはこの囮捜査官の存在を知らされておらず、カリムに対してきわめて暴力的に接してしまったからだ。

その後、ベイルートで対外治安総局の秘密任務に従事していたカリムは、パリへ移動することになる。すでに二年間監視していたイスラーム系テロ組織のリーダーであるラジャニが、パリのアルジェリア大使館へと異動となったからだ。そこで、パリに着いたカリムがパートナーとしてあえて指名したのが、かつていざこざのあったシモンだったのだ。

シモンは当初、カリムとの協働にきわめて強い拒否感を示していた。ダヴィデの星のついたネックレスをかざしながら、彼は上司に向かって言った、ぼくはユダヤ人です、アラブ人はユダヤ人が嫌いなんですよ、と。しかし、上司は取り合わず、こう訊き返しただけだった、じゃあおまえたちユダヤ人のほうはどうなんだ?と。

また、シモンが事務室のドア枠にユダヤの魔除けメズーザ[27]を取り付けたり時、カリムは政教分離について静かに話した、「そのためにこそ、僕らの祖先は革命を起こしたんだからね」と。カリムはここで、「アラブ人」としてのではなく、「フランス人」としてのアイデンティティを、シモンの前に提示しているのだ。シモンは、「僕らの?」とつぶやくのが精一杯だ。

さらには、容疑者護送中のパトカー内でのこと。カリムが自分を指名したと知ったシモンは敵意をむき出しにし、でもユダヤとアラブの戦争は六日以上は続かない、今回はもっと短いさ、と言い放つ。すると後部座席のアラブ人容疑者が身を乗り出し、七三年のときはもっと長かったがな、と口を挟む……。この、第三次[28]、第四次[29]中東戦争を踏まえた会話は、深刻さとユーモアを併せ持つこの映画らしいやり取りだと言えるだろうが、やはりシモンの生硬さを示してもいるだろう。

しかし、やや冷静さを取り戻したシモンは、自ら二人の共通点について語り始める。それは移民街のただ中、バルベス・ロシュシュアール駅に近い、シャルトル通りでの張り込み中のことだ。

考えてみれば、おれたちはどちらも豚は食べない。祝日だってほとんど同じだし、同じ預言者、アブラハムだっている。それに、お菓子だって似てるし。


若く、直情的ではあるが、こうした視点も内包しているからこそ、やがてシモンは、カリムとの友情を現実のものとしていくことができたのだろう。もしも本作が「新しいフィルム・ノワール」と呼べるとするなら、それはフィルム・ノワールに欠かせない「男の友情」が、こうした二人によって体現されるからにほかならない。

では、敵対が友愛へと変わってゆく転換点はどこにあったかと言えば、それはむしろまったく劇的ではない場面だ。シモンはいつもの短気から、単独行動するカリムに拳銃を向ける。その時だ、カリムは自分が単なる刑事ではなく、対外治安総局の捜査員（lieutenant）であると明かしたのは。シモンは、カリムが身分を隠して自分の警察署に配属されていたことを知り、自分のそれまでの態度を詫びる。気に入らない同僚だったカリムはこの時から、流離してきた貴種というほどではないにしろ、シモンにとって兄のような存在になってゆく。そう、二人の友情は、兄と弟のそれにも似た愛情関係なのだ。

ではこの項の最後に、二つの点を指摘しておこう。それはまず、現実に起きたユダヤ人襲撃事件との関連であり、次に、二つのアラブの存在についてである。

拙著『エキゾチック・パリ案内』でも取り上げた、パリ最大のユダヤ人街であるマレ地区、その地域で有名レストランとして知られたジョー・ゴールデンベルグで、一九八二年、反ユダヤ主義者によるテロが発生した。死者六人、負傷者二十二人を出したこの襲撃事件は、パリのみならずフランス全体にショックを与えた(30)。

そして実は、ユダヤ人であるシモンの実家は、まさにこのジョー・ゴールデンベルグの店に設定されている。店名こそ、「ニューヨーク・デリカテッセン」となっているが、店の場所、建物が同一であるだけでなく、店の外装なども明らかにジョー・ゴールデンベルグを模しているのだ。だから、部下を殺されたラジャニが、シモンの実家にテロリストを差し向け、実際その銃弾が店員たちやシモンの元妻の命を奪った時、観客は否応なく、現実のテロ事件を想起することになる。現実の事件を物語に取り込む例は少なくないが、『聖なる結合』におけるこの方法は、パリのユダヤ人が置かれた現状を生々しく伝えずにはおかないだろう。またこうした設定により、事件が展開するバルベスと、ユダヤ性をまとったマレ地区との対比が生まれたこと(31)、そしてマレ地区の有徴性が高まったことは、言うまでもないだろう。

二点目は二つのアラブについて。

「ユダヤ人－アラブ人映画」である本作において、「アラブ」を体現しているのはもちろんカリムであるが(32)、実は「悪役」として登場するテロ組織もまた、イスラームである。一九〇一年法(33)に守られたこの組織（アソシエーション）は、簡単に手出しすることができない。そしてシモンは、この危険な組織を前にして、イスラーム全体を同一視しかかるが、カリムがそれを制止する。

いいか、なにもかもをごっちゃにしちゃだめだ。ぼくは信者だが、あいつらとは違う。フランスには二百万人のムスリムがいる。けれど、あいつらはイスラームの恥なんだ。コーランの教えを汚し、憎しみと暴力に染まっている。だからこそおれは戦ってるんだ、わかるだろ？

つまり映画内には、少なくとも二つの「アラブ」が存在する。そしてそれらがはっきり区別されることで、本作における「ユダヤ人」と「アラブ人」の結構は、いわば〈一対二〉という形になる。この点もまた、『聖なる結合』の体現してる「ユダヤ人-アラブ人映画」としての特殊性である。

物語の終わり近く、殺された元妻の復讐に向かうシモン。しかしそのシモンの前に立ちふさがるのは、他ならぬカリムだ。カリムは言う、テロリストであるラジャニを殺すのは今ではない、しかし必ず時はくる、だから今暴走してはいけない、これは「兄弟として」の忠告だと。

さまざまな捜査活動、張り込み、銃撃、そしてテロなどを経た二人の間には、今や全き「男の友情」が生まれている。それは「兄弟」愛でさえある。つまり本作は、フィルム・ノワール的枠組みを利用しながら、ユダヤ人とアラブ人である二人の「男の友情」にたどり着くことで、一つの新しい形を創造したのだ。また、二つの「アラブ」を登場させることにより、本作は単なる二項対立を越えた形式を試みたことになる。これら二つの点に、『聖なる結合』の「ユダヤ人-アラブ人映画」としての特質があると言えるだろう。

③『イブラヒムおじさんとコーランの花たち』

少年モモを中心とするユダヤ的世界、そしてイブラヒム老人の生きるアラブ的世界を、現実のパリの二つの通りと照応してみせたこの作品については、第二章ですでに扱った。そしてそこでも指摘した以下の点が、この作品の「ユダヤ人-アラブ人映画」としての最も重要な点だろう。それは、ユダヤ人の二つの潮流に関わることだった。

小説版『イブラヒム』は、アシュケナジム系のユダヤ人街である、パリ九区のブルー通りを舞台としていた。しかし映画版は、通りの名こそ「ブルー通り」を引き継いだものの、実際にはクレリー通りとボールギャール通りという、サンティエ地区にある二つの通りを舞台としていた。生地問屋なども多いその地区は、セファルディム系のユダヤ人街として知られる地区であり、つまり映画版『イブラヒム』は、舞台をパリ内で移動させることにより、同時に二つのユダヤ性を取り込むことに成功したのだ。

ただ、ユダヤ性についての大胆な試みの一方で、アラブ性の在り方についてはどんな描出法を取っていたと言えるだろうか？　ここではその点について、ユダヤ人少年モイーズの名前の問題を材料に考えてみたい。

物語の冒頭、少年はユダヤ的世界に属するユダヤ人「モイーズ（＝モーゼ）」として、観客の前に登場する。クレリー通りにある建物の窓辺に立ち、彼は「モイーズ」として、アラブ的世界——そこには性的奔放さもある——を遠望しているのだ。

しかしこのモイーズと言葉を交わすようになったイブラヒムは、一貫して彼を「モモ」と呼ぶ。少年が「ぼくはモイーズだよ」と言っても、イブラヒムは「モモ」と呼ぶのをやめようとはしない。とはいえ、「モイーズ」を「モモ」と短縮するのは、ごく一般的な方法であり、だからこの時点では、この「モモ」という呼び名が特別な意味を持っているようには見えない。たとえイブラヒムが、モモのほうがユダヤっぽくない、と付け加えているとしても、その事情は変わらないだろう。

しかし、少年の父親が自殺した後、実の母親が迎えに来た場面で、この名前の意味は急変する。あなたはモイーズではないの？と訊かれた少年は、自分はモモだ、モハメッドだ、と答えるのだ。『これからの人生』の「モモ（＝モハメッド）」を思い出すまでもなく、この短縮もまた、ごく一般的に行われていることだ。つまり「モモ」は、「モイーズ」と「モハメッド」、二つの名の短縮形であり、少年はここで、あるアイデンティティの変転を、自ら駆動しているのだと言えるだろう。そしてその潜在的な契機を、いわば伏線のように植えたのが、アラブ人イブラヒムなのだ。

ただし、このアイデンティティの変転を前にして、わたしたちは一つのより基本的な問題に立ち返る必要に迫られるようだ。それは、そもそもこの映画における「アラブ人」とは何者か、という問題だ。

すでに引用した通り、「アラブ人」の一般的な定義は、「イスラーム文化を誇りとし、アラビア語を愛する者」[34]であると考えていいだろう。その意味で、イブラヒムはたしかに「アラブ人」である。そしてモモの父親も、こうした一般的な理解に従って、イブラヒムの店を「アラブ人の店」と呼ぶ。オマー・シャリフ演じるイブラヒムの容貌も、「アラブ人」のそれだと言って差し支えないだろう。

しかしこうした状況であるにもかかわらず、イブラヒム自身は、モモにはっきりと言うのだ、わたしはアラブ人ではないよ、と。そして、自分は朝八時から真夜中まで店を開けているから、おまえの父親はわたしをそう呼ぶのだと。

このイブラヒムの説明は、しかし、的を射ていないように見える。そういう部分がないとは言えないが、前述の意味で、イブラヒムが「アラブ人」であるのは間違いないところだからだ。ではなぜ、イブラヒムは自分を「アラブ人」ではないというのか。

その理由は、実はおそらく単純なものなのだ。というのも、イブラヒムはここで、「見かけ」や「思い込み」、「紋切型」に関わる、より一般的なリテラシーの問題を、モモに向かって語っているように見えるからだ。そうした、定型的で硬直したものの見方を、イブラヒムは否定している。ここで「アラブ人」は、イメージと実体の乖離を象徴する契機となっている。

そしてこの「アラブ人」という名前の二重性の問題は、物語の終わり近く、今度は成長したモモによって再演される。イブラヒムの死後、乾物商を引き継いだモモは、こう独白する。

今やぼくはアラブ人だ。この通りの誰もがぼくのことを知っている。ぼくは、「朝八時から真夜中まで、日曜さえ店を開けている」近所のアラブ人なのだ。

そしてこの独白の直後、モモは赤毛の少年に向かってこう言うのだ、ぼくはアラブ人じゃないよ、と。

これは、ほぼ完全に、イブラヒムの言動をなぞったものだ。働き者としての「アラブ人」ではあるが、ステレオタイプの「アラブ人」ではない……。

そして最後に問題になるのは、ここまで述べてきた二つの問題、つまり「モモ」という名と、「アラブ人」というターム、それぞれが背負っている二重性は、この「ユダヤ人 - アラブ人・映画」において、どんな意味を持っているのか、ということだ。これは論理の上では、「ユダヤ人」に対する「アラブ人」の優勢を意味し得るのだろう。モモは、自らの「ユダヤ人」というアイデンティティを捨て、あらたに——その二重性において——「アラブ人」となったのだから。しかし、こうした推論はまた、作品内に用意されていた落とし穴に自らもはまり込むことなのだろう。つまりこの論理には、ステレオタイプとしての「アラブ人」が欠かせないからだ。もし勝利するものがあるとすれば、それは「アラブ人」でも「ユダヤ人」でもなく、自由な精神とでもいうべきものなのだ。だとすれば、イブラヒムがスーフィー——スンナ派でもシーア派でもなく——だという設定が選択されているのは、この自由さに下線を引くためだとも考えられるだろう。

『これからの人生』同様、いわゆる「老人と子供」という説話の形を持ったこの作品が目指したのは、この自由な地圏だった。そしてそのためには、この「ユダヤ人‐アラブ人映画」という構造が——それを乗り越えるという意味において——きわめて有効だったのだ。

④『ダメな信仰 *Mauvaise foi*』

モロッコ系移民の出自を持つロシュディ・ゼム（Roschdy Zem, 1965-）は、一九八七年以来すでに六十本以上の映画作品に出演している。しかもその内の数十本では主役を務め、今やフランス映画界を代表する俳優の一人に数えられるだろう。ただし、彼は見て《ヴィジブル》わかるアラブ人であり、彼が演じた役はすべてアラブ人として設定されていた。そういう意味では、ゼムのこなしてきた役柄の変遷は、フランス社会において「アラブ人」がたどってきた道程と、相当程度重なっているとも言えるだろう。

二〇〇六年に制作された『ダメな信仰[35]』は、ゼムが初めて監督を務めた作品である。主役は彼自身と、きわめてヨーロッパ系白人的な容貌を持つセシル・ド・フランス。ゼムがアラブ人役、フランスがユダヤ人（アシュケナジム）役である。映画はこの二人の恋愛、そして結婚の行方を追って展開する。

すでに四年間一緒に暮らしているアラブ人男性イシュマエルとユダヤ人女性クララ。それぞれに仕事を持つカップルとして、二人の生活は順調だった。が、クララが妊娠し、それをきっかけに結婚に踏み出そうとした途端、さまざまな障害が二人の前に現れてくる。それらはもちろん、潜在的にはつねに存在していたものだが、カップルとして生きる限りにおいては、問題にならない性質のものだった。結婚の話が持ち上がり、両者の家庭、つまり民族的・文化的・宗教的背景の違いが、にわかに顕在化してきたということだ。

しかし、いわゆる「ラヴ・コメディ」に分類できるこの作品は、そのジャンルの文法から逸脱することなく、最後にはハッピー・エンドを迎えることになる。だとすれば、ここで問題としなければならないのは、その幸福な結末における「ユダヤ人‐アラブ人」関係の在り方だろう。監督であるゼムは、いかなる形をその「ハッピー・エンド」に与えたのだろうか。

まずは二人の諍いの原因だが、実はそこには、むしろ取るに足らない事柄も含まれている。たとえば、『聖なる結合』でも登場していた魔除けのメズーザ。クララがこれを玄関に取りつけると、イシュマエルはこのユダヤ的記号が「外」に向けて飾られていることに、強い違和感を覚える、といったレベルのことがらだ。しかし、もちろんそうした問題群の中には、大きな意味を持ち得る課題も含まれている。その最たるものが、子供につける名前をめぐる問題であるのだが、まず確認しなければならないのは、「イシュマエル」という名前についてだ。

『創世記』によれば、アブラハムには二人の息子、イシュマエルとイサクがいたという。イシュマエルは、アブラハムの妻サラの女奴隷、ハガルが生んだ庶子であり、その弟であるイサクは、サラが生んだ嫡子である。またコーランでは、イシュマエルこそが、アラブ人の祖先であるとされているという。つまり「イシュマエル」とは、まさにアラブ人の起源そのものを指し示している名前なのだ。だから、クララの父親が、この「イシュマエル」を「イスラエル」と聞き違えるというエピソードには、解釈を誘う要素がある。「イスラエル」とは、イサクの息子ヤコブの別名であり、このヤコブこそは、ユダヤ人の起源とされているからだ。

さて、話をイシュマエルとクララの子どもの話に戻そう。イシュマエルは、子供が男の子だったら、アラブ人のしきたり――宗教、ではない――に従い、子供にはその祖父の名、アブデルクリムを付けると宣言する。一方クララにしてみれば、名前以前に、こうした一方的な――あるいは家父長的な――宣言自体、受け入れられるものではない。そしてこの名前は、二人の諍いの象徴という性格を帯びてくる。

しかし解決は、意外なところからやってくる。イシュマエルは、同HLM育ちのユダヤ人の幼馴染ミルーと会話するうち、実はイシュマエル自身も、このアブデルクリムという名前が気に入っているわけではないことに思い至ったのだ。つまり、自分のちっぽけな虚勢、あるいはダメな信仰＝自己欺瞞が、二人の関係を蝕んでいたことに。

この発見を契機として、イシュマエルは、それまでどうしても言えずにいたユダヤ人女性との結婚、そして彼女の妊娠を、きわめて伝統主義的な母にはっきりと伝えることに成功する。たとえ生まれてきたのが男の子でも、その子にアブデルクリムという名前はつけないよ、ママがどう思おうと、と言い添えて。そして決定的だったのは、その時の母親の返事だ。彼女は言った、おまえの父さんは、ずっとその名前を嫌がってたんだよ、と。これを聞いたイシュマエルは、憑き物が落ちたように、頑なさを手放す。イシュマエルとセシルは、カップル時代のような、愛すべき他者同士に戻るのだ。

ただし、この父親の名前を巡るエピソードは、こうした結末を導く契機以上の意味を孕んでもいるようだ。アラブ家庭の父親が、きわめてアラブ的響きを持つ自らの名前——アブデルクリム——を嫌っていたということ、そしてその事実を知ったことで、息子が呪縛から解かれたということを考え合わせるなら、この父親もまた、可能性として、たとえばユダヤ人女性とも「ハッピー・エンド」を迎えることもできたことを意味してはいないだろうか？　つまり『ダメな信仰』は、イシュマエルの物語であると同時に、可能性において、アブデルクリムの物語でもあったことになるのだろう。となるともう一人、イシュマエルの母親の位置も問題になるところだが、彼女については、後で触れることにしよう。

ラヴ・コメディの形を取ったこの作品は、こうして、文化的差異を越えた、いわば人間的な愛の価値を見出した。それが本作の「ハッピー・エンド」の形だった。もちろんこの着地点自体は、特に目新しいものではない。しかしそれがこの「ユダヤ人－アラブ人映画」という枠組みを使って語られた点に、本書の文脈における意味があると言えるだろう。エロス的な愛を描いたものとしては、この『ダメな信仰』が最初の「ユダヤ人－アラブ人映画」である。[36]

⑤『シモン・アシュケナジの狂った物語 *La Folle histoire d'amour de Simon Eskenazy*』

ここまで見てきた「ユダヤ人－アラブ人映画」は、「老人と子供」という説話構造を持った作品、フィルム・ノワール的な男の友情を描く作品、ヘテロな恋愛映画などであった。ユダヤ人（アシュケナジム）であるジャン＝ジャック・ジルベルマン（Jean-Jacques Zilbermann, 1955- ）監督が『ねじれた愛 *L'homme est une femme comme les autres*』（1998）[37]の続編として制作した『シモン・アシュケナジの狂った物語』は、しかしこれらのどのグループにも属していない。ここで展開するのはゲイの恋愛であり、これはジルベルマン監督の実体験に基づいて発想された物語だという。[38]

主人公シモンは、中年のヨーロッパ系白人男性。パリでもっともアフリカ的な地区、シャトー・ルージュ[39]のアパルトマンで一人暮らしをしている。彼が外出するたび、その背景には、界隈のアフリカ系の人たちの姿がきわめて多く映り込み、シャトー・ルージュの実情を知らずとも、この場所の特性がはっきり分かるように作られている。また、前作中でシモンが住んでいたのはパリの中心部であり、今回の作品ではシャトー・ルージュに引っ越していることになるのだが、両映画内で、この引っ越しの理由が何も説明されない点、またシャトー・ルージュという土地が引っ越し先としてはやや特殊である点[40]を考えると、この引っ越しは、むしろ作品のテーマに合わせて設定されたものであろうと推察できる。

では最初に、シモン及び彼を取り巻くユダヤ的状況について確認しておこう。まず、有名なクラリネッティストであるシモンが演奏するのは、イディッシュ音楽である。またシモンの母は、絶滅収容所から生還した人たちの集う「アウシュヴィッツ・クラブ」の副会長であり、[41]ニューヨークで暮らすシモンの元妻も、彼らの息子も、[42]さらには元妻の再婚相手もユダヤ人だ。シモンのアパルトマンのリヴィングを飾るのはユダヤ人シャガールの作品で、歌手である元妻が出演するのはユダヤ人を描いた『屋根の上のヴァイオリン弾き』。さらにシモンの部屋に置かれたテレビでは、ジャンケレヴィッチの[43]インタヴューが放送されもする。つまりこの『シモン・アシュケナジの狂った物語』においては、名前の与えられた登場人物はほぼ全員がユダヤ人であり、さまざまな小道具にもユダヤ関連のものが多く使われていることになる。

ただし、例外もいる。それが、たった一人のアラブ人、ナイム／アンジェラだ。[44]物語は、移民街シャトー・ルージュの一角に形作られたユダヤ的世界が、彼／彼女の出現によって揺らぎ始めるという構図をとっている。つまりこの映画は、「閉ざされた世界に異質者が侵入する」というドラマツルギーを採用しているということになる。

ジルベルマン監督はインタヴュー[45]において、彼がこの作品を通して描きたかったのは「人間ドラマ、孤独、メランコリー」であり、「コメディ」を作るつもりはまったくなかった、それでももし作品内にコメディ的要素があるとすれば、それはむしろ、彼と同じアシュケナジムであるエルンスト・ルビッチ（Ernst Lubitsch, 1892-1947）的な「二重性」の表現が、そういう印象を与えるのではないかと語っている。本書では、ルビッチとの比較に踏み込むことはしないが、この作品に大がかりではないコメディの感覚があるのは間違いないだろう。

そして物語自体は、四つの要素が相互に絡み合いながら進行してゆく。恋愛、仕事、母親の介護、元妻との関係、である。ここではこの内、主人公の恋愛に焦点を絞ってストーリーを確認しておこう。シモンには、ラファエルという男性の恋人がいた。ただ、別に女性とも付き合っているラファエルのほうは、自分がゲイなのかどうか見極めかねている状態であり、シモンが提案する同居に踏み切れないでいる。そんな中シモンは、ゲイたちの集うキャバレーで知り合ったと思われるナイム／アンジェラを自宅に引き入れ、「浮気」を楽しんだ。

そして翌日、シャワーを貸して欲しいと訪れてきたナイムに対し、シモンは金を渡して追い払おうとする。表情を変えたナイムは、この恩は決して忘れない、という静かな皮肉を残して踵を返した。その夜、シモンはアンジェラが務めるキャバレーを再訪する。そのシモンに対する態度の悪さを上司に注意されたアンジェラは、その場で仕事を放棄。二人は外で合流することになる。先を歩くシモンに、アンジェラは言う。

ねえ、どうして待ってくれないの？　アラブ女じゃお気に召さない？　一人でテル・アヴィブに帰りたい？　でも、どうしてヨルダン川西岸地区を返さなかったの、六日戦争の後で？［…］走って、アステリックス、走るのよ。あたしのことが恥ずかしいの？

二人の間に横たわる中東戦争が、この駆け引きを独特なものにしている。(46) けれども、結局二人はリヴォリ通りの豪華ホテル、ル・ムーリスで朝食をとり、和解。そのままシモンの家に戻ってくる。しかしそこには、前日からシモンがその介護を押し付けられた母親、ベラがいた。

ここでシモンは、高圧的な介護士に対するベラの悲鳴にまったく耳を貸さず、ただ母親を自宅から厄介払いする算段をするばかり。一部始終を見ていたアンジェラは、シモンを非難。まずは介護士を追い出すと、シモンが買い物に行っている間に新しい介護士に成りすまし、ベラと意気投合してしまう。帰宅したシモンは驚き怒り出すが、アンジェラの暖かい看護に惚れ込んだベラは、彼女を手放そうとしない。ちょうどキャバレーを辞めたところであるアンジェラは、住み込みで働き始めることになった。

そこにラファエルが現われる。ついにシモンと暮らす決心をしたのだ。シモンは彼を、母親に紹介しさえする。しかし、この二人の関係は、その夜までさえ続かなかった。ラファエルが来たことで、アンジェラが出て行こうとしたとき、シモンが選んだのはアンジェラのほうだった。

その後ベラが急死。気落ちするのを気遣う周囲に対し、シモンは言う、ナイム/アンジェラはぼくの憂鬱に対する最良の守護神だと。しかしその後、元妻との間の息子の問題——元妻の義父が、ゲイの父親と孫の付き合いを禁じた——に関連して、シモンは一人暮らしを余儀なくされる。しかしそれでも、彼が元妻の再婚パーティーに出席しているところにアンジェラが現われると、状況は一変。二人は、互いに必要としてることを発見する——。

以上が、シモンとナイム/アンジェラの関係を中心として見た場合の、この作品のストーリーである。

落ち着いた物腰とやわらかな物言いに隠れがちだが、シモンが無責任で自己中心的な生き方をしていることは、まちがいないだろう。彼は母親にきわめて冷たく、恋人(ラファエル)がいても別の相手と行きずりの関係を持つことをためらわず、執拗に同居を誘った恋人がついにやってきたときには、すでにアンジェラに心を移している。[47]またその間にも、かつてふられた相手、いとこのダヴィッドに言い寄りさえする。[48]また仕事上でも、マネージャーの苦境に配慮するところはなく、自分の事情ばかりを優先するのだ。この『シモン・アシュケナジの狂った物語』はたしかに魅力的な作品なのだが、こうした主人公の無責任さを相対化する客観的な視線を欠いている点は、明らかな弱点だと言えるだろう。繰り返すが、シモンの風貌がその無責任さを隠してしまいがちなのだ。

では、この作品の魅力はどこに見いだせるのか？　その核にあるのは、ナイム／アンジェラの存在であるにちがいない。独立心が強く、現実的な生きる力を身につけた彼／彼女のキャラクターを創造した点に、この映画の功績はある。そして彼／彼女のそうした性質を際立たせているのが、「ユダヤ人－アラブ人映画」という枠組みなのだ。女装するゲイであり、パリにおけるアラブ人である彼／彼女は、このユダヤ的世界で三重にマイノリティとなる[49]。しかしだからこそ、彼／彼女のキャラクターが際立ちもするのだ[50]。

ゲイの問題に終始し、いくぶんかステレオタイプに傾いた前作に比較すると、パリの移民街に舞台を移し、ナイム／アンジェラという移民系のアラブ人を創造した本作は、意味空間の拡がりと多層的なアクチュアリテにおいて、明らかにより複雑なテクスチャーを獲得していると言えるだろう。そこでは、「ユダヤ人－アラブ人映画」という枠組みが、きわめて効果的に機能しているのだ。

⑥『きらきらしてる』

ユダヤ人であることを公言している[51]ジェラルディン・ナカシュ（Géraldine Nakache, 1980- ）は、現代フランスにおけるユダヤ人女性たちを描いた『なんて美しい！ *Comme t'y es belle !*』（2006）で女優としての活動を開始した。そしてその後いくつかの作品に出演した後、二〇一〇年、今度はこの『きらきらしてる』で、監督としてのデビューを果たす。クレジットにはエルヴェ・ミムラン（Hervé Mimran, 生年不明）の名前もあり、二人は共同監督という立場をとっているが、シナリオの巻末に掲載された両者へのインタヴュー(52)を読む限り、もともとのアイディアはナカシュのものであり、実作上の経験的知識を提供したのがミムランだと考えられる。

この『きらきらしてる』(53)は、パリ郊外ピュトーに住む、姉妹のように仲のいい若い女性二人、エリとリラの日常を描いている。ただし、エリはユダヤ人家庭、リラはモロッコ系移民の家庭の出身であり、ここに二人の背景の、決定的な差異がある。『きらきらしてる』は、「ユダヤ人‐アラブ人映画」なのだ(54)。

しかし、このエリとリラには、これほどはっきりした民族的差異があるにもかかわらず、むしろそれ以上の共通点がある。それぞれの置かれた状況を確認しながら、まずはその共通点を探ってみよう。

監督であるナカシュ自身が演じるエリは、映画の時間が始まる以前、「パリ」内部のワン・ルームで暮らしていた。しかし経済的な事情から、エリの父親がそのワン・ルームを手放したため、エリはパリ郊外ピュトーにある実家に戻ることになった。つまり、映画の時間が進み始める段階で、エリはレジデンス・ロリウー（ＨＬＭ）のＴ棟で、両親や妹と暮らしている。エリの父親は個人タクシーの運転手。母は専業主婦である。

「パリから十分」の町ピュトーは、グラン・アルシュを擁するラ・デファンス(55)まで広がっており、エリはこのビジネス・エリアのサンドイッチ・チェーン店(56)で働いている。とはいえその仕事は、アルバイト的なものに過ぎない。エリがバカロレアを取得しておらず、いわゆる上級職を目指す状況にないことは、映画内の会話から確認することができる。

モロッコ系であるリラもまた、ピュトーで母親と暮らしている。二人が暮らすＳ棟は、エリ一家が暮らすＴ棟の隣りである。またリラの父親は、リラがまだ幼い時に家を出たきり戻ってきていない。母親は、ほとんど偏執的に夫の帰りを待ち続けているが、彼はリラに宛てた手紙の中で、近くモロッコで新たな家庭を築く予定であることを娘に告げる。

リラのアルバイト先は、ラ・デファンスにある映画館のポップコーン売り場である。しかしその仕事も、勤務態度を注意されたのをきっかけに、あっさり辞めてしまう。

さて、ではエリとリラの共通点は何か？　外的要素としては、まず若い女性だということ。母語がフランス語であること。「パリから十分」のピュトーに、しかも隣り合ったHLMに住んでいること。バカロレアを取得しておらず、仕事を通しての社会的な上昇を期待していないこと、などだろう。

では共有されている内的要素は何かと言えば、それはなんといっても、「パリ」に対する憧れである。ピュトーは、たしかに「パリ」の外側にありながら、いわゆる「荒れた郊外」とはほど遠い。そこはむしろ、何も起こらない退屈な町である。そしてこうしたピュトーのありようが、二人の不満を呼び起こす。本作品の原題 ***Tout ce qui brille*** は、直訳するなら「輝くすべてのもの」であり、それは「パリ」にこそあるのだと、二人は信じている。しかもその「パリ」とは、セレブリティが集まるナイト・クラブのような場所が想定されており、単に人気のある店などというものを越えた、特別の価値を帯びた場でなければならないのだ[57]。

この共有された憧れを駆動力として、物語は動き始める。郊外の平凡な少女である二人には、しかし彼女らが望む「パリ」に入ってゆく術がない。そこで二人が取った方法は、タクシーに無賃乗車し、パーティ会場には関係者入口から忍び込み、会場内では別のパーティの入場券を盗むことだった。とりわけリラはためらいがなく、エリもまた手中にした喜びを味わっている。

しかし、こうした二人の無軌道は、結局破産するほかない。リラは、マックスという男性と急速に接近するが、彼には恋人がいた。エリは、あるレスビアンのセレブ・カップルと仲良くなるが、それはエリが、ベビー・シッターとして見込まれたからにすぎなかった。二人は「パリ」を捕えたと思っただろうが、それは実は、彼女ら自身の過剰さが育てた幻想に過ぎなかったのだ。

ただし、彼女らにとっての本当の問題は、こうした幻想が破れたときに、二人の間の友情までも壊れてしまったことのほうだっただろう。リラはマックスに、自分たちはヌイイ――ピュトーに隣接する高級住宅地だ――に住んでいると信じさせていたのだが、ある時エリが二人の本当の住所を明かしてしまう。リラは、この暴露のせいでマックスが自分のもとを去ったと信じ込み、それがもとで二人の少女は絶交状態にまで陥るのだ。この決裂はあまりに激しく、決定的なものであるかに見えた。

しかしやがて、二人は関係を修復してゆく。

エリの父親は、レジデンス・ロリウーのX棟に新たな部屋を買い求めた。それは無論エリのためだったが、窓からエッフェル塔が見えるこのHLMは、エリの望みからは程遠いものだった。「パリから十分」とは、彼女にとって「すべてから十分」を意味していたからだ。そこで思いついたのが、ピュトーに部屋を探していた友人キャロルと、部屋を交換して住むことだった。そうすれば、エリはパリ二十区に住むことができ、キャロルも叔母の介護がしやすくなるからだ。このアイディアは実現し、エリはメトロのプラス・デ・フェット駅近く[58]に引っ越すことになる。

この引っ越しのことを知ったリラは、エリと仲直りをするため、謝罪を申し込む。その時エリはそっけなく拒絶してしまうものの、その後この引っ越しのごたごたの中で、エリは、モロッコの父親からリラが受け取った手紙を目にすることになる。ぼくは再婚する、もうぼくのことは忘れてくれと、その手紙は語っていた。そしてエリは、友人のそばにいてあげられるのは自分だけだ、と考え直すのだ。

さて、ではこうした二人の物語にとって、それぞれがユダヤ系とアラブ系であることは、どんな意味を持っていたのだろうか？　しかしその問題に立ち入る前に、一つ確認しておくべきことがある。

それはこの二人の民族性が、映画内でどのように表現されていたのかということだ。

まずエリの場合だが、彼女とユダヤとの関係がはっきりと示されるのは、アガトとジョアン、このセレブの同性愛カップルが、突然エリの実家を訪ねてくるシークエンスにおいてである。わがままな二人は、週末に子供を預かってもらうためにだけ、わざわざピュトーまで押しかけてきたのだ。しかしエリは、このハイ・ファッションに身を包んだ女性たちが戸口に現われる前に、母と妹に命令する、着替えて、いいものに着替えて！と。

母は、彼女がヌイイーに買い物に行くときに着るミンクのコートを羽織る。そして妹が着た赤いワンピースは、彼女がバル・ミツワーのときに使ったものだった。

バル・ミツワーとは、ユダヤの成人式にあたるもので、女性は十二歳の時行う習慣だ。この、妹が着てきた赤いワンピースこそ、エリの家庭がユダヤ系であることを示す、一つの明白な徴である[59]。

そしておなじシークエンス内には、もう一つ、ごく目立たない形でユダヤの徴が置かれている。それは、アガトとジョアンに向かって開かれる玄関扉の内側に取り付けられた、メズーザそのものである[60]。このユダヤの魔除けは、すでに『聖なる結合』においても、『ダメな信仰』においても、さらには『贖罪の日』にも登場していた、きわめてよく知られたユダヤの記号なのだ。バル・ミツワーとメズーザ、この両者が示しているのは、言うまでもなく、エリ、及びエリの家庭が、ユダヤ系であるという事実なのである[61]。

ただし、こうしたユダヤ性を示す記号が登場するのは、このシークエンスにおいてだけであるという事実にも、注意する必要があるだろう。これらの徴はたしかに明示的ではあるが、それは映画内に遍在しているわけではない。

では、一方リラの場合はどうか？　彼女については、エリの場合のような徴があるわけではない。

しかし、リラを演じるレイラ・ベクティの容貌は、前述の通り見てわかる《ヴィジブル》アラブ系であり、実際彼女は、一九八四年、パリ郊外イシー＝レ＝ムリノーで、アルジェリア系移民の家庭に生まれている。またリラの母親役であるフェイリア・ドゥリバもまた、見てわかる《ヴィジブル》アラブ系女優だと言えるだろう。(62)さらには、この母娘を捨ててさった夫／父を演じたアリ・アビタンも、モロッコ系の父親と、チュニジア系の母親との間に生まれている。(63)そしてアビタン演じる父親が家族を捨てて向かったのは、彼の祖国モロッコだった。こうしたこと全体を考え合わせると、リラがアラブ系であるのは間違いないと言えるだろう。

そしてここでやっと、さきほどの問題に戻ることができる。二人がそれぞれユダヤ系、アラブ系であることは、この作品にどんな意味をもたらしているのか、という問題だ。

この点について、たとえばキャロル・ミルリニはこのように指摘している。

> 一方がユダヤ文化の中で、他方がイスラーム文化の中で育ったことは、いかなる重要性も持っていない。『きらきらしてる』の二人のヒロインが跪くことがあるとすれば、それは消費の神に対してだけだ！(64)

そう、この『きらきらしてる』においては、ヒロイン二人の民族的背景が問題になることはまったくない。遊んでいる時も、大喧嘩する時も、和解する時も、二人が互いのそうした差異に言及することは一切ないのだ。二人が生きるのは、さまざまなレベルで共有されているアイデンティティであり、その差異ではない。(65)

こうした二人の態度は、この章で扱っている他の作品群と比較する時、その異色さが際立っている。

『これからの人生』から『シモン・アシュケナジの狂った物語』に至る五作品では、主人公たちの民族性が、作品の主題と深く絡み合っていた。しかし、前者から数えて三十三年目に公開された『きらきらしてる』においては、ついにそうした差異は、生活の中の前提として受け入れられ、それが作品内で前景化することはなくなっている。そしてその点にこそ、この作品の「ユダヤ人－アラブ人映画」としての逆説的特質があるにちがいない。つまり、主人公たちがユダヤ系、アラブ系でありながら、それが作品のテーマにまったく影響を与えていないという点で、本作は強烈に「ユダヤ人－アラブ人映画」なのだ。

むろんこうした逆説は、たとえば現代の「パリ映画」に共通の要素かと言えば、そうとは言えないだろう。つまりそれが成り立つには、この二十一世紀という時代だけではなく、二人の世代、そしてピュトーというトポスが必要だったということなのだ。中でも重要なのは、やはりピュトーという土地だっただろう。

ではこの項の最後に、このピュトーという〈場〉について触れておこう。

映画の中で、ピュトーは「パリから十分」だと繰り返し指摘されるが、これは誇張ではない。メトロ一番線を使えば、ラ・デファンス駅からシャルル・ド・ゴール＝エトワールまでは十分、RER（A線）を使えばさらに数分短縮できるほどだ。ではこのラ・デファンスを含むピュトーとは、いかなる土地なのだろうか。まずは、ナカシュ監督の言葉を聞こう。映画サイトAbus de ciné のインタヴューにおいて、撮影地としてピュトーを選んだ理由を問われ、彼女は以下のように答えている。

それはわたしがピュトーで育ったから。おもしろかったのはね、この映画のための資金集めを始めたら、みんなが言うの、いいね、でもそれって、舞台を93にしたほうがもっといいんじゃない？って。いいでしょうね、93にも。だけど知らないの！［…］わたしたちが育った郊外、それはたぶんフランス人の七十パーセントが暮らしているような郊外で、そこでは何も起こらない。もちろん騒動なんかもね。［…］ピュトーには何もないし、その場所について話したくなるほどホットでもない。そこから、人々の欲求不満が生まれるわけ。ピュトーに住むのが恥ずかしいわけじゃない。恥ずかしいのは、ピュトーが「きらきらしてる」ものがあるアソコじゃないってこと。［…］ふつうなの！　生ぬるいの！(66)

この「生ぬるさ」こそ、「パリから十分」の意味なのだろう。『アイシャ』でも見た通り、ペリフェリックは実在の壁であるだけでなく、二つの世界を分断している。たとえその境界から十分であろうと、「パリ」の外側であることに変わりはない。それが、ナカシュ監督にとって、そしてエリやリラにとって、「パリから十分」が「すべてから十分」と等価である由縁なのだ。

しかし忘れてはならないこと、それはこうした監督の発言の前提に、ピュトーもまた移民が多く住む「郊外」であるという認識があることだろう。「93」地区（セーヌ＝サン＝ドニ県）との比較が可能なのは、その地域的な特性だけではなく、そこに暮らす人間たちの構成も近いからに他ならない。たしかにグット・ドールやシャトー・ルージュのような濃厚な移民街ではないだろうが、やはり「パリ」とは人々の構成が違っている。エリやリラがよく訪れるショッピング・センター、キャトル・タンにしても、その客層はヨーロッパ系ばかりではまったくないのだ。

この点を、前述の逆説の背景と看做すことはできないだろうか？　エリとリラは、この郊外、移民たちが多く住み、静かで平和なこの土地で育った。二人の生きるピュトーでの日常において、お互いの民族性の違いを問題にすべき局面は、訪れたことがなかった……。ナカシュ監督の言葉に従えば、そう考えても不当だとは言えないだろう。つまりこの「ユダヤ人‐アラブ人映画」、『きらきらしてる』が成立するためには、暴力と鬱屈に彩られた――メディア的な――「郊外」ではなく、ピュトーという、「何も起こらない」郊外が必要だったのだ。そしてここには、新しい時代の「郊外映画」の可能性が開けてさえいるのだろう。

⑦『戦争より愛のカンケイ』

二〇一〇年に公開された作品を対象とした第三十六回セザール賞で、オリジナル脚本賞と主演女優賞を獲得したこの『戦争と愛のカンケイ』は、フランス国内で大きな興業的成功を収めた。また日本でも、劇場公開こそなかったものの、日本国内版のＤＶＤが発売された。

この作品は、社会的存在としてはほとんど共通点を持たないかに見える男女の恋愛模様を縦軸に、自然破壊、ファシズム、児童虐待、移民排斥、民族差別、階級社会、植民地主義など、現代的な諸問題を横軸に展開する。その全体像を提示するのは困難なので、ここでは、主人公二人に焦点をあてて、あえて図式的に整理することにしたい。

まず主人公は、フランスでもっとも多い姓を持つユダヤ人男性、アルチュール・マルタン（Arthur Martin）と、きわめて特殊な姓を持つアラブ系女性、バイア・ベンマフムード(67)（Bahia Benmahmoud）である。登場人物たちの名前は、オリジナルタイトル *Le nom des gens*（「人々の名前」）が端的に示している通り、本作の重要な要素である。

まずアルチュールだが、ヨーロッパ系白人である彼は、自分がユダヤ人であることを否定している。彼は「神なんか信じてないし、シナゴーグに足を踏み入れたこともない」と言い放つ。そんなアルチュールをなぜ「ユダヤ人」だと看做せるかと言えば、それは彼の母親の来歴と、それに対する彼の意識の持ちようゆえである。

アルチュールの母親は、現在でこそアネット・マルタンと名乗っているが、彼女が一九三三年に生まれたときの名前は、アネット・コーエンだった。この姓はもちろん、代表的なユダヤ姓の一つだと言っていいだろう。しかし戦中、アネットの両親が強制収容所に連行されると、アネットはナチの追跡を逃れるため、預けられていた施設の勧めでコランと改姓する。さらに一九五九年の結婚以降は、マルタン姓を名乗ることになる。つまりアネットのユダヤ性は、二重に封印されたことになる。

そして一九六一年、一人息子のアルチュールが生まれる。アネットと夫は、宗教を持たないことに決めており、戦後十六年目に生まれたこの息子も、実践的に宗教と関わることはなかった。それでも彼も、おぼろげにではあれ、自分の祖父母がユダヤ人としてアウシュヴィッツに送られたことは知っていた。つまり彼のアイデンティティのカードの中には、ユダヤ人としてのそれも含まれているのだ。だからこそ高校時代、彼は女子たちの注目をひきたい一心で、このカードを切ってみせることがあったのだ。

またアルチュールのユダヤ性に関連して、特に注目すべきなのは、彼が恋人バイアを両親に紹介するシークエンスだろう。そこで彼は、ユダヤ関連の話題一切を避けるようバイアに依頼する。しかし、あまりに多くの名詞（ガス、貨車、キャンプ……）がユダヤ性への連想の可能性を含んでいるため、結局はどう話してもそれらすべての語を避けることはできないのだ。このコミカルなシークエンスは、アルチュールの意思とは関わりなく、彼を取り囲んでいるユダヤ性の存在を、強く印象づけるものだと言えよう。

一方、バイアはと言えば、彼女の容姿は完全にヨーロッパ系白人のそれであるにもかかわらず、彼女の父親モアメッドは、アルジェリア系移民として設定されている。[68] 一九五〇年頃、アルジェリアのベニ・サフ村（フランス領）に生まれた彼は、アルジェリア戦争中の一九五七年、父親をフランス軍に殺される。しかし独立後の一九七〇年代初頭には、単独でフランスに移民。そこで移民の支援をするセシルと出会い、七二年には結婚を果たす。そしてこの二人の間に生まれたのが、バイアだったのだ。つまり彼女は、アラブ系移民と、きわめて行動的な活動家を両親に持っていることになる。

そしてこの映画に独自性が見いだせるとすれば、それはもっぱらこのバイアという女性の思考と行動の特殊性にあると言えるだろう。彼女は、「ファシスト」たちに思想転向をさせるべく、自らの肉体を使う。つまり、性的関係を結び、ファシストたちの精神に影響力を持ったところで、彼らをそうした価値観を捨てる方向へと導くのだ。彼女が実践するこの特異な方法は、多くの男たちに有効だった。そしてアルチュールが彼女のターゲットになったことから、物語が動き始める。

鳥類学者であるアルチュールは、鳥インフルエンザの発生に関連して、カモとの接触を避けるようにとあるラジオ番組でコメントする。バイアはそれをある種の「差別」と捉え、さらにはファシスト的な発想の萌芽だと看做したのだ。しかし、それはバイアの誤解だった。アルチュールは、ファシストであるどころか左翼の「ジョスパン派」なのだ。だからその時は、そのまま別れることになったのだが、後日、大統領選挙に際して投票所で再会した二人は、そこから新たな関係を結び始める。女性恐怖症気味のアルチュールと、性的に奔放なバイアとの、現実的な付き合いが始まったのだ。そして映画的時間の最後には、二人の間に子どもさえ生まれることになる。

さて、ではこの『戦争より愛のカンケイ』において、この二人それぞれがユダヤ性とアラブ性を背負っていることは、作品に対してどんな価値を付与していると言えるのだろうか。それは、二人の以下の会話の中に、端的に現われているようだ。

バイアは、アルチュールの祖父母の消息を尋ねている。

バイア　　　　：でもどこで？

アルチュール：アウシュヴィッツ、たぶん。

バイア　　　　：アウシュヴィッツ？　……でもそれってイイ感じ。あなたはユダヤ人であたしはアラブでしょ。その上あたしたちの家族には、フランスの警察に殺された人が山ほどいる。スゴすぎる！　あたしたちって、フランスそのものよ。わかるでしょ？　あたしたちの家族は歴史の一部なの。もちろんセックスもする。ああ、なんだか泣きたくなってきた。

アルチュール：ぼくはユダヤ人じゃないよ、いいかい？　神なんか信じてないし、シナゴーグに足を踏み入れたこともない。イスラエルなんてどうでもいい。ぼくはアルチュール・マルタンなんだ。

バイア　　　　：恥ずかしがってるだけでしょ。

アルチュール：まさか！　じゃあ君はどうなんだ、ムスリムなのかい？

バイア　　　　：いいえ。でも、ユダヤ人はちがうでしょ。

アルチュール：ちがわないさ。ぼくたちは雑種なんだよ、自分が何者で、どこから来たのかなんて、ちゃんと知ってるわけじゃない。でもそれでいいのさ。

バイア　　　　：そう。たしかにあたしたちって雑種ね。でも数百万人てとこでしょ、雑種って。みんながセックスして、もっと増やさなきゃ。なんでかわかる？　地球上が雑種だけになれば、平和が戻ってくるのよ。……雑種は人類の未来ね。

アルチュール：雑種強勢ってやつだな。

バイア　　：なに？
アルチュール：生物学ではね、遺伝形質の遠い二つのサンプルが交雑することを、雑種強勢って呼ぶんだ。
バイア　　：……サイコーね。[70]

この会話には、『戦争より愛のカンケイ』の中核をなす思想が読み取れる。キーワードはもちろん「雑種（bâtard）」だ。

元来動物の交配などを指して使われていたこの語は、近年、きわめて広い意味で使われているようだ。たとえばある「思想」について、その一部が社会主義的知見から得たもので、他の一部が資本主義的知見から出たものである場合などにも、「雑種」的な思想だと表現する場合がある。[71]

また、この語に関連付けられる「雑種強勢」とは、異なる種、ないし亜種間で交雑が行われた場合、その結果生まれた雑種第一世代が、両親よりも優れた形質を示すことを意味している。したがって会話の中で、この語は厳密な使われ方をしているとは言えないが、雑種第一世代の優勢を肯定する方向は共有されていると言えるだろう。

では、この会話における「雑種」とは、どんな意味で用いられているのか？　この語は、まず「ユダヤ人」に対して使われており、そこには「自分が何者で、どこから来たのかなんて、ちゃんと知ってるわけじゃない」という説明が付け加えられている。そしてそこには、「アラブ人」も含まれることになる。

言うまでもなく、「純潔な」民族は存在しない。遺伝子上の差異とされる人種でさえ、ホモ・サピエンスの歴史という文脈にあてはめれば、多分に恣意的な線引きであると考えることもできる。つまり、あらゆる人間がすでに雑種であると考えることには、一定以上の合理性があると言っていいだろう。とするなら、上に引いた会話における「雑種」の認識は、その少し手前にとどまっていることになる。「もっと増やさなきゃ」とバイアは言うわけだが、現実を見れば、総雑種化はすでに達成されており、あとは認識の問題だけだとも言えるのだ。この会話の価値は、だから「雑種」としての人間の発見にあるというよりも、むしろ「地球上が雑種だけになれば、平和が戻ってくる」という言明にあると言えるのだろう。ややユートピックであるとはいえ、ここまで徹底した立場が表明されるケースは多くない。また「平和」が、達成されるものではなく、「戻ってくる」ものだと表現される背景には、かつての、異民族の幸福な共生が前提されているとも言えるはずである。

そしてわたしたちが注意を払わなければならないのは、この表明が、ユダヤ人とアラブ人のカップルによってなされている、という点であろう。ここにこそ、この映画の「ユダヤ人－アラブ人映画」としての特質がある。つまり、水と油であるとされる二つの民族の代表者が、「雑種」にこそ人類の未来を見ているという点において、である。この、「雑種」に未来を託すという態度の新鮮さは、たしかに特筆に値すると考えられるだろう。この「雑種」＝未来論は、「ユダヤ人－アラブ人映画」が示す一つの到達点だと言えるのだ。[72]

ではこの項の最後に、本作の舞台となったパリ郊外バニョレについて触れておこう。結論から言うなら、『きらきらしてる』の場合のピュトー同様、このバニョレこそが、「雑種」＝未来論の揺籃になったように見えるのだ。

バニョレはパリの西側、ペリフェリックに接する位置に広がっている。このバニョレが初めてスクリーンに登場したのは、序章でも触れた『かごの中の子供たち』（1988）においてだろう。この映画を通してジャン＝クロード・ブリソー監督が提示したバニョレは、殺伐として荒んだ郊外の町だった。暴力、無軌道、嫉妬、劣等感。こうしたすべてが映画をある破局へと導いてゆくのだ。

その翌年に制作された『ロミュアルドとジュリエット』[73]（1989）においても、バニョレは明確なコノテーションを伴って登場していた。黒人の掃除婦ジュリエットとその五人の子供たちが、バニョレのHLMに住んでいたのだ[74]。朝、学校へ向かう子供たちが、レイモン・ルフェーヴル通り沿いのバス停に並ぶシーンはとりわけ印象的である。というのも、彼ら五人と一緒にバスを待つのは、中年の黒人女性、壮年のアラブ系男性、そしてやはりアラブ系の小学生二人であり、そこにヨーロッパ系の人物の姿はないからだ。この演出の意図は明らかだろう。バニョレには、明らかに移民たちが多い地区が存在するのだ。

そしてついに二〇一〇年、『戦争より愛のカンケイ』が登場する。ここには、『かごの中の子供たち』が描いた「荒れた郊外」とも、また『ロミュアルドとジュリエット』の移民区とも違うバニョレが描かれている。わたしたちが出会うのは、こじんまりした十九世紀風の美しい市庁舎[75]であり、下町風の気の置けない店が並ぶ風景なのだ。それはいわば、パリ郊外の静かな日常とも言うべきものなのだろう。

こうして並べてみると、ここに挙げた三作の描くバニョレには、相互に大きな隔たりがあることに気づかされる。しかしこの懸隔を生んだのは、主に制作意図の、あるいは時代の違いであるとも言えるだろう。そしてもしこれらのイメージが、バニョレという町の同時に並行する複数の貌なのだとすれば、逆にそこにはある実態、つまり三作に共通するバニョレが存在することにもなるだろう。それを特徴づけるものは何かと言えば、むろん移民の存在だ。東へ向かう高速道路の出入り口がバニョレにあることも、彼らの流入に影響していただろう。

『戦争より愛のカンケイ』を公開するにあたって、ルクレール監督はあるインタヴューでこう話していた。

映画の八十パーセントは、バニョレで撮影しました。バニョレは、多くの多様な住民たちが共生していて、この映画のストーリーや意図にこの上なくふさわしい町なのです。意図とは何か、それはフランス人の抱く固定観念について、あるいはフランス人のアイデンティティについて語ることです。(76)

ルクレール監督は、実はデビュー作である『何も思いつかない *J'invente rien*』(2008)でも、主に「バニョレ門とメニルモンタンの間」(77)で撮影していたし、実際バニョレに四年ほど住んだことがあるという。そうした彼のバニョレについての認識は、「多くの多様な住民たちが共生していて」という部分に集約されるだろう。そしてたしかに、すでに見た『戦争より愛のカンケイ』における「雑種」=未来論は、このバニョレの特性に「ふさわしい」ものだと言えそうだ。「ユダヤ人‐アラブ人映画」が、このバニョレと出会った地点に、「雑種」=未来論の契機が準備されたと考えられるだろう。そしてさらに言えば、この論議は、「ユダヤ人とアラブ人」の外側へも広がりゆくエネルギーを内包している。

バニョレは、かつて「西のラ・デファンス」と呼ばれた時期があった。東のラ・デファンスと並ぶビジネス・センターを、この地に建設する計画が持ち上がっていたのだ。この計画はオイル・ショックのため頓挫してしまったが、こうした計画があったこと自体、「パリ」から見たラ・デファンスとバニョレには、地勢的な近似値性があったことの証左だろう。(78) そこは「多くの多様な住民たちが共生して」いるばかりではなく、パリの、そして新たな時代の波打ち際でもあるのだ。『きらきらしてる』と『戦争より愛のカンケイ』が、こうした二つの場所で生み出されたことは、理由のないことではなかった。

ここまで、〈パリ移民映画〉の下位区分としての、「ユダヤ人－アラブ人映画」の展開をたどってきた。具体的に分析した七作品の中には、フィルム・ノワールも、ラブ・コメディも、「郊外映画」もあり、また「老人と子ども」という説話の形を持つ作品、ゲイ・カップルを追うもの、あるいは政治性の強いものもあった。つまりこれら「ユダヤ人－アラブ人映画」は、様式としての統一性を備えているわけではなく、基本とする文法も、語りの構造も、多様に展開していることになる。それは無論、この「ユダヤ人－アラブ人映画」が向き合っているモチーフの多層性と、無縁ではないだろう。

一九七七年制作の『これからの人生』は、移民街ベルヴィルを舞台に、年老いた元娼婦と、孤児であるアラブ人少年の物語だった。二人の間では、過去のアウシュヴィッツ体験と、進行中の中東戦争が、ともに（時間の奥行きをともなって）意識されていた。しかしそれとは別のレベルで、二人は互いを――ほとんど共依存的に――必要としていた。

一九八八年に制作された『聖なる結合』は、ユダヤ人ピエ・ノワール一家出身の刑事と、アラブ系捜査員の反目から協働までを描く作品である。そこでは、フィルム・ノワール的枠組みが利用されたが、「男の友情」は「ユダヤ人とアラブ人の友情」に置き換えられた。また特に、一九八二年にマレ地区で起きたユダヤ料理店襲撃事件が引用され、ユダヤ人刑事の実家がその料理店そのものに設定されたことは、この作品に独特の時事性を与えたばかりではなく、作品の空間構成にも影響し、マレ地区の有徴性を高めることになった。

二十一世紀の「ユダヤ人‐アラブ人映画」第一作となった『イブラヒムおじさんとコーランの花たち』は、舞台をユダヤ人街にとり、「老人と子供」という説話構造を持っていた。スーフィーであるイブラヒムは、既成の「アラブ」を越えた自由な地圏を目指す存在として描かれたが、その地圏とは、非概念的な、そして非宗教的な境位とも言えよう。

それに続く二〇〇六年の『ダメな信仰』では、アラブ系の名俳優ロシュディ・ゼムが監督・主演を務め、ラヴ・コメディの文法を踏まえながら、ヘテロ的な愛の成就を描いた。これは「ユダヤ人‐アラブ人映画」としては初の試みだった。ここで恋人たちの融和は、もちろん、二つの世界の融和を含んでいる。舞台はメニルモンタンが選ばれていた。

二〇〇九年の『シモン・アシュケナジの狂った物語』は、アフリカ系の移民街を代表するシャトー・ルージュを舞台とし、ゲイカップルの関係の変遷を追った作品だ。本作が創造したアラブ系の人物は、多重にマイノリティでありながら、意味空間の拡がりと多層的なアクチュアリテを、映画の中に成立させていた。

二〇一〇年の『きらきらしてる』と『戦争より愛のカンケイ』は、それぞれラ・デファンス（ピュトー）とバニョレというパリ郊外を舞台とし、「ユダヤ人‐アラブ人映画」の新たな可能性を提示した。移民第二世代の若い女性二人を主人公に据えた前者においては、彼女らの民族的差異は前景化されず、またきわめて魅力的なアラブ系ヒロインを創造した後者においては、「雑種」という概念が未来に向けて投げかけられた。それらはいずれも、パリ郊外という特性と密接な関係を持っていた。

『戦争より愛のカンケイ』において提示された「雑種」という概念は、すでに触れた通り、未来へと開かれた明確な立場を表明していた。しかし、「ユダヤ人－アラブ人・映画」を辿り直してみると、そこにはこの「雑種」という思想が、萌芽的に語られている作品も存在しているようだ。『ダメな信仰』である。

ラヴ・コメディの文法を用いたこの作品では、いわゆる「すれ違い」の演出が積み上げられてゆく。そしてその極点で、ついに二人が再会を果たすのは、病院の廊下においてだった。そのときクララは、中絶手術を受けるため、ストレッチャーで手術室へ向かう途中だったのだ。

ゼム監督は、この出会いに言葉を与えなかった。ストレッチャーの上のクララと、廊下に座り込んでいたイシュマエルは、ただじっと見つめ合うだけ。そして画面は暗転し、次に観客に提示されるのは、赤ん坊をあやすイシュマエルの後ろ姿である。しかもその赤ん坊は、イシュマエルたちにとって二人目の子供であることが、その直後に判明する。つまり暗転の間に、五年ほどが経過していることになる。

さてこのシークエンス、実はイシュマエルとクララは外出の準備中である。そして玄関の呼び鈴が鳴り、現われたのはそれぞれの母親たちだ。二人は、ベビーシッターとして、今ここに到着したのだ。映画のエンディング。そこにはイシュマエルとクララの姿はない。画面に映し出されているのは、彼らの二人の幼い子供たちと、彼らの二人の母親だ。一人は敬虔なユダヤ教徒。もう一人は、アブデルクリムの妻であり、見てわかる《ヴィジブル》アラブ系である、伝統主義的なムスリマ。この二人の母親が、二つの「文化」を併せ持った子供たちを、暖かくあやしている……。

ほとんど――ラヴ・コメディらしく――楽天的なこのエンディング。この場面に込められたメッセージ――「雑種」を慈しむという選択――は明らかだろう。そしてさらにここには、一つの符号を見出すこともできる。そう、『戦争より愛のカンケイ』を締めくくるシークエンスもまた、主人公たちの生まれたての赤ん坊――彼の名はきわめて「雑種」的な「チャン・マルタン゠ベンマフムード」――にまつわるものだった。つまりこの両作品は、「ユダヤ人とアラブ人」の「雑種」としての赤ん坊の出現を、その終わりに提示しているのだ。

ここで想起されるのは、すでに引いたシャーザーの論文である。彼女は、一九八〇〜九〇年代のinterracialな関係を描いた作品の内、ただ『ロミュアルドとジュリエット』と『カフェ・オ・レ』だけが、「例外」的に幸福な結末を迎えたと指摘していた。そして実はこの二作も、エンディングには、主人公たちの間に生まれた赤ん坊を示してみせるのだ。前者の赤ん坊の名前はキャラメル。もちろん「白」人と「黒」人の混交（＝「雑種」）という意味だ。ただ、三角関係を描いた後者の赤ん坊の名前については、ユダヤ系白人の父親は「ダビデ」か「ヤコブ」を望み、アフリカ系黒人の父親は「エル・ケビール」か「ムハンマド」を願い、自身がすでに「雑種《メティス》」であるマルチニック出身の母親は「クロテール」を推す。父親たちの望む名前が、それぞれの民族と深く繋がっている名であることは言うまでもないだろう。では「クロテール」は？　これは決定的なことは言えないが、まずはクローヴィスの息子で、彼の死後分割されたフランク王国を再統一した王、クロテール（クロタール）一世のことが思い起こされるだろう。ここから解釈するとすれば、フランスの再統一、ただしそれは、「雑種（métisse / bâtard）」によって構成される、ということになるだろうか。

まとめるなら、「ユダヤ人‐アラブ人映画」に含まれる二作品、つまり『ダメな信仰』（2006）と『戦争より愛のカンケイ』（2010）、及び『ロミュアルドとジュリエット』（1987）と『カフェ・オ・レ』（1993）の合計四作は、いずれもパリを舞台とし、異民族間の男女のヘテロな恋愛を描き、しかもエンディングには、主人公たちの子どもを象徴的に配するという共通点があることになる。仮に最近作の『戦争より愛のカンケイ』に視点を置き、その核にある「雑種」という思想から他の作品群をふり返るなら、そこには、この「雑種」という思想の萌芽的な形が見て取れると言っていいだろう。

「ユダヤ人－アラブ人映画」は、言うまでもなく、フランス映画という複雑な網の目の中に組み込まれている。そこで作品は、相互の影響関係なしには生まれ得ない。種子は果実であり、果実はまた種子でもあるのだ。しかし、今回こうした視点を設定したことで、より鮮明になった事柄も複数あったと言えるだろう。今後も、「ユダヤ人－アラブ人映画」の展開に注視してゆきたい。

結び

本書では、「進行中の歴史」としての「移民映画」と、都市論的に見たパリの出会う地点に、〈パリ移民映画〉を設定した。運動体としての映画が、いかなる意味空間としてパリを構成していったのか、そしてどのような移民的な生が、いかなる空間的位相の中で、構造化、あるいは混成されていったのかを明らかにすること、それが本書のモチーフだったからである。

まず第一章においては、パリが神話化されてゆく過程を振り返った後、「移民映画」の歴史を概観した。「移民映画」は、オイル・ショックを経験する一九七〇年代に急速に拡大し、八〇年代以降は多様な展開を示しながら、今日に至っている。また特に〈パリ移民映画〉という視点に立てば、サッシャ・ギトリの『九人の独身者』(1939)がその第一作と考えられるだろう。

その後、第二〜五章では、『イブラヒムおじさんとコーランの花たち』、『サンドイッチの年』、『オーギュスタン、恋々風塵』(及び「ショワジー門」)、そして『アイシャ』という作品を論じた。

第二章で扱った『イブラヒムおじさんとコーランの花たち』は、一九六〇年代のユダヤ人街を舞台に、アラブ人イブラヒム老人とユダヤ人モモ少年の交流を描いた作品だ。この両者によって生きられる世界は、原作小説では、同じブルー通りに折り重なっていた。しかし映画制作者たちは、この二つの世界を分離し、短い階段で繋がれた二本の並行する通りに振り分ける選択をする。その結果、作品世界の意味はいわば三次元的で濃密な空間に変換されることになったのだ。そして忘れてはならないのは、このパリの九区にある「ブルー通り」が、少年モモの意識の中では、決して「パリ」に属していなかったことだろう。つまり、モモが暮らし、イブラヒムや黒人娼婦たちが行き交うその場所は、きわめて「郊外」的なトポスなのだ。『イブラヒム』の中で作用していた〈場〉の力学は、その意味では、すべて「パリ」内部の「郊外」での事件だったことになる。

第三章においては、パリのユダヤ人街、カデ地区を舞台とする『サンドイッチの年』の分析を試みた。物語の時間的構造には、この作品を現代的な問題と繋ぐ意図があり、また空間的構造は、一方にオーベルヴィリエとサン・クルーという対比を置き、もう一方には、いわば超時間的存在としてのモントロン小公園が据えられるという構造を示していた。後者はここで、ユダヤ性の空間化でもあったはずだ。また「ラビンスキー」という姓の有徴性の分析は、戦後のユダヤ人アイデンティティの内実の検討するという価値を帯びることになった。ヴィクトールの場合について言えば、「生き残った者」として「例外的な宿命」を生きることとは、亡き人の思い出を支えること、そして負の記憶を生の側に反転させる試みでもあっただろう。それがヴィクトールの生きたポスト・ホロコーストだった。しかし、もう一人の「ヴィクトール」とも呼ぶべき『イブラヒム』におけるモモの父親は、結局戦後を生き延びることはできなかった。ショアの記憶は、彼においては答えの出ない責苦であったからだ。この二人の「ヴィクトール」が示す軌跡には、ポスト・ホロコーストを生きるユダヤ人の生の懸隔を見て取ることができるだろう。

第四章においては、『オーギュスタン、恋々風塵』、及び『パリ・ジュテーム』の「ショワジー門」を手掛かりに、中国系、ないしアジア系移民の街である十三区の成立、発展などについて、フィールドワークの成果も援用しながら論じた。このパリの内部にある中華街は、十三区の再開発というパリ行政側の事情と、一九七〇年代におけるアジアの混乱の結果とが出会った時に、いわば瞬間的に発生した空間だ。もちろんその背後には、フランス帝国のアジア侵略の歴史もあったわけだが。また『オーギュスタン、恋々風塵』の主人公二人、オーギュスタンとリン先生が、それぞれポルトガル系、中国系の移民だったことも、忘れてはならない。リン先生がオーギュスタンに向かって、「ここにいると、あなたも外国人ね、わたしみたいに」という時、二人は「パリ」の住民ではありえなかった。この十三区で暮らす移民たちは、みな「それぞれの方法で亡命している」のだ。

第五章では、今や人気シリーズとなった『アイシャ』の第一作に注目した。パリ郊外ボビニーで暮らすアルジェリア系移民家族、その長女であるアイシャは、ボビニーを脱出し、ペリフェリックの向こう側＝「パリ」に行くことを夢見ているが、それはなかなか果たされない。ペリフェリックはここで、越えられない境界として立ち現われる。「パリ」は、したがって不在の中心として、この作品に遍在することになる。

また、特に「パリ」との関係で言えば、本書で扱った四作品の内、前三者はペリフェリックの内側を、『アイシャ』だけは外側を舞台としていた。そしてこの「パリ」の内外という空間的な条件が、作品の質に決定的な影響を与えていたのは確かなことだ。

しかし、こうした現実の地勢とは別のレベルで、本書で扱った移民系の主人公たちは、自分たちが、いわば美的生活の異名とも言うべき「パリ」に暮らしているとは考えていない。アイシャのことは言うに及ばず、モモ、イブラヒム、ヴィクトール、マックス、オーギュスタン、リン先生、彼らの顔を順に思い浮かべるとき、その答えは明らかだろう。モモは、歴史に彩られたヴォージュ広場の傍らのカフェで、こう呟かなかっただろうか、ぼくはパリに住みたい、と。このセリフに込められた苦みとも言うべきものは、濃淡の差はあれ、主人公たち全員に共有されているものだ。彼らはパリに暮らしながら、「パリ」に属してはいない。

そしてこの感情の背後にあり、彼らをその生活条件ごと飲み込んでいるもの、それはフランスが示す排除の論理だと言えるかもしれない。

第三章で触れた通り、革命の理念のもと、フランスは他国に先駆けてユダヤ人の権利を認めた。その行為自体の価値は重大だが、一方フランスにとっては、自らが「発明」した理念を喧伝するのに役立った面もあっただろう。しかし二十世紀、ドイツにパリを占領されたフランスは、フランス市民であるユダヤ人を、いわば供物のようにナチに差し出したのだ。[1]これは、フランスが標榜してきた「合理主義」とは、自国の利益の「合理」的追求だったことを吐露した瞬間だっただろう。しかもその事実を認めるまでには、戦後半世紀を要することになる。

アラブ系移民の場合も、こうした事情とパラレルな要素がある。「栄光の三十年」時代、労働力として歓迎された彼らは、[2]実際戦後フランスの復興に大きな役割を果たした。しかしオイル・ショック以降、フランスの態度は変わってゆく。単純労働が減少する中、今度は彼らの存在が重荷になってきたのだ。家族呼び寄せ以外の移民は禁止となり、その後もフランスの移民政策は、じりじりと強権的な度合いを増していった。

また中国系、ないしアジア系移民の場合についてはどうだっただろう。第一次大戦後、労働力として中国人がフランスに渡った事情については、第四章で詳述した通りだ。また、同じ第四章で登場した十三区のガブリエル・フォーレ高校では、現在、生徒の四〇パーセントが中国系とヴェトナム系で占められているという。[3]

こうしたこと全体から想起されるのは、序章でも引いたこの言葉、「パリの神話性は、現実的な夾雑物を郊外に押しつけることによって保持しえた」[4]だろう。今橋がこう書いたとき、この「郊外」という語の背後には、「パリ」内部の移民街もまた意識されていたに違いない。

取り込まれつつ排除されること。この宙づりの状態は、パリ内部の移民たちにはもちろん、ボビニーに暮らすブアマザ一家にもよく当てはまる。ブアマザ氏はフランスにいて、勤続三十年で表彰される一方、博士号を取得予定である彼の姪ネジマは、そのアラブ的名前ゆえに、インターンシップに参加する機会を得ることさえできない。二世、三世たちの新たな問題は、まだ始まったばかりなのだ。

またこの名前をめぐるアイデンティティの問題は、第六章の「ユダヤ人‐アラブ人映画」で扱った『戦争より愛のカンケイ』においても描出されていた。主人公アルチュールの母親アネットは、戦時中に保護された孤児院で、「コーエン」から「コリン」へ改姓し、さらに戦後に結婚した後は、「マルタン」を名乗ることになる。ここで彼女は二重に自らのユダヤ性を隠蔽することに成功する。こうしたユダヤ人を取り巻く事情の背後にあるのは、今や、ネジマを包囲しているものときわめて近似値的だと言えるのだろう。そう、ロシツキーが指摘した通り、「新しいヨーロッパ」には、複数の「他者」たちがいるのだ。そして彼の分類に従うなら、本論で取り上げた主人公たちは――ポルトガル系のオーギュスタンを除いて――全員、現代における「他者」なのだ。

ただし、第六章で取り上げた七本の作品に関して言えば、それは移民と環境の対峙を踏まえた上で、むしろ移民世界内部の存在論的ダイナミスムの描出に力点が置かれていた。それらの作品群がすべて、パリ内部の移民街か、ペリフェリック沿いの「郊外」をその空間的舞台としていたことは、見落とせない事実だろう。またそれらの作品群からは、たとえば「雑種」を絶対的に肯定するような態度が生まれてもいる。「ユダヤ人‐アラブ人映画」という視点は限定的だが、逆にそこから、このような広範な射程を持つ語彙が生まれてもいる。

では最後に、「共生」というテーマについても触れておこう。これは第一章でもその小史をたどったが、本書で取り上げた映画にも、議論するに十分な要素が埋め込まれている。

まずは、第三章で取り上げた『サンドイッチの年』に関してだ。本文中では触れなかったが、ここで論議のきっかけとして最初に考えてみたいのは、この映画が持つ棘のようなペシミスムについてである。ユダヤ人と非ユダヤ人の共生の不可能性、ペシミスムとはそのことだ。マックスが使う「異教徒」という言葉に、その感覚は集約されているだろう。しかし、そのペシミスムが作品全体を覆っているかと言えば、そうとも言えない。

荷物を持ちあげた拍子にぎっくり腰を発症したマックス。ベッドから離れられなくなった彼は、新入りのヴィクトールに頼るしかなかった。しかし彼らは、ともに「ユダヤ人」なのだ。彼らの間に、暗黙の共感、および「例外的な宿命」を生きねばならない者同士としての信頼があったとしても、驚くには当たらない。目を引くのは、そのしばらく後、杖を頼りにようやく歩けるようになったマックスが、おぼつかない足取りで行きつけのカフェに現れる場面だ。顔なじみの「仲間」たちは口笛を吹き、「幽霊かい?」などとからかい始める。マックスもまた、彼らに悪態をつく。が、そのとき店に満ちている友好的で暖かい雰囲気は、決して否定しようがないものだ。あれほど「異教徒」との断絶を言うマックスが、歩けるようになった途端向かったのが、この「異教徒」であふれるカフェだった。ここでマックスの行為は、自身の言葉を裏切っているように見える。

もちろんそれは、マックスのユダヤ人としてのアイデンティティを傷つけるものではない。繰り返し述べた通り、「彼（IL）」を信じることではなく、ショアで失われた人の思い出を信じること、それが彼にとっての「ユダヤ人」としての生き方の根源に在る。しかしそのように生きることは、「異教徒」と共生することと矛盾するわけではないだろう。ユダヤ人としてのアイデンティティを生きつつ、「異教徒」である「友だち」を持つことは、不可能ではない。

ただしマックス自身は、そのことに気づいていなかったかもしれない。ユダヤ人的アイデンティティを生きることの厳しさと重さの中で、自身の中に在る共生の喜びが見えにくくなっていたのか？おそらく、そういうことだろう。

ではヴィクトールの場合はどうだったか？ 彼はフェリックスとの友情を大切にし、二人の間に越えがたく横たわる経済的格差に気づかず、ほとんど無邪気にフェリックスを愛した。しかし、ある事故をきっかけに、二人の間に「大人」たちが介入した時点で、この友情は実質的には破産する。しかしここで前景化しているのは、宗教的対立ではなく、むしろ経済的格差、いわば階級の違いということなのだ。「異教徒」であるかどうかは、問題になっていない。

ややファンタジックだが、上記のことの証左とも言うべき場面がある。それは映画冒頭の「現在」時においてだ。カーラジオから流れるラジオのニュースを聞いていて、反ユダヤ主義者に攻撃されたのが「ヴィクトール・ラビンスキー氏の店」だと知ったフェリックス社長が、金庫の中から一冊の本を取り出す場面がそれだ。その本、『神曲』の扉には、「ヴィクトールからフェリックスへ 友情をこめて」とサインされているのだ。

無論、現実的ではない。しかしこの場面は、マックスにおけるカフェの場面と同様の価値を持っていないだろうか。つまり、共生への機縁を開く、ということだ。こうした短い場面にこそ、それはひっそりと埋め込まれている。

では、本書で扱った他の作品にも、いわば共生の機縁とでも言うべき鍵を見出すことができるだろうか。その点で忘れることができないのは、『アイシャ』である。

まず何と言っても、主人公であるアイシャ自身が、リザというパリジェンヌの親友を持ち、また物語の中では、パトリックという恋人を得ることになる。ここでわたしたちに想起されるのは、共生をテーマとした他の多くの作品が、「恋人たち」の存在に共生というモチーフそのものを託してきた事実であろう。しかし『アイシャ』には、主人公アイシャ以上に、そうしたベクトル、ないし可能性を指さして見せる人がいる。女性解放の項でもそのラディカルさが際立っていた人物、マダム・ブアマザだ。

ある日ハマムで、近隣の女性たちといつものおしゃべりをしていて、たまたま引っ越しが話題になった時のこと、マダム・ブアマザはその場にいた全員に向かいこう言ったのだ。

住み直すなら、フランス人とじゃなきゃ。アラブもイヤ、アフリカ系もイヤ！

ハマムにどよめきが広がったのは言うまでもない。そしてビウーナの「ラシストになっちゃったの⁉」という叫びに、ママはさらに答えるのだ、「隣人は自分で選びたいの！」と。

この発言、ビウーナの言う通り差別的にも聞こえるこの発言の真意はどこにあるのか？　ここで思い出されるのが、ブアマザ家がロデスまで、アブデルの実家を訪れた場面だ。アイシャの（仮の）フィアンセであるアブデルの父親が、かつてフランス軍に属するアルキだったことが判明した時、ブアマザ氏は憤然として席を立った。こうした彼の遺恨の残し方も、ベンギギが指摘する「化石化」の一種と呼んでいいのだろう。しかし、問題はここから先だ。

自宅に戻り、そこにいたアイシャに向かってブアマザ氏が「アルキの息子とは結婚させられない。考えが違うからな」と言い放った時、ママははっきりとこう言ったのだ、「アルキであってもなくても、みんなフランス人よ」と。

この言葉を、上で引いたハマムでのセリフと併置する時、そこに新たな視界が開けてくる。つまり、二つのセリフに含まれている「フランス人」とは、いわゆる「生粋のフランス人」というような幻想とはまったく異なる概念であり、それはいわば、「アラブ」や「アフリカ系」などというカテゴライズを無化する装置なのだ。実際『きらきらしてる』には、たとえどんなに言い争いをしようと、互いの民族性を揶揄することなど思いもつかない少女たちが登場していたではないか。

マダム・ブアマザの言う「フランス」は、すでに近代国家でさえないのかもしれない。それは彼女なりの語彙で語られた、ある理想化された状態のことだ。「フランス」はここで、共生の異名となる。

かつて『パリ郊外』のカバーにおいて示された一つの想像的イメージ、エッフェル塔の足下にHLMが整列するというイメージは、ちょうど半世紀後、『アイシャ』において現実の映像として再来した。もちろん、『アイシャ』の内的世界には、ペリフェリックという越えがたい境界が立ちはだかり、あの二つのアイコンが象る世界が、融和を果たしているわけではない。それどころか棲み分けは、想像が現実になる過程に並行して、むしろ厳しさを増したようにさえ見える。そうした現実の前で、『アイシャ』に伏流していた共生への機縁は、ひそやかに語られた暗示であり、メッセージ手前の声以上のものではないかもしれない。

本書は、しかし、こうした小さな、しかし多様な声に耳を傾けた記録である。移民映画とパリと。この二つのヴェクトルが出会う地圏に立ち、わたしたちは耳を澄ませてきた。そしてそこにはまだ、聞き取られるのを待っている多くの声が潜んでいる。その声を聞こう。その声は、わたしたちの未来である。

あとがき

東京の下町、大田区池上で過ごした子供時代、夏休みになると、多くの遊び仲間たちが、親たちの「実家」なるものに帰っていった。けれども、大連で生まれ育ち、引揚者として東京に降り立った両親を持つわたしの場合、むろん、帰るところなどなかった。だから夏が来るたび、なにやら取り残されたような気分を味わったものだ。

けれどいつ頃からか、わたしはむしろ、発想を反転させることにした、と言えば聞こえはいいが、実際はそんなに気の利いたものではなく、与えられた状況に対して開き直っただけだったのだろう。わたしは、東京に帰るのだ、ふるさとは東京だ、と考えるようになっていた。それはさびしい小学生にとって、居心地の悪い考えではなかった。

それ以降は、旅行に出かけるような場合でも、特に帰路には、ことさらその「帰る」部分が意識されるようになった。大学生になり、東京の街のあちらこちら、新宿や渋谷、銀座や原宿を知るようになっても、そうした心のベクトルは基本的に変わらなかった。だから、初めてパリに行き、その魅力にヤラレタときでさえ、心のどこかでは、東京を想っていた気もする。

ただ、大学の授業でボードレールを読み始め、詩人とパリの関係がしだいに立体的に感じられるようになってきたとき、わたしのパリに対する思いは変化し始めた。パリ内で二十回引越ししたボードレール。彼にとって、パリは帰る場所だったのではないかと思えたのだ。

大学院に進んだとき、アラゴンの『パリの農夫』を研究することにしたのは、だから、シュルレアリスムへの興味と同時に、パリそのものに近づきたいという気持ちもたしかにあったのだ。パリの迷宮性は、シュルレアリスムの「驚異」と通底しているのではないか。それがそのときの研究テーマだった。

それから二十年ほど経った二〇〇二年、この百年の東京に関わる詩を集めた『東京詩』を刊行した。そしてこのとき、大学院時代の恩師、渡辺義愛先生が、当時の拙い修士論文とつなげて感想をしたためてくださった。これは、自分でも意外なほど嬉しかった。

そして『東京詩』に関しては、もうひとつ嬉しいことがあった。敬愛する吉本隆明さんに、帯文を寄せてもらうことができたのだ。そこには、こうあった。

詩人たちの東京をモチーフとした詩を
東京という〈都市〉の地誌として
作り出そうという試みである

その後、ここでいう「詩」を「映画」に、「東京」を「パリ」に置き換えたものを書けないだろうかと思うようになった。それは一方では、詩と映画が変わらない愛の対象――というのも大げさだが――だったからであり、他方ではパリが、単なる愛着の対象であることを超えて、いわゆる「世界の縮図」の一つに見えていたからだ。そう、具体的な人間の、民族の、混成する文化のディアスポリックな移民性が、パリの「現在」をトポスとして、わたしたちの眼の前で展開している。だから、この街を読むこと、この街を織り上げている糸を解きほぐすことは、たしかに挑戦しがいのある作業なのだ。

二〇一二年に刊行した『エキゾチック・パリ案内』（平凡社）は、そうした挑戦の過程で行ったフィールドワークを生かし、現実としてのパリを歩き回った記録集だ。そして本書『パリ移民映画』は、そうしたすべての準備作業を踏まえ、映画という表象世界とパリが出会う地平において試みられたものだ。逆説めくが、映画は、現実よりもさらに現実的なのだ。

本書の制作が最終段階に差しかかっていた二〇一五年初頭、パリで、世界に戦慄をもたらす事件が起きた。シャルリ・エブド事件だ。

このテロ事件に関しては、すでに多くのインクが費やされ、示唆に富む言葉も少なくなかった。たとえば堀茂樹氏は、ふらんす特別編集『シャルリ・エブド事件を考える』において、「日本では、シャルリ紙への復讐という動機が突出して話題になったが、中東情勢を背景とする反ユダヤ主義の犯行であった点を見逃すべきではないだろう」(「自由な共生のための自由なリミット」)と書いた。

そう、この事件を解く複数のレイヤーの中から、日本でこの文脈が強調されるケースはほとんど見かけなかった。本書においては、たとえば『サンドイッチの年』などに関連して、反ユダヤ主義活動に触れたわけだが、シャルリ事件一つを取ってみても、これが現在進行形の課題であるのは言を俟たないだろう(そうでなければいいのに、という思いはもちろんあるが)。こうした問題を考える上で、たとえわずかでも本書がヒントになることがあれば、それは著者にとって望外の喜びである。

最後になってしまいましたが、本書の作成においては、白水社の鈴木美登里さんに大変お世話になりました。彼女の深い洞察と強力なサポートがなければ、本書が今の形になることはありませんでした。心からお礼申し上げます。また、混成するパリの雰囲気を装丁で表現してくれたデザイナーの清岡秀哉さんにも、この場を借りて礼を申し上げます。ありがとうございました。

二〇一五年初春　東京郊外にて

著者

白水社の本

世はいかにして昭和から平成になりしか

中島岳志、雨宮処凛、能町みね子、清岡智比古 著／管 啓次郎 序文

同じ頃、同じ日本で、少しずつ世代の異なる四人は、まるで違う世界の肌ざわりを感じていた。四つのプライベート・モノローグから、昭和から平成へ向かう混沌の輪郭が浮かび上がる。

シャルリ・エブド事件を考える

［ふらんす特別編集］

鹿島 茂、関口涼子、堀 茂樹 編著

イスラーム、国家、ライシテ、ＬＧＢＴ、ヘイトスピーチ……表現の自由にとどまらぬ争点を浮上させた、パリの風刺週刊紙襲撃テロ事件。「フランスの９・11」ともいわれる事件を三十名におよぶ識者が緊急レポート。

［鼎談］鹿島 茂＋伊達聖伸＋堀 茂樹　［執筆者］小倉孝誠／清岡智比古／野崎 歓／澤田 直／他

〈明治大学人文科学研究所叢書〉

著者略歴
清岡智比古（きよおか・ともひこ）
明治大学理工学部総合文化教室教授
専門はフランス語・フランス語圏の文化・都市映像論
主要著書
「フラ語シリーズ」（全5冊、白水社）、『東京詩——藤村から宇多田まで』（左右社）、『エキゾチック・パリ案内』（平凡社新書）、詩集『きみのスライダーがすべり落ちる　その先へ』（左右社）

パリ移民映画
都市空間を読む　1970年代から現在

二〇一五年三月二〇日　印刷
二〇一五年三月三〇日　発行

著　者 © 清　岡　智　比　古
発行者　及　川　直　志
印刷所　株式会社　三　陽　社
発行所　株式会社　白　水　社

東京都千代田区神田小川町三の二四
電話　営業部〇三（三二九一）七八一一
　　　編集部〇三（三二九一）七八二一
振替　〇〇一九〇‐五‐三三二二八
郵便番号　一〇一‐〇〇五二
http://www.hakusuisha.co.jp

乱丁・落丁本は、送料小社負担にてお取り替えいたします。

誠製本株式会社

ISBN978-4-560-08432-8
Printed in Japan

▷本書のスキャン、デジタル化等の無断複製は著作権法上での例外を除き禁じられています。本書を代行業者等の第三者に依頼してスキャンやデジタル化することはたとえ個人や家庭内での利用であっても著作権法上認められていません。

註

はじめに

(1)　Carrie Tarr, « *Beur women in the banlieue : Les Histoires d'amour finissent mal en général and Souviens-toi de moi* » , *Reframing difference: Beur and banlieue filmmaking in France,* Manchester University Press, 2005, p.86.

(2)　渋谷哲也「ステレオタイプからの脱却」、『上智大学ヨーロッパ研究所研究叢書第2号・ヨーロッパ映画における移民たち』上智大学ヨーロッパ研究所、2008年、166頁。

(3)　必ずしも「移民映画」ばかりを扱っているわけではないが、Catherine Gaston-Mathe, *La Société française au miroir de son cinéma,* Le Cerf, 2001. などは、その一例と言えるだろう。

(4)　フランス映画研究、中でもポスト・コロニアルな視点からの「移民映画」研究——「ヌーヴェル・ヴァーグ」や「詩的レアリスム」の研究ではなく——は、1980年代半ば——それはベネディクト・アンダーソンの *Imagined Communities*（「想像の共同体」）（1983）が発表された時代でもある——以降今日まで、イギリスに拠点を置く研究者が主導してきた面がある。こうした状況を決定づけたのは、2000年、フィル・ポーリーらが中心となり *Studies in French Cinema* がイギリスで創設され、同時に学会誌の刊行も始まったことだったかもしれない。また、たとえば2013年末には、やはりポーリー編集による4巻の論文集成、*French Cinema, I〜IV, Routledge,* 2013 が刊行されたが、その中の「郊外映画」という項目に論文を寄せているのも、キャリー・ター（註1参照）やウィル・ヒグビーというイギリスの研究者たちである。（この集成に「移民映画」という項目はない。）こうした状況は、いわゆる「ブール文学」の研究にも表れており、「[…]フランス本国よりもむしろ合衆国、英国で活発に進められている」（石川清子「出奔するマグレブ系「移民第二世代」の娘たちの物語とテリトリー：レイラ・セバールの八〇年代の小説を中心に」、『静岡文化芸術大学研究紀要1』、2000年、15頁）という。

(5)　今橋映子「19世紀パリ論の成立」、『都市と郊外』（今橋編著）NTT出版、2004年、56頁。

(6)　日本では1960年代から都市論、特に東京論が興隆したが、そこで「郊外」が焦点化されるのは、やはり1990年前後からだった。東京における「郊外」の発見については、拙著『東京詩』左右社、2009年、312-317頁、参照。

(7)　註1に引いたキャリー・ターや、ウィル・ヒグビーらの研究がある。（Will Higbee, *Post-beur Cinema: North African Émigré and Maghrebi-French Filmmaking in France since 2000,* Edinburgh University Press, 2013.）

(8)　David B. Clarke（edit.）, *The Cinematic City,* Routledge, 1997. や Mark Shiel, Tony

Fitzmaurice (edit.), *Cinema and the City: Film and Urban Societies in a Global Context,* Wiley-Blackwell, 2001. などがある。

(9) 本書においては、日本未公開の作品のタイトルは、直訳に近い形で訳語をつけ、初出の際にオリジナル言語表記を付した。

(10) 第四章においては、比較考察の対象として、「ショワジー門」(2006) も取り上げる。ただしこれは5分ほどの掌編であり、上記のリストには加えていない。

(11) *The Mobility of Labor and Capital: A Study in International Investment and Labor Flow,* Cambridge University Press, 1988. (『労働と資本の国際移動——世界都市と移民労働者』森田桐郎ほか訳、岩波書店、1992年), *Guests and Aliens,* Norton, 1999. など。

(12) Yosefa Loshitzky, *Screening Strangers,* Indiana University Press, 2010, p.45.

序章

(1) 詳しくは、拙論「『アイシャ』論のために——パリの境界の変遷 (1) / (2)」明治大学教養論集通巻487号、2012年、pp.57-88. /pp.89-122. 参照。

(2) Renaud Gagneux, *Sur les traces des Enceintes de Paris,* Laurence Solnais, 2004, pp.8-9.

(3) ただし「ローマ時代の城壁」に関して言うなら、これはあくまでシテ島だけを要塞化して、「外敵」の来襲に際してはそこに逃げ込んでしまおうという意図のもとに造られたのであり、「パリ」という街を守る城壁とは言い難い面もある。

(4) 第五章の「ボビニー小史」の項参照。

(5) 七月王政については、もちろん、私利に聡い政治家たちが、王政というシステムを利用しようとした、とも言えるだろう。

(6) ただし「パリ市民の間では、これはパリの民衆騒乱にそなえるためではないかという疑惑」(喜安朗『パリの聖月曜日』平凡社、1982年、27頁) が広がったという。

(7) 予算計上は1841年度分であり、そちらを建設開始年としている資料も少なくない。本書では、Renaud Gagneux, *op.cit.* に従い、実際の工事開始時に合わせた。

(8) 稜堡の凹凸を正確にたどるなら、それは39kmに及ぶ。

(9) これは後に元帥 (マレショー) 大通りに生まれ変わるだろう。

(10) この帯状の土地に、将来ペリフェリックが建設されることになる。

(11) ティエールの城壁については、Renaud Gagneux, *op.cit.,* pp.186-193. による。

(12) 喜安朗、前掲書、245-251頁。

(13) パリの行政区に関わる以下の部分は、Alfred Fierro, *op.cit.* と、Danielle Chadych, Dominique Keborgne, *op.cit.* に多くを負っている。

(14) 当時左岸は、サン=ジェルマン=デ=プレ、サント=ジュヌヴィエーヴという、2つの大修道院の所有地だった。また、パリの「4分の1」を意味するquartから派生したquartierという単語が、やがては「街区」そのものを意味するようになってゆく。

(15)　ミディ大通りは、オピタル大通りなどを含む大通り群の総称。そのルートは、ルイ13世が定めたルートをわずかに拡大したものだ。ただし現在では、「ミディ大通り」という括りは使われていない。
(16)　日本では「革命」ではなく、「蜂起」とされることが多い。それはおそらく、民衆が帝政を倒したのは事実だとしても、その後に出来上がった臨時政府のメンバーが、実質的に帝政時代とほとんど同じ顔触れだったからなのだろう。
(17)　第5章の「ボビニー小史」の項参照。
(18)　この急激な人口増の背景には、1860年のパリ拡大があった。この時、40万人近い人口がパリに編入された。
(19)　ただしビスマルクは、違う方針を持っていた。
(20)　休戦直前の1月18日、プロイセン王ヴィルヘルム1世は、ヴェルサイユ宮殿鏡の間で戴冠式を行い、皇帝となった。ドイツ帝国が成立したのだ。
(21)　新政府は「帝政の生き残り」ではなかったものの、革命派でもなかった。
(22)　この瓦解の翌々日、マルクス（Karl Marx, 1818-1883）はよく知られた「フランス内乱」という文章を発表する。そこで彼はこう書きつけた。「労働者のパリ、ならびにパリのコミューンは、新たな社会の光輝ある先駆者として永遠に讃えられるであろう。その殉教者たちは、労働者階級の偉大な胸の内に大切に祭られている」（『マルクス・コレクションⅥ』、辰巳伸知訳、筑摩書房、2005年、65頁）。ここで言う「殉教者」、つまり「血の1週間」での死者は、3万人に達すると言われている。
(23)　代表作は、1823-27年に発表された *Histoire de la Révolution française.*
(24)　松井道昭『フランス第二帝政下のパリ都市改造』日本経済新聞社、1997年、34頁参照。
(25)　第一章の「共生と「郊外映画」」参照。
(26)　戦乱を避けて地方に疎開したのは、それが可能な富裕層だった。
(27)　Renaud Gagneux, *op.cit.,* p.193.
(28)　Alfred Fierro, *Histoire et Dictionnaire de Paris,* Robert Laffont, 1996, p.1199.（拙訳）
(29)　この跡地の利用計画とその実際については、Jean-Louis Cohen; André Lortie, *Des fortifs au périf,* Picard, 2000. に詳しい。
(30)　ピエール・サルドゥー（Pierre Sardou, 1873-1952）設計による日本館は、薩摩治郎八（1901-76）の寄付により、1929年に竣工している。
(31)　松井道昭、前掲書、2頁。
(32)　中島智章『パリ　名建築で巡る旅』河出書房新社、2008年。

第一章

(1)　松井道昭、前掲書、2頁。また松井は、城壁の持つアンビヴァレントな性格——都市を守護すると同時に、その成長を阻害する——をも指摘している（同書、第1章参照）。
(2)　港千尋『パリを歩く』NTT出版、2011年、188頁。傍点は引用者による。

(3)　序章を参照。
(4)　今橋映子「19世紀パリ論の成立」、『都市と郊外』（今橋編著）NTT出版、2004年、56頁。
(5)　同上。
(6)　前述の意味で、ここにもレチフの名を加えることができるだろう。
(7)　*Les Lettres francaises 4,* 上智大学仏語仏文学会、1984年、72-73頁に概要。
(8)　フランス語版のwikipediaのla catégorie « Film se déroulant à Paris »（パリを舞台とした映画作品）という項目には、2015年3月12日現在、631本の映画がリストアップされている。しかしそれも完全なものとは言えない。また日本語版では、222本にとどまっている。
(9)　ただし、「郊外映画」という項目は立てられている。「はじめに」の註4参照。
(10)　中条省平『フランス映画史の誘惑』（集英社、2003年、94-95頁）によれば、「キネマ旬報」の批評家投票において、『巴里の屋根の下』は1931年度の第2位、『巴里祭』は1933年度の第2位である。
(11)　同上、80頁。
(12)　今橋、前掲書、193頁。
(13)　ラッセル・キング『移住・移民の世界地図』丸善出版、2011年、11頁。
(14)　同上。
(15)　『移民の一万年史』ギ・リシャール監修、藤野邦夫訳、新評論、2002年、5頁。（執筆者はギ・リシャール）
(16)　1980年代に登場したbeurというフランス語は、元来arabeの音を転倒させて作られた語であるが、それは一般に、フランスで生まれたアラブ系二世以降の人たちを指すという。（Abdelkarim Tengour, *Tout l'argot des banlieues : Le dictionnaire de la zone en 2 600 définitions,* Opportun, 2013, pp.67-68.）ただし本書においては、煩雑さを避けるため、この語は使用しない。
(17)　この歴史の考察については、主に、Carrie Tarr, *Reframing difference: Beur and banlieue filmmaking in France,* Manchester University Press, 2005、Natacha Laurent (dir.), *Étrangers d'ici,* Pivot, 2012、Michel Cadé, *L'Écran Bleu,* Presses Universitares de Perpignan, 2004. 及び以下の3論文、① Amal Bou Hachem, « L'immigré dans la cinéma français : imaginaire, identité, représentation », Gris 2004.　② Yvan Gastaut, « La figure de l'immigré dans le cinéma français depuis les années 70 », le Musée national de l'histoire et des cultures de l'immigration HP, 2012.　③ Julien Gaertner, « Aspects et représentations du personnage arabe dans le cinéma français 1995–2005, retour sur une decenni. », Confluences Méditerranée 4, 2005. さらに国立歴史移民館（La Cité nationale de l'histoire de l'immigration）のHPなどを参照した。①〜③論文のサイトは以下の通り。
① http://www.ceaq-sorbonne.org/node.php?id=1121&elementid=799,
② http://www.histoire-immigration.fr/des-dossiers-thematiques-sur-l-histoire-de-l-immigration/la-figure-de-l-immigre-dans-le-cinema-francais-depuis-les-annees-soixan,
③ http://www.cairn.info/revue-confluences-mediterranee-2005-4-page-189.htm#no107,

（すべて 2013 年 8 月 11 日）

(18)　11 分の短編無声映画。Giorgio Bertellini は、その著 *Italy in Early American Cinema: Race, Landscape, and the Picturesque,* Indiana University Press, 2009, pp.189-196. において、初期アメリカ映画におけるイタリアのイメージを探す過程で、いわゆる「悪漢もの」に関連して、この映画に言及している。タイトルになっている *The Black Hand* とは、当時のイタリア系マフィア組織の名前である。

(19)　この点については、Peter Kobel, *Silent movies : the birth of film and the triumph of movie culture,* Little, Brown, 2007, p.37 において、「*The Italian* はきわめてリアリスティックな作品であり、だからこそフランシス・フォード・コッポラは、『ゴッドファーザー II』の準備期間中に、*The Italian* を研究したのだ」（拙訳）との指摘がある。同書によれば、撮影自体はカリフォルニアで行われたという。また Giorgio Bertellini, *op.cit.,* pp.216-226 においても、『ゴッドファーザー II』を踏まえた詳細な作品分析が行われているが、『ゴッドファーザー II』以前の 1964 年に刊行された Maurice Bardèche, Robert Brasillach, *Histoire du cinéma, Tome 1,* Les Sept Couleurs, 1964, p.97. においては、単に同時代のソ連映画に比べると面白みに欠けると短く指摘されるのみである。

(20)　*The Italian* においても、ゴンドラの漕ぎ手だった主人公が船でニューヨークに到着する際、あれが自由の女神だと教えられる場面がある。また、『ゴッドファーザー II』の冒頭においても、自由の女神を含むニューヨークと、ナポリの港を空間的につなげた背景幕が登場する。

(21)　註 17 の①の論文。またミッシェル・カデは、フランスではきわめて作品が少ない「労働者映画」の一作として、『トニ』を論じている。(Michel Cadet, *op.cit.,* pp.82-83.)

(22)　Jean Renoir, *Écrits[1926-1971]*, Ramsay, 2006, p.318. 訳文は、『ジャン・ルノワール エッセイ集成』野崎歓訳、青土社、1999 年、311 頁によった。

(23)　ドキュメンタリとしては、『トニ』に先立つ 1932 年、ジャン゠クロード・ベルナール（Jean-Claude Bernard, 生没年不詳）監督による *Terre soumise* が制作されている。これはアヴェロン県のダム建設現場で働く外国人労働者を記録したものであるという。ただし本書では、フィクション作品を中心に扱うことにしよう。

(24)　ただし、パリの持つ固有の「都市性」とでも言うべきものは、ここではまだ意識されていない。

(25)　Natacha Laurent (direction), *op.cit.,* p.134.（拙訳）

(26)　1951 年には、ラ・グランド・モスケ・ドゥ・パリや、ボビニーの在仏ムスリム病院――第五章で扱う *Les Hommes libres*（2011）の主人公は、ここに入院していたという設定である――などを捉えた *A l'ombre de la mosquée*（1951）が制作されているが、このわずか 4 分ほどの作品もドキュメンタリであり、本書では扱わないこととする。

(27)　中条、前掲書、130 頁。

(28)　ネグリチュード運動の中で生まれた雑誌、「プレザンス・アフリケーヌ」は、1947 年にパリで創刊されている。

(29) リエーヴ・スパースは、「サブサハラ諸国の中では、最初に映画を制作したのも、また最初に国際的注目を集めた作品を作ったのも、セネガルだった」と指摘してる。(Lieve Spaas, *The Francophone film,* Manchester University Press, 2000, p.172.)

(30) この *Soleil Ô* がロカルノ映画祭で金豹賞を獲得したのは、1970年のことだった。また、ドキュメンタリ作品も含めると、ジャック・クリエ(Jacques Krier, 1926－2008)監督の *Ouvriers noirs de Paris*(1964)が、*Afrique sur Seine* に続くアフリカ映画作品だと言えよう。

(31) このタイトルは、「宿命」を意味するアラビア語。ロシュディ・ゼム主演で制作されたブールラン・ゲルジュ(Bourlem Guerdjou, 1965-)監督の *Vivre au Paradis*(1997)は、このビドンヴィルでのアルジェリア移民の生活を描いている。また、戦前から戦後にかけてのアルジェリア人3兄弟の運命を描いた *Hors-la-loi*(2010)においても、母親と末弟がフランスで最初に住みつくのはこのビドンヴィルだった。マグレブ系移民にとって、パリ北西郊外に位置するナンテールのビドンヴィルは、特別な記憶をまとう場所である。

(32) この作品は1969年制作だが、本書では「1970年代」に含めることにしよう。実際ミッシェル・カデは、労働者――そこには当然移民も含まれる――を扱う映画が「1968年前後」、つまり五月革命の時期に急激に増えたと指摘している。(Michel Cadé, *op.cit.,* p.41.)

(33) キャリー・ターによれば、この時代のアラブ系の映画制作者たちは、メルザック・アルアーシュ(Merzak Allouache, 1947-)ら数人を除き正規の映画技術に関する教育を受けておらず、その作品は、さまざまなスタイルを用いることなく、ドキュメンタリ風に仕上げられる傾向が強いという。(Carrie Tarr, «Voices from the Maghreb », *op.cit.,* pp.188-189.)

(34) ドキュメンタリ作品も含めるなら、註26でも触れた1951年の *A l'ombre de la mosquée* を挙げることができる。

(35) 註17の②の論文。

(36) 註17の①の論文。

(37) 拙著『エキゾチック・パリ案内』平凡社新書、2012年の、III-10を参照。

(38) この作品は、もともと *La Décharge* というタイトルで発表されたものである。しかしその作品がフランス政府の検閲により上映を禁止されたため、タイトルと内容の一部を改変して、新たに *La ville bidon* が編集された。

(39) シュルレアリスト・ブニュエルのこの作品については、「ルイス・ブニュエル試論:三人の〈あいまいな女〉たちをめぐって」において、ヒロインのアイデンティティの揺らぎについて論じた。(『駿河台大学論叢(11)』駿河台大学、1995年、113-135頁)

(40) 前出の『ジャン＝ポール・ベルモンドの恐怖に襲われた街』の冒頭、最初の女性犠牲者が発生する高層マンションも、ラ・デファンス地区のビル群の一棟だった。また彼女が助けを求めたのも、ラ・デファンス地区担当の警察署である。

(41) 原作は、ロマン・ガリー（Romain Gary, 1914-1980）がエミール・アジャール名義で発表した同名小説（*La vie devant soi,* Gallimard, 1975）であり、その年のゴンクール賞を獲得している。（日本語版は『これからの一生』荒木亨訳、早川書房、1977 年）

(42) ローザ役を演じるのは、ユダヤ人女優であるシモーヌ・シニョレである。彼女はルネ・クレマン（René Clément, 1913-1996）の *Le Jour et l'heure*（1962）などにおいても、ユダヤ人役を演じている。

(43) 同章の註 99、及び第六章を参照。

(44) 撮影はマルヌ＝ラ＝ヴァレで行われたが、作中、この地名は明らかにされない。ただ冒頭に映し出されるのは、ペリフェリックであろう。

(45) 監督のアラン・ジェシュアは、番犬をアラブ人やゲイを攻撃するように調教していた男のニュースから、この映画を着想したと言う。（Grégory Cavinato, « Chefs d'œuvre oubliés...*Les Chiens* », Action-Cut. http://www.action-cut.com/critiques/chefs-doeuvre-oublies-les-chiens/, 2013 年 8 月 11 日）映画内で最初に犬に襲われるのは、アフリカ系の黒人移民である。

(46) この作品の後、フランス生まれではなく、アフリカから移民してきた労働者たちに焦点を当てた作品としては、ニコラ・クロッツ（Nicolas Klotz, 1954- ）監督の *La Blessure*（2004）を待たねばならない。この作品は、ジャン＝リュック・ナンシー（Jean-Luc Nancy, 1940- ）の *L'Intrus*（『侵入者――いま「生命」はどこに？』西谷修訳編、以文社、2000 年）に着想を得たと言う（« Entretien avec Nicolas Klotz et Elisabeth Perceval »、DVD 付録のパンフレットに収録）。

(47) その後 1980 年代中頃、アルジェリアに生まれフランスに亡命したアブデルクリム・バフルール（Abdelkrim Bahloul, 1950- ）が監督したコメディ、*Le Thé à la menthe* は、こうした流れの中では特別な存在である。バルベスを舞台とし、なんとかパリで生きていこうとする主人公は、陽気で、都会慣れしたアルジェリア系の若者だ。彼は最終的には、母親に説得されてアルジェリアに帰ることに同意することになる。しかし彼は、キャリー・ターの言葉を借りるなら、パリで「犠牲者としてではなく」生きていこうと試みた、最初の映画的人物だったと言えよう。（Carrie Tarr, « Voices from the Magreb : from *Le Thé à la menthe* to *La Fille de Keltoum », Reframing difference — Beur and banlieu filmmaking in France,* Manchester University Press, 2012, p.191.）

(48) 註 17 の①の論文。

(49) この時代に始まる移民系の登場人物たちによるコメディ映画は、たとえば、2012 年度にフランスで収益率トップだった *Les Kaïra* などへと続いていると言えるだろう。（http://www.bfmtv.com/economie/exclusif-tops-flops-cinema-francais-2012-417342.html）パリ郊外ムランの HLM を舞台としたこの映画は、主人公の内 1 人がアラブ系（Medi Sadoun）であるだけでなく、「移民性」がきわめて強く感じられる〈パリ移民映画〉である。後出の『憎しみ』と設定が似ていることから、両者は比較されることも多い。また、この 1980 年代に現れたアラブ系、ないしアラブ移民 2 世たちを描いた作品を、「アラブ映画（cinéma beur）」と呼ぶ

ことがある。この流れは、90年代中頃に現れる「郊外映画」へと受け継がれてゆく。II-4）の「共生と「郊外映画」」参照。

(50) 中条、前掲書、140頁。またロビン・バスは、フィルム・ノワールの特質として、「都会を舞台とし、その主題は暴力であり、その基底にあるエートスは[…] シニスムである」（拙訳）としている。この舞台が「都会」という指摘は重要だろう。（Robin Buss, *French Film Noir,* Marion Boyars, 1994, pp.7-8.）

(51) 1980年代の作品については、「ネオ・フィルム・ノワール」と呼ばれることもある。

(52) 「バランス」とは「密告者」のこと。

(53) ロビン・バスは、フレンチ・フィルム・ノワール101本の詳細なリストを提示しているが、ここで列挙した作品の内、バスのリストに含まれているのは『愛しきは、女 ラ・バランス』と *Police* のみである。（Robin Buss, *op.cit.,* pp.155-216.）

(54) 刑事を演じるのは、フィリップ・ノワレ、ティエリ・レルミットゥ、ジェラール・ドパルデューなど、ヨーロッパ系白人がほとんどである。例外は、『愛しきは、女 ラ・バランス』や *L'Union sacrée* に出演しているアラブ系のリシャール・ベリであるが、彼は実際のところ、「見てわかる（ヴィシブル）」マイノリティではない。

(55) Juliette Minces, « Sont-ils tous des délinquants ? », *Grand Magreb, Image (s) du magrébin dans le cinéma français, 57,* 1989, pp.26-31.（cité par Carrie Tarr, *op.cit.,* pp.9-10.）またオースチンによれば、ミッテラン政権下にあったこの1980年代には、ラング文化相の指導のもと、フランスの歴史を扱う映画の制作が推奨されたという。（Guy Austin, *Comtemporary French Cinema,* Manchester University Press, 1996, pp.141-143.）この背景には、フランスの、国家としてのアイデンティティ危機があったと考えられよう。

(56) キャリー・ターも、この『チャオ・パンタン』について、「異民族間の男の友情というテーマ」を扱っている点に注目している。（Carrie Tarr, « Questions of identity in *beur* cinema », *op.cit.,* p.29.）

(57) 映画内にはもう1グループ、ヨーロッパ系白人からなる「ネオ・ナチ」（"Justiciers"）も登場する。また、売春婦たちの民族もさまざまである。

(58) アラブ系移民は主に「栄光の30年」の期間に、アフリカ系移民は主に「アフリカの年」以降に、そしてヴェトナム系はヴェトナム戦争後に流入した。一般的に言って、ベルヴィルなどの移民街は、いわゆる「郊外」よりも住民の移民率が高いと考えられる。また特にヴェトナム系移民のフランスへの流入については、第四章を参照。

(59) 後述する『憎しみ』が、「郊外映画」という新生面を切り開いたのは、1995年だった。この作品と年号は、常に意識しておく必要があろう。

(60) ただし、グザヴィエ・ボーヴォワ（Xavier Beauvois, 1967- ）監督の *Le Petit Lieutenant*（2005）においては、主任刑事を演じる同じロシュディ・ゼムが、モロッコ系のあなたはすんなり警察組織に受け入れられたのかと問われ、自分と働

くことを拒否した刑事がいたと回想する場面がある。特にマグレブ系移民にとって、フランス社会に地歩を築くのは簡単だったわけではないし、その状況は今も続いている。第五章参照。

(61) ブノワ・スミスは、Critikat.com 上の映画評において、*Beur sur la ville* というタイトルが、前出の『ジャン＝ポール・ベルモンドの恐怖に襲われた街』(*Peur sur la ville*) を意識しているはずだと指摘している。(http://www.critikat.com/Beur-sur-la-ville.html,)(2013 年 8 月 11 日) これは疑いないところだろう。

(62) マルシャル監督のデビュー作、『ギャングスター (*Gangsters*)』(2002) は、移民街 18 区を舞台としていた。主演は『チャオ・パンタン』のリシャール・アンコニナ。

(63) グット・ドール地区の成り立ちについては、拙著『エキゾチック・パリ案内』(平凡社新書、2012 年) の III－10 を参照。また映画に登場するレストラン「シェ・アイダ」は、実在のセネガル料理店である。

(64) この作品には、アフリカから来た「聖人」が 13 区の中華街に迷い込みかける場面がある。パリ移民街の多層性が、一瞬とはいえ、鋭く立ち上がる。

(65) 主題歌もまた、シャルル・トレネ (Charles Trenet, 1913－2001) が戦前に歌った「メニルモンタン (Ménilmontant)」である。

(66) réalisme と idéalisme を合成した néo-irréalisme という術語を提唱したリュック・ムーレは、その代表例の 1 本として、本作を挙げている。白人の社長と黒人の家政婦の結婚というおとぎ話的「理想」と、その二人を取り巻く社会学的「現実」が、並行して描かれているという指摘である。(Luc Moulet, « Le Néo-irréalisme français », *Cahier du cinéma, 475,* 1994, pp.48-49.) 第六章の註 2 も参照。

(67) この結末に対してはナイーヴであるとの批判も少なくなかった。しかしウィル・ヒグビーは、「文化的アイデンティティ」や「社会的立場」を決定する「複雑なネットワーク」が描き出されている点で、この批判は不当だと主張してる。(Will Higbee, «The Return of the Political, or Designer Visions of Exclusion ? », *French Cinema, I～IV*, Routledge, 2013, tome III, p. 280.)

(68) 監督は、第 1 作目 (1998) のみジェラール・ピレス (Gérard Pirès, 1942-)、2～4 作目 (2000, 2003, 2007) は、ポーランド系フランス人のジェラール・クラヴジック (Gérard Krawczyk, 1953-) が担当した。

(69) 彼の愛用している T シャツは、やはりベルベル系であるジネジーヌ・ジダンのユニフォームのレプリカである。しかし、キャリー・ターが指摘する通り、ナセリはこのシリーズのヒットにより、アラブとしての有徴性から離れた役ももらえるようになった。(Carrie Tarr, « Introduction―beur filmmaking », *op.cit.,* p.13.) 同章の註 86 参照。

(70) 以下「郊外映画」として言及する映画においては、必ず HLM が映し出される。エッフェル塔が「パリ」のアイコンであるように、HLM が「郊外」のアイコンであるのはまちがいない。これは単純だが重要なポイントである。HLM の成り立ちなどについては、第五章参照。

(71) 『憎しみ』については、Ginette Vincendeau, *La Haine:French Film Guide,*

I.B.Tauris, 2005 や、Will Higbee, ***Mathieu Kassovitz,*** Manchester University Press, 2006 などを含め、膨大な先行研究がある。特に、Yosefa Loshitzky, « Intifada of the Banlieues », *Screening Strangers,* Indiana University Press, 2010. においては、『憎しみ』におけるポスト・ホロコーストのユダヤ人像の在り方という視点で、詳細な分析がなされている。

(72)　第一章参照。

(73)　2001 年、紛れもない「郊外映画」、『ウェッシュ、ウェッシュ、何が起こっているの？』を制作したラバ・アメール＝ザイメッシュは、あるインタヴューで自作についてこう語っている。「（自作が）『郊外の映画』というレッテルを貼られることに何の問題もありません。すぐれて大衆的映画です。フランス映画の偉大な傑作の何本かは郊外を舞台にしています。例えば、ジャック・ベッケルの『肉体の冠』（1952）が挙げられるでしょう（カッコ内引用者）」http://www.institut.jp/fr/evenements/8568（2013 年 8 月 11 日）。ただし、『肉体の冠』の舞台は「小郊外」のベルヴィルであり、狭義の「郊外映画」に加えることはできない。

(74)　Martin O'Shaughnessy, *The New Face of political Cinema,* Berghahn, 2007, p.71.

(75)　リシェは 2 年後、やはり郊外（モー）を舞台とした *Ma 6T va crack-er*（1996）を制作する（註 85, 89 参照）。またその後はフィルム・ノワールにも進出し、『ジャック・メスリーヌ フランスで社会の敵（パブリックエネミー）No.1 と呼ばれた男』（2008）の監督も務めている。

(76)　註 17 の③の論文。

(77)　Carole Milleliri, *« Le cinéma de banlieue : un genre instable »,* Mise au point 3, http://map.revues.org/1003,（2013 年 8 月 11 日）

(78)　舞台はパリ南郊のヴィトリー。とりわけ、セーヌ河にかかる Pont du port à l'Anglais 周辺である。

(79)　このタイトルは、Laisse tomber.（放っておけ）の俗語的表現。舞台はパリ北郊、セーヌ＝サン＝ドニ。キャリー・ターは、この作品もまた、「異民族間の男の友情」をテーマとしていることを指摘している。同章の註 56 参照。（Carrie Tarr, « Questions of identity in beur cinema », *op.cit.,* p.29.）

(80)　小説家メディ・シャレフが、自身の小説（*Le thé au harem d'Archi Ahmede*）を映画化した作品。この風変わりなタイトルは、書き取りの授業中、ある生徒が「アルキメデスの原理（Le théorème d'Archimède）」を、le té au arem darchimede と誤答してしまうことから来ている。この答えをわずかに変えると、「アルシメッドのハーレムでお茶を（*Le thé au harem d'Archimède*）」となるのだ。マグレブ系移民にとっては、こうした学業の不振そのものが、「アイデンティティにさえなる」という（石川清子、前掲論文、24 頁）。また、主人公であるヨーロッパ系とアラブ系の少年たち二人の間の友情は、やや反社会的な形ながら、共生の可能性と無縁ではないだろう。アラブ系の少年が、ユダヤ系の少女と行きずりの関係を持つシークエンスもある。

(81)　舞台はパリ東郊のバニョレ。冒頭、主人公が到着するのはガリエーニ駅である。

(82)　舞台はパリの北東20キロ、グーサンヴィルである。この作品は、*Douce France*（1995）や、サルセルの旧HLM、レジダン・モザールに暮らすユダヤ人やアラブ人たちを描いた *Voisins, voisines*（2004）と合わせて、シバンヌの「郊外3部作」を形成している。サルセルに関しては、同章の註86を参照。

(83)　ここでミルリニが示しているリストには、以下のような作品を加えることができる。

- 1983年　*Rue barbare* / ジル・ベア（Gilles Béhat, 1949- ）
- 1991年　*Carne* / ギャスパール・ノエ（Gaspar Noé, 1963- ）
- 1993年　*L'argent fait le bonheur* / ロベール・ゲディギアン（Robert Guédiguian, 1953- ）

(84)　舞台はローヌ県ヴェニシューの巨大シテ、レ・マンゲットである。HLMが林立する。

(85)　舞台は、監督の出身地であるパリ東北郊のモー。

(86)　舞台はパリ北郊、サルセル郡ガルジュ＝レ＝ゴネスにある巨大シテ、ダム・ブランシュである。「犯罪多発地区」として知られるが、この作品自体はコメディである。主役のサミー・ナセリは、後の『タクシー』シリーズでの雰囲気に比べ、はるかにアラブ色が強い麻薬のディーラー役を演じている。またヒロイン役のタバサ・キャッシュは、パリ郊外の生まれで、イタリア人の父親とアジア系の母親を持つが、映画内ではアルジェリア系女性を演じている。

(87)　舞台はパリ北郊サン＝ドニである。

(88)　舞台はアルザス地域圏ミュルーズのコトー地区である。

(89)　通常のフランス語で表記するなら、Ma cité va cracker. となろう。舞台は、前作 *État des lieux* と同じモーである。監督はユニ・フランスのインタヴューにおいて、「ヒップ・ホップ音楽の構造」を持った映画だと説明している。http://www.unifrance.org/film/15098/ma-6t-va-cracker（2013年8月14日）

(90)　舞台はパリ東北郊パンタンである。

(91)　舞台はパリ郊外だが、その場所は特定できないように作られている。

(92)　舞台はマルセイユ郊外である。

(93)　Carrie Tarr, «Ethnicity and Identity in the *cinéma de banlieue* », in Phil Powrie (ed.), *French Cinema in the 1990s,* Oxford University Press, 1999, pp.172-174. またターは別の論文において、この時期のアラブ映画には若い女性を主人公とした作品がほとんどないことを指摘している。(Carrie Tarr, «Beur women in the banlieue : Les Histoires d'amour finissent mal en général and Souviens-toi de moi », *Reframing difference: Beur and banlieue filmmaking in France,* p.87.）この点については、第五章で再び触れる。

(94)　サルセルにある「リトル・エルサレム」は、「フランスで最大級の、そして最もよく組織されたユダヤ人コミュニティのひとつ」(Carrie Tarr, « Diasporic Women Film-Makers in Western Europe », in Daniela Berghahn, Claudia Sternberg (ed.), *European Cinema in Motion,* Palgrave Macmillian, 2010, p.179）だという。同章の註86も参照。

(95)　撮影は、ボンディーのヌ・カイエ地区にあるHLMで行われた。

(96)　19世紀後半に行われたパリ改造以来、低所得層はパリ中心部から締め出された。セドリック・クラピッシュ（Cédric Klapisch, 1961- ）監督の『パリ（*Paris*）』（2008）には、「パリはますます金持ちのものになってゆく」というセリフがある。第一章参照。

(97)　彼女は *Il reste du jambon ?* や *Comme t'y es belle !*（2006）にも、ユダヤ人役として出演している。

(98)　同章の註40を参照。ラ・デファンスを舞台とし、アラブ人（ロシュディ・ゼム）が主人公を務める作品としては、ピエール・ジョリヴェ監督の *La Très très grande entreprise*（2008）がある。

(99)　アラブ系とユダヤ系の関係を描いた作品としては、第二章で取り上げる『イブラヒムおじさんとコーランの花たち（*Monsieur Ibrahim et les Fleurs du Coran*）』（2003）以外にも、前述した *L'Union sacrée*（1998）、*Mauvaise foi*（2006）、さらには、移民街シャトー・ルージュを舞台にユダヤ人とアラブ人のゲイのカップルを描く、*La Folle Histoire d'amour de Simon Eskenazy*（2009）、フランスで大ヒットした『戦争より愛のカンケイ』（2011）などを挙げることができる。これらについては、第六章で扱う。

(100)　実生活においても、ナカシュはユダヤ人である。また前出の『最強のふたり』の共同監督の一人、オリヴィエ・ナカシュは、彼女の兄である。

(101)　ラファエル・ジュリアンによるインタヴュー。http://www.abusdecine.com/interview/tout-ce-qui-brille（2013年8月11日）（拙訳）

(102)　ただし、こうした静かな日常を描くという側面は、実はあの『憎しみ』において、あるいは『カフェ・オ・レ』においてさえ、すでに萌芽的に存在していたと言えるのかもしれない。前者においては、ユダヤ系のヴィンスやアフリカ系ユベールらの暮らすHLMの家庭内が描かれていた。祖母は孫にシナゴーグに行くことを勧め、あるいは母は、息子を通して家電の修理依頼などをしていたのだ。後者においても、ユダヤ人一家の日常は平穏に見えたはずだ。

(103)　ここには、若いアラブ系女性、中年の、そして老年のヨーロッパ系女性ら3人の、「共生」の感覚もある。しかしキャリー・ターは、その共生が白人・ヨーロッパ中心主義に根差しており、「フランス社会にある差別主義への根本的な挑戦とは言えない」と主張する。（Carrie Tarr, « Heroines of cross-cultural social protest : Marie-Line and Chaos », *Reframing Difference: Beur And banlieue filmmaking in France,* pp.161-165.）

(104)　シャトー・ドーには、黒人女性のための美容院が軒を連ねている。ヒロインはその一軒で働いている。前掲拙著、III-14参照。また前出の *Black Mic Mac* のヒロインも、黒人女性のための美容室で働いていた。

(105)　バルベス・ロシュシュアール駅の隣駅であるラ・シャペル駅周辺には、インド系移民街が広がっている。前掲拙著、IV-20参照。

(106)　註17の③の論文。

第二章

（1） それぞれの多層的な文化状況については、拙著『エキゾチック・パリ案内』でその一端を報告した。

（2） 第一章の註 54, 99 参照。また第六章も参照。

（3） 第六章で詳しく論じる。

（4） 同地区を舞台としたもう一つの作品、『サンドイッチの年（*Les Années Sandwiches*）』（1988）は、次章で扱うことにしよう。3 本目である Chad Chenouga（1962- ）監督の *17 rue Bleue*（2001）は、ヨーロッパ系フランス人の愛人としてこの地区に越してきたアラブ人女性の破滅を描いた作品であるが、キャリー・ターはこの作品について、フランス語しかできない彼女の幼い息子に焦点を当てながら、移民第 2 世代のアイデンティティ問題を論じている。（Carrie Tarr, « Beur filmmaking in the new millennium », *op.cit.*, pp.174-6.）

（5） 日本版のタイトルは『モモの物語』（番由美子訳、メディアファクトリー、2004 年）。

（6） *Milarepa,* Editions Albin Michel, 1997.（『チベット聖者の教え』阪田由美子訳、PHP 研究所、2004 年）

（7） *Oscar et la dame rose,* Albin Michel, 2002.（『神さまとお話しした 12 通の手紙』阪田由美子訳、PHP 研究所、2003 年）

（8） *L'enfant de Noé,* Editions Albin Michel,2004.（『ノアの子』高木雅人訳、NHK 出版、2005 年）

（9） André Lavoie, La Sagesse devant soi, *Ciné-bulles,* vol.22, n.2, 2004, p.4（http://www.erudit.org/culture/cb1068900/cb1088384/26085ac.pdf, 2013 年 12 月 20 日）

（10） マリ＝セリーヌ・ニヴィエールも、『イブラヒム』が舞台化された際の劇評で、小説『イブラヒム』と小説『これからの一生』との類縁性を指摘している。（http://spectacles.premiere.fr/Salle-de-Spectacle/Spectacle/Monsieur-Ibrahim-et-les-fleurs-du-Coran-3299886/（affichage）/press, 2013 年 12 月 20 日）

（11） 後述する冒頭シーンの音楽も、この文脈で理解することができるだろう。

（12） シルヴィ・ブレバンとドミニク・ヴィダルも、フランスが世界第 3 位の「ユダヤ人大国」であると指摘している。（「今日のフランスでユダヤ人であること」、『力の論理を超えて――ル・モンド・ディプロマティーク 1998-2002』ル・モンド・ディプロマティーク日本語版編集部編訳、NTT 出版、2003 年、271 頁）

（13） ライシテの理念の下、現在フランスでは宗旨を調査することはないため、正確な数字は不明である。またユダヤのトーラー（律法）も、人口調査を禁じているため、統計的な数字は存在しない。シルヴィ・ブレバン、ドミニク・ヴィダル、前掲論文、272 頁参照。

（14） 政治難民の居住権を保証し、また、難民救済のための自治体の財政出動を認めた法律。

（15） Yahoo 百科事典（＝『日本大百科全書（ニッポニカ）』小学館）「アラブ人」の項（片倉もとこ執筆）より。（2013 年 12 月 1 日）言うまでもなく、「アラブ人」の内実には、きわめて幅の広い多様性があり、その点については、片倉もとこ自

身が、その著書（『イスラームの世界観――「移動文化」を考える』岩波書店、2008年、及び、『イスラームの日常世界』岩波書店、1991年、など）で詳述している。しかし、敢えて一般化するなら、引用のようにしか提示できないのだと言えよう。

(16) Yosefa Loshitzky, « Intifada of the *banlieues* », *Screening Strangers,* Indiana University Press, 2010, p.96.

(17) 第六章においては、こうした「ユダヤ人－アラブ人映画」という視点について集中的に検討する。そこで再び『イブラヒム』も取り上げることにしよう。

(18) Éric-Emmanuel Schmitt, *op.cit.,* p.10. 訳文は番由美子訳、7頁、によった。以下すべて同じ。

(19) モモの父親が生きたユダヤ人としての人生は、この時代の幾多のユダヤ人のそれの1つの形に過ぎないだろう。しかしそこにはやはり、現代のユダヤ人の宿命に通じるものがあることを否定はできない。それは、ウラジミール・ジャンケレヴィッチやエマニュエル・レヴィナス以来現代まで、長く追及され続けているテーマの一つである。

(20) Éric-Emmanuel Schmitt, *op.cit.,* p.11.（番由美子訳、10頁）

(21) はっきり明示されているわけではないが、イブラヒムのパリ到着と同時か、それほど遅くないタイミングで、彼の妻も合流したことは間違いないだろう。

(22) この点については、後でもう一度触れることにしよう。

(23) Éric-Emmanuel Schmitt, *op.cit.,* p.23.（番由美子訳、33頁）

(24) 映画ではヴォージュ広場。

(25) Éric-Emmanuel Schmitt, *op.cit.,* p.33.（番由美子訳、43頁）

(26) DVD（『イブラヒムおじさんとコーランの花たち』ハピネット・ピクチャーズ、2006年）より。

(27) Martin O'Shaughnessy, *The New Face of political Cinema,* Berghahn, 2007, p.70.

(28) Google Mapを加工。

(29) Jacques Hillairet, *Dictionnaire Historique des Rues de Paris, tome 1*, Les Editions de Minuit, 1963, p.202のrue BLEUEの項による。

(30) アシュケナジムとは、一般にドイツ語圏や東ヨーロッパ諸国に定住していたユダヤ人のことを指している。イベリア半島にいた「セファルディム」と呼ばれるユダヤ人と合わせて、ユダヤ社会の2大勢力となっている。ただしセファルディムという術語は、最近では、北アフリカ出身のユダヤ人をも含めて使われることも多い。

(31) Jacques Hillairet, *op.cit. tome 2,* p.228のrue de PARADISの項による。また映画『96時間（*Taken*）』（2008）には、パラディ通りに本拠を置くマフィアが登場する。しかしこの映画の場合、軽いミスマッチ――マフィアと天国――を演出したという以上のことではないだろう。

(32) フランスでは現在も、売春そのものは合法である。ただし通りで客を引くことは違法となっている。

(33) Éric-Emmanuel Schmitt, *op.cit.,* p.27.（番由美子訳、40 頁）
(34) ただし映画では、この「天国（paradis）」は「大空（ciel）」に置き換えられている。それは以下に述べる撮影場所の変更により、パラディ通りが失われたからであろう。
(35) Éric-Emmanuel Schmitt, *op.cit.,* p.33.（番由美子訳、51 頁）
(36) *ibid.,* p.17.（番由美子訳、23 頁）
(37) モモの位置からではなく、観客の位置からこの展開を見るなら、そこには直ちに、アラブとユダヤの共生の可能性、という文脈が立ち現われる。第一章の註 99 参照。
(38) Google Map を加工。
(39) Jacques Hillairet, *op.cit. tome 1,* p.421 の rue des DEGRÉS の項による。
(40) シュミットは、あるインタヴューにおいて、「通りにある階段」に言及している。しかしそこでも、「ドゥグレ通り」の名に触れてはいない（「エリック＝エマニュエル・シュミットは語る」、『イブラヒムおじさんとコーランの花たち（映画パンフレット）』、ギャガコミュニケーションズ、2003 年、6 頁）。
(41) 同章の註 34 参照。
(42) Carrie Tarr, « Jewish-Arab Relations in French, Franco-Maghrebi and Maghrebi Cinemas », in Will Higby, Sarah Leahy (ed.), *Studies in French Cinema,* Intellect, 2011, p.326.
(43) 1991 年のソ連崩壊後は、サンティエ地区を含むユダヤ人地区のアシュケナジムの比率が上がったと考えられているが、正確な数字は不明である。
(44) たとえばトマ・ジルー監督の『原色パリ図鑑（*La Vérité, si je mens !*）』（1997 年）においては、サンティエ地区のユダヤ人社会の賑やかさが活写されている。『イブラヒム』で、モモの陰鬱な父親役を演じたジルベール・メルキは、そこでは打って変って、大金持ちの陽気なユダヤ人を演じている。彼自身も、アルジェリア系のセファルディムである。またその翌年に発表されたコメディ、フィリップ・ギャラン（Philippe Galland, 1947- ）監督の *Merci mon chien*（1998）は、サンティエ地区の生地商店で働くパキスタン系移民アミールを主人公に据えている。サン・パピエである彼は、雇い主たちを成功に導くが、その功績は誰にも認識されることはない。さらに、アルジェ生まれのメルザック・アルアーシュ（Merzak Allouache, 1944- ）監督の *Salut Cousin !*（1996）においては、アルジェリアからやってきた主人公が、ここサンティエでユダヤ系のピエ・ノワール——セファルディムということになる——と出会う場面もある。
(45) Éric-Emmanuel Schmitt, op.cit., p.31.（番由美子訳、47 頁）
(46) シルヴィ・ブレバン；ドミニク・ヴィダル、前掲論文、285 頁。
(47) DVD『イブラヒムおじさんとコーランの花たち』より。拙訳。
(48) 聖者ルーミーが、13 世紀にトルコの古都コニヤで創設した。
(49) シャイフ・ハーレド・ベントゥネス『スーフィズム　イスラームの心』中村廣治朗訳、岩波書店、2007 年、V 頁。
(50) DVD『イブラヒムおじさんとコーランの花たち』より。またこのセリフは、

原作小説においては、カブールのホテルの美しさをきっかけに発せられることになる。Eric-Emmanuel Schmitt, *op.cit.,* p.37.（番由美子訳、60 頁）

第三章

(1)　Emmanuel Lévinus, *Difficile Liberté : Essai sur Judaïsme,* Edition Albin Michel , 1983, p.213 . 原著は 1963 年刊。翻訳は『困難な自由』内田樹訳、国文社、2008 年、231 頁、による。

(2)　原作小説においては、14 歳に設定されている。（Serge Lentz, *Les années-sandwiches,* Robert Laffont, 1981, p.65.）

(3)　グランベールは、やはりナチ占領下のパリを描いたトリュフォー（François Truffaut, 1932-1984）の『終電車（*Le Dernier Métro*）』（1980）においても、脚本に加わっている。

(4)　ヴィクトールの言う「パレスチナ」とは、イスラエルのことを指しているに違いない。イスラエルが独立を宣言するのは、約 10 か月後の 1948 年 5 月 14 日である。

(5)　原作小説では、ブルターニュとされている。（Serge Lentz, *op.cit.,* p.114.）一方オーベルヴィリエは、ヴィクトール一家が、トレヴィーズ通りに引っ越してくる以前に住んでいた場所とされている。（Serge Lentz, *op.cit.,* p.72.）

(6)　シルヴィ・ブレバン；ドミニク・ヴィダル「今日のフランスでユダヤ人であること」、『力の論理を超えて――ル・モンド・ディプロマティーク 1998-2002』ル・モンド・ディプロマティーク日本語版編集部編訳、NTT 出版、2003 年、277 頁。

(7)　田所光男「北アフリカからのユダヤ人」、『平成 14 年度・15 年度科学研究費補助金・基盤研究（C）研究成果報告書、〈20 世紀ディアスポラ・ユダヤ人のアイデンティティ〉』、119-121 頁。http://www.google.co.jp/url?sa=t&rct=j&q=&esrc=s&frm=1&source=web&cd=2&ved=0CDMQFjAB&url=http%3A%2F%2Fir.nul.nagoya-u.ac.jp%2Fjspui%2Fbitstream%2F2237%2F13124%2F1%2F14510644.PDF&ei=WrYMUsyWN8fkkAW8uoGQCg&usg=AFQjCNG_DxHx7llvFAS8PrsoXyL3QKglpA&sig2=oyvYE3nT4lDozpVF1WSE8Q&bvm=bv.50723672,d.dGI（2013 年 8 月 15 日）

(8)　正統派ユダヤ主義者が、とりわけ男性ユダヤ人が異教徒と結婚することに反対するのはこれが理由だ。こうした結婚の結果、ユダヤ人人口は減ってゆくことになる。

(9)　シルヴィ・ブレバン；ドミニク・ヴィダル、前掲論文、272 頁。

(10)　正統派は、「ユダヤ教徒、及びユダヤ人の母から生まれた子供」がユダヤ人であると主張し、一方改革派は、非ユダヤ教徒の女性とユダヤ人男性の間に生まれた子供も、ユダヤ人だとみなしている。

(11)　シルヴィ・ブレバン、ドミニク・ヴィダル、前掲論文、278-279 頁。

(12)　もちろん一方では、現代におけるユダヤ教徒としてのあり方を追求する方向もある。上山安敏『ブーバーとショーレム』岩波書店、2009 年、参照。

(13)　アマルティア・セン『アイデンティティと暴力』勁草書房、2011年、参照。

(14) Yosefa Loshitzky, « Intifada of the ***banlieues*** », ***Screening Strangers,*** Indiana University Press, 2010, p.96. 第二章の註 16 参照。

(15) フランス人としてのアイデンティティを獲得したユダヤ人たちは、共和国の一員として、ライシテの原則に則り、公的な空間ではあくまでフランス人であることを貫いた。このように、宗教を私的なレベルに限定した彼らは、フランス市民であることを強調して、自らをイスラエリット「イスラエルの宗教を信じるフランス人」と呼んだ。

(16) シュロモー・サンド『ユダヤ人の起源――歴史はどのように創作されたのか』高橋武智監訳、武田ランダムハウスジャパン、2010 年、及び、ヤコブ・ラブキン『トーラーの名において ――シオニズムに対するユダヤ教の抵抗の歴史』菅野賢治訳、平凡社、2010 年、など。

(17) 有田英也によれば、こうしたユダヤ人を示す地名（ジュイヴリ）は、「職能集団」を指していたという（『ふたつのナショナリズム』みすず書房、2000 年、208 頁）。

(18) 第二章の註 30 参照。

(19) 第１次大戦後にも、フランスは大量の移民を受け入れたが、それはヨーロッパ系移民が中心だった。

(20) シルヴィ・ブレバン、ドミニク・ヴィダル、前掲論文、274 頁。また、Serge Klarsfeld, ***La Shoah en France - Tome 1-4,*** Fayard, 2001. も参照。

(21) 第二章の註 13 参照。

(22) Omer Bartov, ***The "Jew" in Cinema: From the Golem to Don't Touch My Holocaust,*** Indiana University Press, 2005. また、バートヴが同書で「この上なくアンチ・ヒーロー的である」としている「年老いた元娼婦のユダヤ人」（p.226）を主人公とする『これからの人生 ***La vie devant soi***』は、第六章で取り上げる予定である。（第六章、註 11 参照）

(23) René Prédal, « François, David et lea autres dans le cinéma hexagonal des années soixante-dix », ***CinémaAction 37,*** 1986, pp.144-57, cité par Yosefa Loshitzky, ***op.cit.,*** p.97.

(24) La sous-culture antisémite, ***L'Express,*** 30/08/2004.
http://www.lexpress.fr/tendances/voyage/la-sous-culture-antisemite_488780.html（2013 年 8 月 15 日）また同誌によれば、当時の直近のアンケートにおいて、69％のフランス人が、国内で人種差別の動きの高まりを感じる、と回答している。（Boris Thiolay; Claire Chartier; Marie Huret, Violence, bêtise et préjugés, ***L'Express,*** 09/03/2006, http://www.lexpress.fr/actualite/societe/justice/violence-betise-et-prejuges_482834.html&title=Violence%2C+b%EAtise+et+pr%E9jug%E9s&urllanguage=fr&urlaffiliate=31124（2013 年 8 月 15 日）

(25) シナゴーグ・ドゥ・ラ・ヴィクトワールでの彼の葬儀には、当時のシラク大統領を始め、パリの枢機卿、ムスリムの代表らも参列した。

(26) ただしこうした人種差別的な事件は、ユダヤ人を対象にしたものばかりではない。アラブ人、ロマ、アフリカ系住民等に対する事案も多い。

(27) ただしこうした事案については、逆に「反ユダヤ主義狩り」と言われるような、言葉狩りの風潮も指摘されている。
(28) 原作小説では、1938年にトレヴィーズ通りに越してくる以前、ヴィクトール一家はオーベルヴィリエに住んでいた設定になっている（同章の註5参照）。ただし、小説の指定する「パノワイヨ通り」は、オーベルヴィリエには実在しない（同名の道が、パリ20区に存在する）。
(29) Google Mapを加工。
(30) モントロン小公園は、オスマン（Georges Haussmann, 1809-1891）によるパリ改造時に重用された造園家、ジャン＝シャルル・アルファン（Jean-Charles Alphand, 1817-1891）が設計した24の公園の1つで、1863年に開園した。（http://equipement.paris.fr/square-montholon-2469）また、名前のもとになったモントロン通りは、革命直前の1780年に造られている。
(31) Serge Lentz, *Les années-sandwiches,* Robert Laffont, 1981, p.387.
(32) Serge Lentz, *op.cit.,* 388
(33) Marc Nouschi, Sylviane Nouschi, *Score civilisation française,* Presse Pocket, 1991, p.234.
(34) Aubervilliers（自治体）のHPより。（http://www.aubervilliers.fr/, 2014年1月30日）以下も同じ。
(35) オーベルヴィリエがたどった歴史は、第五章で扱うボビニーの歴史と共通点が多い。
(36) 小説版のほうに関して言えば、ヴィクトールの歩いた道程から、ラ・ヴィレットンの北、キャトル・シュマン周辺だろうと推定できる。
(37) このオーベルヴィリエに関連して、名指しされる地名がただ一つだけある。ラ・クルヌーヴ（La Courneuve）である。オーベルヴィリエの北に接するその場所には、マックスらが闇で買った石油を貯めておく倉庫があり、その倉庫は後に、大きな騒動の舞台ともなる。
(38) 監督であるエリ・ロタールは、ルーマニア系の両親のもとパリで生まれた。彼はまた、ブニュエルの『糧なき土地（Terre sans pain）』（1933）の撮影を担当したことでも知られている。Natacha Laurent (dir.), *Étrangers d'Ici,* Privat, 2012, p.87, p.132を参照。
(39) 森千香子「郊外」、『現代フランス社会を知るための62章』、三浦信孝、西山教行共編、明石書店、2010年、25頁。
(40) Saint-Cloud（自治体）のHPより。（http://www.saintcloud.fr/loisirs-et-culture/histoire-et-patrimoine, 2014年1月30日）
(41) Renaud Le Goix, « Les gated communities aux États-Unis et en France : une innovation dans le développement périurbain ? », *Héorodte,* no 122, 2006, p. 120-121.（http://www.cairn.info/revue-herodote-2006-3-page-107.htm, 2014年1月30日）
(42) *ibid.,* p.120.
(43) 原作小説では、フェリックスの自宅はフォーブール・サン・トノレ通りの、エリゼ宮の近くに設定されている（Serge Lentz, *op.cit.,* 330.）。このあたりも

また高級住宅地であるが、モントルトゥーに代表されるサン・クルーのほうが、より閉鎖性が強いと言えるだろう。

(44) サン・クルーは、移民排斥を主張する極右政党「国民戦線」の本部がある街としても知られている。

(45) Yosefa Loshitzky, *op.cit.,* pp.94-116.

(46) 115 頁の地図参照。

(47) Serge Lentz, *op.cit.,* 112.

(48) Serge Lentz, *op.cit.,* 72.

(49) *ibid.,* p.77. など。

(50) 名前には、もちろん対他的なアイデンティティの表出——ないし徴——という面もある。たとえば現代ポーランドにおいてさえ、ユダヤ的印象を隠すため、改姓が行われるケースは少なくない。また、第五章で扱う『アイシャ』には、大学の就職課の担当者から改名を勧められるアラブ女性が登場するし、第六章で扱う『戦争より愛のカンケイ』では、主人公の母親が、「コーエン」というユダヤ人の姓を改変する。

(51) 原作小説中には、以下に述べる場面に先立つ（物語的）時間において、この「ラビンスキー」が鍵となる部分がある。それはヴィクトールがルーセル家に残した置手紙についてだ。この誤綴りの多い手紙の末尾は、こう描写されている。「ヴィクトール（彼はペンを紙から持ち上げ、一瞬ためらった、そして付け加えたのだ）ラビンスキー」（拙訳）。（Serge Lentz, *op.cit.,* p.96. ）

(52) 原作小説では、スターリングラード駅。チュイルリ駅に比べれば、はるかに移民率の高い地域にある。（Serge Lentz, *op.cit.,* p.111. ）

(53) DVD, *Les Années-sandwiches,* Editions MK2, 2005. による（拙訳）。ここはお互いが vous で呼び合っているため、やや不自然な日本語になる。また、原作小説においてこのシーンに該当する個所は、以下の通りである。

「ヴィクトール、ヴィクトール・ラビンスキー」

「ああ、ポーランド人ですか？」

「……ええと、いえ。ぼくはフランス人です」

「ああそうですか、すみません。ポーランドの名前だと思っていたので」

「ぼくの両親は……」

「ポーランド人なんですね、わかりますよ」

「いえ、両親は帰化したんです」

「なるほど。じゃあご両親はフランス人なんですね、みんなと同じように」

「ええ、そうです……」（Serge Lentz, *ibid.,* p.107. 拙訳）

映画では、ヴィクトールの両親に関わる部分は基本的に省略されている。ここもその一例である。

(54) Yosefa Loshitzky, *op.cit.,* p.182. この背景には、ホロコーストに関わる「公的な後悔（remords public）」（Serge Lentz, *op.cit.,* p.65.）があったと考えられよう。

また、註 52 で挙げた会話の中の「ポーランドの名前」という表現には、「ラビンスキー」という姓の有徴性が感じられよう。

(55)　原作小説においては、マックスのもとで働き始めたヴィクトールに対して、ただ同性愛の浮浪者クララだけが、「汚いユダ公（sale youtre）」と呼びかける。

(56)　DVD, *Les Années-sandwiches,* Editions MK2, 2005. による（拙訳）。カッコ内はイディッシュ語。この言語の問題も、もちろんこの後ユダヤ人のアイデンティティと関わってゆく。またマックスは、この会話の最初からヴィクトールに tu という親称で呼びかけている。註 53 参照。

(57)　*ibid.*（拙訳）

(58)　ユダヤの習慣の一つである「ネー・ネシャマ（魂のろうそく）」と呼ばれる行為だと考えられる。一般には、命日などに灯され、魂を天上に上げるとされる。第六章で触れる『これからの人生』にも、同様のエピソードを見出すことができる。

(59)　DVD, *Les Années-sandwiches,* Editions MK2, 2005. による（拙訳）。

(60)　Serge Lentz, *op.cit.*, 388.（拙訳）

(61)　映画内でその事実を示すのは、マックスの左腕に彫られた収容者番号である。また、彼がイディッシュ語を話すことから、アシュケナジムであることがわかる。ただし、マックスのフランス語はパリジャンのそれであり、たとえば、『憎しみ』に登場するシベリア帰りの老ユダヤ人のようなイディッシュ語訛りは、まったく見出せない。マックスはアシュケナジム系だが、育ったのはパリ周辺だっただろう。Yosefa Loshitzky, *op.cit.*, p.99 参照。

(62)　DVD, *Les Années-sandwiches,* Editions MK2, 2005 による（拙訳）。

(63)　Emmanuel Lévinus, *op.cit.*, p.213.（内田樹訳、231 頁）

(64)　ジルベール・メルキは、1958 年アルジェリア生まれ。フランスに移住した彼の両親は、大戦中、ナチの迫害を恐れて身をひそめていた経験を持つ。

(65)　原作小説では 11 歳、映画版では 13 歳に設定されている。

(66)　彼ら二人は「フランス社会」に生きる場所を見出したわけだが、これはいわば前提であり、選択されたものとして描かれているわけではない。また二人にとって、母語はフランス語である。

(67)　この「電車」については、第五章の「ユダヤ人迫害の記憶」を参照。

(68)　Éric-Emmanuel Schmitt, *Monsieur Ibrahim et les Fleurs du Coran,* Magnard, 2001, p.44. 訳文は『モモの物語』番由美子訳、メディアファクトリー、2004 年、70-71 頁、による（カッコ内は引用者）。

(69)　*ibid.*, p.65.「子供時代（enfances）」は複数形に置かれている。訳文は番由美子訳、前掲書、112 頁。

(70)　たとえば、ともにセファラディム系の出身であるエステル・バンバッサとジャン＝クリストフ・アティアスは、ホロコーストへの過度の執着が、ユダヤ性を閉鎖的なものにしてしまう可能性などについて論じている。Ester Benbassa et Jean-Christophe Attias, *Les juifs ont-ils un avenir ?,* Hachette Littérature, 2002.

第四章

(1) フランス映画としては、日本で異例のヒットを果たした『アメリ（*Le Fabuleux Destin d'Amélie Poulain*)』(2001) もまた、18区を舞台としていた。しかし、移民系の住民が多いこの地区を舞台としながら、登場人物中に移民系の人物はたった一人（ジャメル・ドゥブーズ）だけであり、しかも彼が障がい者であったことから、人種差別的ではないかという批判もあった。

(2) たとえば *Black Mic Mac*（1985）では、アフリカからパリに到着した魔術師が、行き先を間違えて13区の中華街に現れる。また、*Tirez la langue, mademoiselle*（2012）では、やはり13区の中華街を舞台に、二人のヨーロッパ系白人兄弟医師を含む三角関係が描かれる。

(3) フランスには、しかしこうした移民に関する公的な数字は存在せず、以下の数字は各研究者の調査結果を参考にしたものである。

(4) Paul Marc, « The Dongbei : The New Chinese Immigration in Paris », in Pál Nyíri, Igor Saveliev (ed.), *Globalizing Chinese Migration : Trends in Europe and Asia,* Ashgate, 2002, p.121.

(5) Chloé Cattelain, « Les modalités d'entrée des ressortissants chinois en France », Direction de la Population et des Migrations, ministère de l'Emploi, de la Solidarité et de la Cohésion sociale. http://www.huiji.org/Documents_divers/Pole_recherche//Dossiers_exterieurs/migrations_etudes108.pdf (2013年8月21日)

(6) James Chin, « Understanding Irregular Migration from China », in Ernest Aryeetey, Natalia Dinello (ed.), *Testing Global Interdependence,* Edward Elgar Publishing, 2007, pp.190-191.

(7) Pascaline Vallée, « Reportage : immersion dans la petite Chine de Paris ». (http://www.icilachine.com/reportages/reportages/690-la-petite-chine-de-paris.html, 2013年8月21日)

(8) パリ圏「25万人」という数字から、クロエ・シャトランの挙げる「88%」を使って逆算。

(9) パリ圏「45万人」という数字から、クロエ・シャトランの挙げる「88%」を使って逆算。

(10) James Chin, *op.cit.,* p.190.

(11) 現在フランスにいる不法滞在者は、30万とも100万とも言われる。実数は不明である。

(12) 同章のII参照。

(13) Duras, Marguerite, «Les enfants maigres et jaunes », *Outside,* Editions P.O.L.,1984, pp.278-279.『アウトサイド』佐藤和生訳、晶文社、1999年、240-241頁。ただし、マルグリット・デュラス『愛人』清水徹訳、河出書房、1992年の「文庫版解説」(200-201頁) を参考に、一部改変した。

(14) ただしこの「内面化」は、「書かれた」ことによって客体化されてもいるだろう。しかしそれは、後述する『地獄の黙示録』の場合とは位相が違う。

(15)　立花隆は、このドマレ一家に関して、「農場主の主張も行動も身勝手そのもの（植民地主義とはそういうものだが）である。そもそも、農場主がやっていることは、私兵を率いての私戦行動であり、近代社会では容認されない行為である」（『解読「地獄の黙示録」』、文芸春秋社、2004年、51頁）と指摘する。
(16)　『地獄の黙示録』パンフレット、東宝株式会社出版商品事業室、2002年、21頁。
(17)　同上、21頁。（カッコ内は引用者）
(18)　Michel Pinçon; Monique Pinçon-Charlot, *Paris mosaïque,* Calmann-Lévy, 2002, p.112.（拙訳）邦訳（『パリの万華鏡』野田四郎監訳、原書房、2006年）もあるが、原註は訳出されていない。
(19)　「ショワジーの三角形」。Google Mapを加工。
(20)　Michel Pinçon; Monique Pinçon-Charlot, *op.cit.,* p.128.
(21)　Michel Pinçon; Monique Pinçon-Charlot, *op.cit.,* p.128では、この建物をpagode（仏塔）風だと評しているが、屋根が平らであるため「塔」の印象は薄い。
(22)　作品上は、この建物群で囲まれた場所が舞台となることが示されているだろう。しかし現実的には、高架のメトロはこの近辺を走っておらず、撮影されたのは中華街ではないと言える。ただしその場所を特定することはできない。
(23)　前述のガラスを突き破る手のシークエンスなどを、東洋と西洋の価値観の対立の構図から説明することは、不可能ではないかもしれない。しかしそれでもやはり、説明不足であると言わざるを得ない。
(24)　「監督インタヴュー」、『オーギュスタン、恋々風塵』（映画パンフレット）ワイズポリシー、2005年、16頁。
(25)　同上、17頁。
(26)　同上、19頁。
(27)　同上、17頁。
(28)　DVD『オーギュスタン、恋々風塵』ジェネオン・エンタテインメント、2005年（拙訳。以下すべて同じ）。
(29)　何長工『フランス勤工倹学の回想：中国共産党の一源流』河田悌一；森時彦訳、岩波書店、1976年、119頁には、「ヨーロッパ大戦のあいだ、かれら（中国人労働者・引用者注）は前線では工事〔塹壕掘りなど〕に従事し、後方では工業生産に参加するなど大きな力をつくし、おおくの人びとが空襲や砲火のために死亡したり、あるいは戦場の後始末をしていて地雷を踏みつけ、死んでいったのだ」とある。また1998年には、「ショワジーの三角形」の内側、ボードリクール公園（Jardin Baudricourt）にも、第1次大戦で犠牲になった中国系移民の慰霊碑が設置された。
(30)　DVD『オーギュスタン、恋々風塵』。
(31)　現在パリ市内を流れるビエーブル川は、すべて暗渠化されている。ただし、その一部を再び「川」として再利用する計画もある。
(32)　ショコラ・ロンバールは、1957年、ムニエ（Menier）に吸収される。前出のビエーブル川の暗渠の上に建つサン・タンヌ教会は、1912年、このロンバー

ル家の多大な寄付に支えられて完成した。この教会が「チョコレート製の教会（église en chocolat）」と呼ばれることがあるのは、そのためである。

(33) Jacqueline Costa-Lascoux; Live Yu-Sion, *Paris-XIIIe, lumières d'Asie,* Edition Autrement, 1995, p.23.

(34) パンアール・エ・ルヴァソール社は、1891年、世界で初めて本格的な自動車の製造を開始した。その後1965年に、シトロエン社に吸収された。なおパンアール・エ・ルヴァソール社によって1901年に製造された「B2」が、日本のトヨタ博物館に展示されている。

(35) Jacqueline Costa-Lascoux; Live Yu-Sion, *op.cit.,* p. 22.

(36) それはたとえば、ゾラの『居酒屋』（1877）に描かれた主人公たちの状況に似ているだろう。彼らの住みついた18区もまた、こうした若者たちを受け入れる場所の1つだった。

(37) メトロの開業により、それまで交通の市民の一般的な交通手段であった路面電車（プティット・サンテュール）は順次縮小されてゆく。オランピアド広場の1階部分には、このプティット・サンテュールの廃線跡が残っている。

(38) Michel Pinçon; Monique Pinçon-Charlot, *op.cit.,* pp.104-105.

(39) Jacqueline Costa-Lascoux; Live Yu-Sion, *op.cit.,* p.41.（拙訳））

(40) 何長工、前掲書、118頁。

(41) ただし戦後もフランスにとどまったのは、公式には3000人程度だという（Jacqueline Costa-Lascoux; Live Yu-Sion, *op.cit.,* p.42）。また、何長工の前掲書の訳注によれば、「十八年末から数百人単位で帰国がはじまり、中国国内の新聞には毎週のように『華工回国』という見出しの記事が掲載された」（森時彦執筆、同書、196頁）という。ただし帰国した労働者たちに対し「中国政府は、何ひとつかれらの生活の面倒をみようとはしなかった。おおくの人は帰国後、職をみつけることができず、身の置き場所もなく街頭をほっつき歩き、もち帰ったわずかの衣服さえやむなく売り払った」（何長工、前掲書、119頁）という。ただ当時の混乱した中国では、彼らばかりが職を見つけられなかったわけではない。

(42) 本間圭一『パリの移民・外国人－欧州統合時代の共生社会』高文研、2001年、31頁。

(43) この制度については、Annie Kriegel, « Aux origines françaises du communisme chinois », *Communismes au miroir français,* Gallimard, 1974、及び、何長工、前掲書に詳しい。

(44) 何長工、前掲書、34頁。

(45) 小倉和夫『パリの周恩来』中央公論社、1992年、66頁。

(46) 何長工の前掲書の訳注（186頁）による。

(47) 周恩来がパリで定宿としていた簡易ホテルは、やはり13区にある。ゴドフロワ通り17番地のその建物の壁には、今も周のレリーフが飾られている。

(48) 中国社会科学院近代史研究所編『五四運動回憶録』中国社会科学出版社，1979年、497-501頁。（小倉和夫、前掲書、192頁、註30, 32より。ただし、出版年は引用者による。）

(49)　本間圭一、前掲書、28 頁

(50)　Gao Yun; Florence Lévy; Véronique Poisson, *DE LA MIGRATION AU TRAVAIL L'exploitation extrême des chinois-e-s à Paris,* Travail, genre et sociétés 2006/2 (N° 16), p.54. 周知のように、中国における経済発展は、きわめて大きな地域格差を生んでもいる。移民を多く輩出しているのは、無論そうした発展の恩恵を受けていない地域だということになるだろう。

(51)　何長工、前掲書、17 頁。

(52)　ただし、自分が買い取られた値段分働けば、いわば年季明けのように、自由になれる可能性もあったという。その点では「奴隷」とは言えないだろう。とはいえ、猪仔を売り買いするのがともに中国系であり、かつ労働現場も中国系ネットワークの内部にある場合も多かったから、たとえ自由の身になったとしても、そのネットワークの外に出るのは難しかった。いわゆる中国系移民の結束とは、そうした経済的な流れと密接に結びついている。この点については、林ひふみ氏（明治大学）のご教示による。

(53)　ハム・トラン（Ham Tran, 生年不詳）監督による *Journey from the Fall*（2007）は、サイゴン陥落（1975）後のヴェトナムを舞台とし、南政府協力者だった者たちへの、容赦ない弾圧（「再教育」）が描かれている。若きトラン監督自身、中国系ヴェトナム人として育ち、その後一家でアメリカに移民した経験を持っている。またアン・ホイ（許鞍華 , 1947- ）監督による『投奔怒海（*Boat People*）』（1982）においては、1978 年当時のヴェトナム（ダナン）が描かれている。その生活の厳しさ、共産主義政権の締め付けの強烈さは、中国映画であることを割り引いたとしても、移民という選択の背景として、十分な説得力を持っている。ただ一方では、パリ大学に留学したこともある高級官吏が、中国系の愛人を囲い、エディット・ピアフのレコードを聞きながら食事する場面も登場する。無論彼はヴェトナム人だが、フランス領インドシナ時代を懐かしんでいるという点では、『地獄の黙示録』のドマレ一家を彷彿とさせる。

(54)　Gao Yun; Florence Lévy; Véronique Poisson, *op.cit.,* p.54.

(55)　シュイ・ラン、「国境のないパリ十三区」、拓殖大学海外事情研究所・華僑ネットワークセンターHP、2003、4 頁。（2012 年 3 月 1 日）

(56)　このトンネルには、「ディスク通り」という名前があり、各種の地図には点線で記載されている。しかしこのディスク通りは、明らかに自動車専用道路であり、一般の歩行者がその存在に気づくことはまずあり得ないと思われる。

(57)　儒教を「宗教」と考えるかどうかについては、ここでは問題にしないことにしよう。周知のように、たとえば道教と儒教を切り分けることは不可能である。

(58)　中国古来の北方の守り神・玄武が、宋代に道教に取り入れられ玄天上帝となり、「1012 年 10 月、宋室の祖趙玄郎の諱をさけて玄武を真武と改めた」（窪徳中『道教の神々』講談社、2010 年、153 頁）とされる。

(59)　中国系移民ゆえに受けた差別の例については、本間圭一の前掲書に多く紹介されている。

(60)　アマルティア・セン『アイデンティティーと暴力』勁草書房、東郷えりか

訳、2011年、参照。

(61) 「痩せた黄色い肌の子どもたち」を書いたマルグリット・デュラスは、まだ作家デビューする以前、本名マルグリット・ドナデュー名義で、植民地主義を礼賛する本の共著者に名を連ねたことがある。(Philippe Roque; Marguerite Donnadieu, *L'Empire français, Gallimard,* 1940)

第五章

(1) 第一章で扱った映画版『イブラヒム』においても、2つの世界とその往還という構図を見出すことができた。しかし『アイシャ』の場合、その往還にはペリフェリックという巨大な壁が立ちはだかっており、必ずしも同列には論じられないだろう。

(2) 今橋映子『〈パリ写真〉の世紀』白水社、2003年、269頁。

(3) Blaise Cendrars ; Robert Doineau, *Banlieue de Paris,* La Guilde du Livre, 1949.(明治大学生田図書館蔵)

(4) 『アイシャ』はテレビ映画(téléfilm)として制作され、2009年5月13日、France 2で初放映された。ベンギギはこの放映について、「テレビで、20時30分という時間帯に、こうしたテーマ(パリ郊外のシテに住む若い序の日常)のシリーズを放映するのは初めてのこと」だと指摘する。(http://euromedcafe.org/interview.asp?lang=fra&documentID=15, 2013年12月20日。カッコ内は引用者)

(5) Yamina Benguigui, Mutantes entre la tradition et la modernité. http://www.yaminabeqnguigui.fr/datas/presse/Aicha.pdf (2013年8月9日)

(6) Yamina Benguigui, *Aïcha,* France Télévisions Distribution, 2009(DVD)より。以下、本文中の引用の内、特に引用元の表示がないものについては、このDVDからの引用である(拙訳)。

(7) Florence Martin, *Screens and Veils,* Indiana University Press, 2011, pp.149. またマーチンは、このズニアの反抗を、トランスヴァージェンス(transvergence)の一つの形だと看做している。

(8) Carrie Tarr, « Beur filmmaking in the new millennium: from *Le Raïd to Jeunesse dorée* », *Reframing difference — beur and banlieu filmmaking in France,* Manchester University Press, 2005, p.173.

(9) Carrie Tarr, « Gendering Diaspora: The Work of Diasporic Women Film-Makers in Western Europe », *European Cinema in Motion,* Daniela Berghahn, Claudia Sternberg (ed.), Palgrave Macmillian, 2010, pp.175-195.

(10) マーチン・オショネシーは、「郊外映画」における家族映画の再興を指摘している(Martin O'Shaunessy, *The New Face of Political Cinema,* Berghahn, 2007, pp.149-158.)。同章の註69も参照。

(11) Carrie Tarr, « *Beur women in the banlieue : Les Histoires d'amour finissent mal en général* and *Souviens-toi de moi* », *Reframing difference: Beur and banlieue filmmaking in France,* Manchester University Press, 2005, p.87. また、エリザベス・マホニーも、マイノリティな民族集団に属する女性たちが、否定的かつ従属的かつステレオタ

イプな他者として描かれてきたことを指摘している。Elisabeth Mahoney, « 'The People in Parentheses »: Space under Pressure in the Postmodern City, in David Clarke (edit.), *The Cinematic City,* Routledge, 1997, p.173.

(12)　そこには、『オーギュスタン、恋々風塵』のアンヌ・フォンテーヌ監督のデビュー作、*Les Histoires d'amour finissent mal en général* (1993) も含まれる。

(13)　アブデルを演じるラルビ（ビビ）・ナセリは、アルジェリアのカリビー地方出身のベルベル人の家系である。タクシー・シリーズのサミー・ナセリの兄としても知られる彼は、序章で触れた『ゴー・ファースト　潜入捜査官』において、脚本を執筆してもいる。この作品の主人公もまた、アルジェリア系のロシュディ・ゼムだった。

(14)『アイシャ』以前に、アラブ系女性とヨーロッパ系白人女性の友情を描いた作品としては、ラシッド・ブーシャレブ監督の *L'Honneur de ma fille*（1997）がある。ただし、異文化を生きる女性同士の友情――それはアイデンティティ形成の礎となりえる――の描出は、現代フランス映画においても稀であるという。(Carrie Tarr, « *Beur* women in the *banlieue* : *Les Histoires d'amour finissent mal en général* and *Souviens-toi de moi* », *Reframing difference: Beur and banlieue filmmaking in France,* p.96.)

(15)「マグレブ社会では、一家の女性を監督する力がそのまま一家の『名誉』にかかわってくる」(石川清子「出奔するマグレブ系「移民第二世代」の娘たちの物語とテリトリー：レイラ・セバールの八十年代の小説を中心に」、『静岡文化芸術大学研究紀要 1』、2000 年、23 頁）という。

(16)　アルジェリア人は、フランスにおいて最も差別される外国人だという（林瑞枝『フランスの異邦人』中央公論社、1984 年、117 頁参照)。またここには、前述のドキュメンタリ作品、*Le Plafond de verre* の、フィクションへの応用があると言えよう。そしてこうした事情の背景には、いわゆる「社会的断絶（fracture sociale)」が存在するわけだが、ウィル・ヒグビーによれば、この用語は、1990 年代半ばに登場し、95 年の大統領選挙戦中にシラク候補が繰り返し使ったことで、広く一般に広まったという。(Will Higbee, « The Return of the Political, or Designer Visions of Exclusion ? », *French Cinema III,* edit. by Phil Powrie, Routledge, 2013, p.290.)

(17)　http://www.yaminabenguigui.fr/datas/presse/Aicha.pdf (2013 年 8 月 9 日）拙訳。

(18)　ボビニー市の公式サイトの資料より。http://www.bobigny.fr/jsp/site/Portal.jsp (2013 年 8 月 9 日）

(19)　1973 年以降、移民そのものは停止されたが、家族の呼び寄せは可能だった。当然こうした事情も、二世・三世の増加に影響している。

(20)　http://www.insee.fr/fr/ や http://www.jil.go.jp/foreign/jihou/2011_11/france_01.htm によった。(ともに 2013 年 8 月 9 日）

(21)　以下この項は、ボビニー市の HP http://www.bobigny.fr/jsp/site/Portal.jsp (2013 年 8 月 9 日）に多くを負っている。

(22)　シテ・ドゥ・ラブルヴワールは、文化・通信省が主導する Le Label

Patrimoine du XXe siècle の指定も受けてる。

(23)　ただしアルジェリア系移民について言うなら、アルジェリア独立以前、彼らは「フランス人」だったことに注意する必要があるだろう。

(24)　この段落のベルクからの引用は、すべてオギュスタン・ベルク『都市のコスモロジー』講談社、1993年、134頁。

(25)　この段落の引用もすべて、オギュスタン・ベルク、前掲書、134頁。

(26)　Pierre Merlin, *Les banlieues* (« Que sais-je ? »No 3465), Presse Universitaire de France, 1999, pp.5-24.

(27)　たとえばルイス・マンフォードは、早くも1963年に、「ル・コルビュジェ（ママ）は、壮大なる美的効果をあげんがために人間的な内容を売り渡したのである」（『都市と人間』生田勉・横山正訳、新思索社、2006年、95頁）と指摘している。

(28)　今橋、前掲書、266頁。

(29)　http://www.bobigny.fr/jsp/site/Portal.jsp (2013年8月9日)

(30)　ただしキャリー・ターは、『憎しみ』について、それは民族的差異というよりも、それを含めた社会的格差をこそ問題としたと指摘する。(Carrie Tarr, « French Cinema and Post-Colonial Minorities », in Alec Hargreaves, Mark McKinney (ed.), *Post-colonial Cultures in France,* Routledge, 1997, p.78.)

(31)　『憎しみ』に代表される「郊外映画」は、暴力、格差、疎外などをテーマとすることが多いが、一方で『憎しみ』には、若い3人の日常が描かれていたことも、指摘しておきたい。

(32)　監督のオリヴィエ・ヴァン・ホーフスタッドは、あるインタヴューにおいて、「私は麻薬事件が実際に起こっている場所、[…] パリの（クリシー・スー・ボワにあるシテである）ラ・フォレスティエールの公営住宅で、どうしても撮影したかった」（カッコ内引用者）と述べている。この時点で『ゴー・ファースト』は、郊外映画の系譜に加えることができるだろう。http://gofast.asmik-ace.co.jp/index2.html (2013年8月9日)

(33)　『ゴー・ファースト』には、「事実に基づいている」という断りがある。実際、2012年9月にドランシーで、2013年7月にはオー・ド・セーヌ県で、「ゴー・ファースト」関係の逮捕者が出ている。とするとボビニーの麻薬がらみの「イメージ」は、単なる印象にとどまらないということになるだろう。

(34)　オマール・シーの母親はモーリタニア系、父親はセネガル系である。

(35)　さらに言うなら、ローラン・ラフィットの役名は「フランソワ」であり、この名が「フランス」と同じ語源を共有していることを指摘してもいいだろう。実際「ブルジョア」の彼は、郊外の刑事たちから「フランソワ一世」と渾名される。

(36)　柿本佳美「望むなら、欲しいときに、子どもを――フランスにおける『生殖の自由』とは――」、『出生をめぐる倫理研究会　2008年次報告書』立命館大学、2009年、所収。http://www.arsvi.com/2000/0903r02.htm (2013年8月9日) なお、1968年の Humanae Vitae とは、ローマ法王が全司教へ送った回勅のこと。

そこでは、受胎調整への反対が表明されていた。

(37) Gisèle Halimi, *Djamila Boupacha,* Gallimard, 1962.

(38) 柿本佳美、前掲（註 36）論文。

(39) この裁判については、Gisèle Halimi, *La Cause des femmes,* 1973, Grasset に詳しい。

(40) フランス映画において、女性同士の関係に焦点を合わせた作品は多くないという。（Carie Tarr, « *Heroines of cross-cultural social protest* », *Reframing difference: Beur and banlieue filmmaking in France,* Manchester University Press, 2005, p.154.

(41) 1978 年より、Hôpital Avicenne（アヴィゼンナ病院）と改名している。

(42) モデルは実在の歌手、サリム・ハラリ（Salim Halali, 1920-2005）である。ベルベル系のユダヤ人である彼は、大戦後アラブ音楽を牽引する歌手となる。

(43) 中心となったのは、ベルベル系であるカビール人だったが、そもそもこのナチによる占領期、パリにいたアラブ人のほとんどはカビール人だったという。（Karen Gray Ruelle ; Deborah Durland De Saix, *The Grand Mosque of Paris,* p. 23）

(44) 池田真里（「訳者解説」、『パリのモスク』彩流社、p.49）によれば、大戦後アラブ諸国が進めた独立運動の中で、フランスはアラブ人に助けられたことを認めたがらず、他方アラブ側も、フランス軍やレジスタンスと行動を共にしたという事実を隠したがったという。本作 *Les Hommes libres* が制作されたのは、戦後 65 年以上経ってからである。

(45) ラ・グランド・モスケ・ドゥ・パリは、ユダヤ人だけではなく、こうした政治犯も匿っていた。

(46) モデルは実在の人物、シ・カドゥール・ベン・ガブリ（Si Kaddou Ben Ghabrit, 1868-1954）である。彼はラ・グランド・モスケ・ドゥ・パリを管理する団体の創始者であり、イマームであり、このモスクの初代院長でもある。

(47) このエピソードは、Karen Gray Ruelle ; Deborah Durland DeSaix, *op.cit.* p.12 にも紹介されている。

(48) この来歴については、主に国立移民史博物館 HP 内の［〈Hôpital Avicenne – Cimetière franco-musulman, Bobigny〉http://www.histoire-immigration.fr/la-cite/le-reseau/les-actions-du-reseau/2009-journees-europeennes-du-patrimoine/hopital-avicenne-cimetiere-franco-musulman-bobig（2013 年 8 月 1 日）、及びセーヌ＝サン＝ドニ県会（Conseil Général Seine-Saint-Denis）が管理する〈Patrimoine de Seine-Saint-Denis〉内の Mémoire de l'immigration の項、http://www.atlas-patrimoine93.fr/documents/patrimoine_en_SSD_13.pdf（2013 年 8 月 1 日）を参照した。

(49) この年、アルジェリア独立の父と呼ばれるメサリ・ハジ（Messali Hadj, 1898-1974）らが中心となり、「北アフリカの星」が結成されている。

(50) その設計は、ラ・グランド・モスケ・ドゥ・パリの設計にも関わったモーリス・マントゥー（Maurice Mantout, 1886- 没年未詳）が中心となって進められた。

(51) 拙著『エキゾチック・パリ案内』平凡社新書、2012 年、第 3 章参照。

(52) シテ・ドゥ・ラ・ミュエットに関する記述は、セーヌ＝サン＝ドニ県の HP 内の Atlas de patrimoine de la Seine-Saint-Denis を参照した。http://www.atlas-

patrimoine93.fr/pg-html/bases_doc/inventaire/fiche.php?idfic=029inv052（2013 年 8 月 9 日）

(53)　この項は Serge Klarsfeld, *La Shoah en France - Tome 3 - Le calendrier de la persécution des Juifs de France（Septembre 1942 - Août 1944）*, Fayard, 2001. に多くを負っている。

(54)　Yamina Benguigui, Mutantes entre la tradition et la modernité（同章の註 5 参照）

(55)　*ibid.*

(56)　ヤミナ・ベンギギ「『移民の記憶』まぐれぶ移民のルーツを辿って」『前夜』、NPO 前夜、2006 年秋号所収、27 頁。

(57)　この点に関して、キャリー・ターはかつて「移民系の両親、特にアラブ-ムスリム系の父親の場合は特に、子どもたちがフランス社会に適応しようとすることに否定的な影響」を与える存在であったが、その後は、「郊外における第 2 世代」を描いた作品の中に、この世代間の問題をより注意深く扱っているものがあることを指摘する。『アイシャ』もまた、その列に加えることだできるだろう。Carrie Tarr, « Diasporic families and the rehabilitation of the father figure in recent French cinema », *The Diasporic Family in Cinema*（2011 年 5 月 11 日）における講演。（http://www.farflungfamilies.net/resources/Abstracts3.pdf#search='Diasporic+Families+and+the+Rehabilitation+of+the+Father+Figure+in+Recent+French+Cinema', 2014 年 1 月 30 日）

(58)　ヤミナ・ベンギギ「『移民の記憶』まぐれぶ移民のルーツを辿って」、前掲書、49 頁。

(59)　第二章、註 4 参照。

(60)　第一章、註 102 参照。

(61)　Carrie Tarr, « Grrrls in the *banlieu: Samia* and *La Squale* », *Reframing difference — beur and banlieu filmmaking in France,* Manchester University Press, 2005, pp.111-112.

(62)　キャリー・ターは、アラブ系監督の作品において、マグレブコミュニティ内における変化、特に女性の地位問題が取り上げられる傾向が強いことも指摘している。（Carrie, Tarr, « Ethnicity and Identity in the *cinéma de banlieue* », *French Cinema in the 1990s,* edited by Phil Powrie, Oxford University Press, 1999, pp.172-184.）第六章の註 8 も参照。

(63)　この挿話は、前述の *Samia* でも語られるものだ。キャリー・ターは、*Samia* においてこの――イスラーム的価値と直結する――検査を担当するのが、「白人男性医師」であったことを踏まえ、このエピソードが、以下の二点を批判的に提示していると指摘する。つまり、アルジェリア的名誉が女性の処女性において証明されるという事実と、白人的な処女性の検査が、女性の肉体への冒瀆であるという事実である。Carrie Tarr, « Grrrls in the *banlieu: Samia* and *La Squale* », *op.cit.,* p.116.

(64)　Yamina Benguigui, Mutantes entre la tradition et la modernité（拙訳）。同章の註 5 参照。

(65)　この部分の、聴覚障害者のための字幕には、Je vais au hammam quand je veux.「好きな時にハマムに行ける」とある。

(66)　TV5MONDE の « L'Invité », 2009 年 12 月 28 日 放 送。http://www.youtube.com/watch?v=gGaZvwRmSAg（2013 年 8 月 9 日）

(67)　カーラ・ヴィリンダーらによれば、ディアスポリックな共同体において、「母親」は「矛盾した」存在になる傾向があるという。しかしヴィリンダーらの言う「矛盾」とは、母親が伝統的価値を尊び、それを子供たちに教育しようとするが、子どもたちにとってそれは時代遅れの価値序列にしか見えない、という意味での「矛盾」であり、マダム・ブアマザが生きるアンビヴァレンスに比べると、より単純なものであると言えよう。（Kalra Virinder et al., *Diaspora & Hybridity,* Sage, 2005, p.56.）また、ステイシー・ウィーバー＝フェーヴも、ポスト・コロニアルな視点からの *Inch' Allah dimanche* の分析において、ヴィリンダーと同様の指摘をしている。（Stacy Weber-Fève, *Re-Hybridizing Transnational Domesticity and Femininity,* Lexington Books, 2010, p.203.）

(68)　Carrie Tarr, « Gendering Diaspora: The Work of Diasporic Women Film-Makers in Western Europe », *op.cit.,* p.192-193.

(69)　マーチン・オショネシーは、1995 年以降に制作された「郊外映画」において、「相当な数の家族映画」が、「失われた未来」を描いていると指摘するが、ネジマはこのケースに当てはまると言えよう。（Martin O'Shaunessy, *The New Face of political Cinema,* Berghahn, 2007, pp.149.）

(70)　このリーダー役を演じている Lakshan Abenayake はスリランカ系であり、それは彼の容貌からもほぼ推察できる。

(71)　『アイシャ』の公式 HP によると、マダム・ブアマザに運転を指導するベルナデットのファミリー・ネームは Acocca であり、音声でいえばユダヤ人医師の姓アコッカ Accoca と同じだ。この名前の類似は、ブアマザ夫妻の個人的な相談役であるベルナデットとアコッカ医師が、ともにユダヤ人であることを示唆していると考えられるかもしれない。ただし物語中には、ベルナデットがユダヤ人であることを感じさせる「徴」はない。http://aicha.yaminabenguigui.fr/（2013 年 8 月 9 日）

(72)　アコッカ医師を演じたジャン・ベンギギは、アラブ系ユダヤ人俳優として知られている。実際多くの映画で、ユダヤ人を演じている。中でもユダヤ人マフィアの家族を描いたアレクサンドル・アルカディ監督の *Le Grand Pardon*（1981）、『流血の絆（*Le Grand Pardon II*）』（1982）でのアルベール・セクリ役は、代表作だと看做せるだろう。

(73)　バンジャマン・ストラ『アルジェリアの歴史』小山田紀子・渡辺司訳、明石書院、2011 年、244 頁。

(74)　ヤミナ・ベンギギ「『移民の記憶』 マグレブ移民のルーツを辿って」、前掲書、34 頁。

(75)　*Hors-la-loi*（2008）でも、パリでの両者の激しい対立が描かれている。

(76)　2012 年 11 月 22 日に、日仏学院で行われた。

第六章

(1)　第一章の註 99 参照。

(2)　Dina Sherzer, « Comedy and Interracial Relationship: Romuald et Juliette (Serreau, 1987) and Métisse (Kassovitz, 1993) », in Phil Powrie (ed.), *French Cinema in the 1990s,* Oxford University Press, 1999, pp.149-150. ただしこの論文は、『ロミュアルドとジュリエット』については、白人植民者と黒人奴隷の関係をなぞっている点で、「性的流用（sexual appropriation）」が存在すると指摘することになる。第 1 章の註 66 も参照。

(3)　第一章の「共生と「郊外映画」」の項参照。

(4)　第一章の註 41 参照。

(5)　2 と同じアレクサンドル・アルカディ（Alexandre Arcady, 1947-）監督の作品である *Le Grand Pardon*、これに『憎しみ』や『リトル・エルサレム』を合わせた 3 作は、今注目している「ユダヤ人 - アラブ人」の関係を中心的に扱うものではないが、それを作品内に取り込んでいる〈パリ移民映画〉の参考例として、ここに挙げておこう。また第 5 章で扱った『アイシャ』でも、アラブ人とユダヤ人の関係が描出されていたが、それは作品全体のメイン・モチーフとは言えないので、ここではリスト・アップしていない。さらにフィリップ・フォーコン（Philippe Faucon, 1958- ）監督の *Dans la vie*（2008）は、看護を必要とするユダヤ系老婦人と、彼女の世話をするアラブ人女性の暖かい関係を中心に据えた作品だが、舞台がパリではなく南仏のトゥーロンであるので、ここには含めていない。また『リトル・エルサレム』と Dans la vie を取り上げたキャリー・ターの映画論は、「ユダヤ人－アラブ人」の関係に焦点を当てたごくわずかな先行研究の中では最も重要な論文だと考えられるが、対象を 2000 年代の作品に絞り、マグレブ系移民とセファルディムの関係に限定しているため、わたしたちがここで扱う作品群を分析対象とはしていない。(Carrie Tarr, « Jewish-Arab Relations in French, Franco-Maghrebi and Maghrebi Cinemas », in Will Higby, Sarah Leahy (ed.), *Studies in French Cinema,* Intellect, 2011, pp.321-335.)

(6)　バルベスとシャトー・ルージュに関しては、拙著『エキゾチック・パリ案内』参照。

(7)　同章の註 5 で挙げたキャリー・ターの論文によれば、独立後でさえ、マグレブ映画界においてセファルディムを描くことは「タブー」であったという。またフランス映画界においては、参考作品として挙げた *Le Grand Pardon* などの犯罪映画や、第二章註 44 で触れた『原色パリ図鑑』(1997) などのコメディにおいて、セファルディムは多く描かれているという。(Carrie Tarr, « Jewish-Arab Relations in French, Franco-Maghrebi and Maghrebi CInemas », *op.cite.,* p.324.)

(8)　Carrie, Tarr, « Ethnicity and Identity in the *cinéma de banlieue* », *French Cinema in the 1990s,* in Phil Powrie (ed.), Oxford University Press, 1999, pp.172-184. アラブ系監督作品についての指摘は、第五章で扱った『アイシャ』にも、そのまま当てはまると言えよう。

(9) Yosefa Loshitzky, *Screening Strangers,* Indiana University Press, 2010, p.96.

(10) マグレブ移民を描くいわゆる「アラブ映画」は、1970年代から制作され始め、80年代には多様な作品を生み出してゆく。第一章註93も参照。

(11) Omer Bartov, *The "Jew" in Cinema: From the Golem to Don't Touch My Holocaust,* Indiana University Press, 2005, p.230. またバートヴは、「ガリーが我々の時代の悲劇に最も接近したのは、彼のどの著作にも増して、この『アジャール』を通してだった」とも主張している。

(12) 研究書としては、Dominique Bona, *Romain Gary,* Mercure de France, 1987., Myriam Anissimov, *Romain Gary, le caméléon,* Folio, 2006., Jean-Marie Catonné, *Romain Gary : de Wilno à la rue du Bac,* Actes Sud, 2006. などがある。

(13) つまりガリーは、本名で1度、エミールアジャール名義で1度、合計2度ゴンクール賞を受けている。

(14) 小説中には、年代が示されていない。しかし後述する登場人物の年齢などから、60年代と考えるのが自然だと思われる。

(15) 高橋義人によれば、本作は「[…] 公開の仕方のまずさから日本ではほとんど話題にならなかった」という。(「アウシュヴィッツ・その後」京大教養部報、1983年1月号、p.4.)

(16) 「ミズラヒ」という姓は、一般にユダヤ人姓だとされる。

(17) マダム・ローザを演じたシモーヌ・シニョレ自身、ポーランド系ユダヤ人の父親を持つ。詳しくは、Susan Heyward, *Simone Signoret: The Star as Cultural Sign,* Continuum International Publishing Group Ltd, 2004. の第6章 « The monstre sacré: Returns to the French Screen : 1969-1982 » 参照。

(18) 高橋義人「アウシュヴィッツ・その後」、前掲誌、p.4。またバートヴは、年老いたユダヤ人の元娼婦であるマダム・ローザを、ユダヤ的な「アンチ・ヒーロー」(第三章、註22参照)だとし、彼女は「ユダヤ人的人物のステレオタイプから完全に自由である」と指摘する。(Omar Bartov, *op.cit.,* p.229.)

(19) マダム・ローザは、ベッドの下にヒトラーの肖像を置いている。恐怖に襲われた時は、その肖像を見て、すでに最悪の災いは過去のものになったことを確認するためだ。ただしこれは原作小説のみの挿話で、映画では描かれていない。

(20) エリ・ヴィーゼル『夜』村上光彦訳、みすず書房、1995年。

(21) André Lavoie, La Sagesse devant soi, *Cinébulles,* primtemps 2004, vol.22 n.2, p.4 (http://www.erudit.org/culture/cb1068900/cb1088384/26085ac.pdf, 2013年12月20日)

(22) Romain Gary, *La vie devant soi,* Gallimard, 1975, pp.52-53. (訳文は『これからの一生』荒木亨訳、早川書房、1977、42頁、によった。ただし一部改変。)

(23) 小説中に現れるものの、確認できなかった地名もある。rue Calefeutre, rue Deudon, rue Tienné などである。また、rue des Cygnes は rue du Cygne、rue Macé は rue Jean Macé のことであると判断した。

(24) 同章の註5参照。

(25) 第1次大戦中、社会主義団体と政府の協働を呼びかけたポワンカレ

(Raymond Poincaré, 1860-1934）大統領も、この表現を用いた。「神聖なる同盟」とも言われる。

(26)　ただしその舞台は、アルジェ、マルセイユ、パリなど、さまざまである。その点を強調するなら、アルカディー監督は、場所を変えながら「ピエ・ノワールという生き方」を追求しているとも言えよう。

(27)　このメズーザについては、後にシモンの上司も外すよう命じる。

(28)　6日間戦争とも言われる。1967年。この時点で、アルカディー監督は20歳だった。

(29)　1973年に発生。

(30)　田所光男「パリ・ロジエ通り界隈――浸透するユダヤ的差異――」も参照。(http://www.lang.nagoya-u.ac.jp/proj/sosho/3/tadokoro.pdf#search='%E3%83%A6%E3%83%80%E3%83%A4%E4%BA%BA+%E3%83%9E%E3%83%AC%E5%9C%B0%E5%8C%BA+%E5%A4%A7%E5%AD%A6+%E3%83%91%E3%83%AA+%E8%A5%B2%E6%92%83'、2013年11月20日）

(31)　ただし、アラブ人刑事カリムの住所は特定できない。「悪」としてのアラブはバルベスと結びつくが、カリムが体現するもう一つのアラブは、映画内で空間化されていない。

(32)　カリムを演じるリシャール・ベリの容貌は、しかしまったく「アラブ的」ではない。監督はその点を踏まえ、映画の冒頭に、「わたしはアラブ人でありフランス人です」というカリムのセリフを用意している。「ユダヤ人－アラブ人・映画」という構造をはっきりと成立させるためには、この発言が必要だったということだろう。

(33)　結社、及び結社への参加を保障した法。

(34)　Yahoo百科事典（＝『日本大百科全書（ニッポニカ)』小学館)「アラブ人」の項（片倉もとこ執筆）より（2013年12月1日)。

(35)　直訳すれば「悪い信仰心」。仏和大辞典（小学館）によれば、「不誠実、悪意、虚偽；(サルトルの用語として）自己欺瞞」などの意味もある。

(36)　ライラ・マラクシ（Laïla Marrakchi, 1975- ）監督の *Marock*（2006）は、*Mauvaise foi* と同じ2006年に公開された。カサブランカに暮らすアラブ人少女と（17歳）とユダヤ人（セファルディム）少年の恋愛を描いたこの作品においては、しかし、富裕層に属する快楽主義的な二人の恋愛は成就しない。少年はBMWを大破させ死亡し、少女は物語の終わりにパリへと――微笑とともに――旅立つからだ。

(37)　本作はユダヤ人世界におけるゲイの物語であり、アラブ人は登場しない。

(38)　監督・脚本を担当したジルベルマンは、当時「アルジェリア人の女装同性愛者と暮らしていた」と語っている。ただし、その「恋人」は彼のもとを離れアルジェリアに戻ってしまったのであり、「恋人」が彼の母の世話をするという設定は、まったくの創作だという。David, A. (ed.), « Entretien avec Jean-Jacques Zilbermann (La folle histoire d'amour de Simon Eskenazy) », 2009. (http://lci.tf1.fr/cinema/news/entretien-avec-jean-jacques-zilbermann-la-folle-histoire-d-

amour-5570444.html, 2013 年 12 月 10 日)
(39) 拙著『エキゾチック・パリ案内』参照。ここはアラブ系移民も少なくない。
(40) 映画内には、シモンがタクシーに、シャトー・ルージュ行きを断られる場面がある。
(41) この母親は、シモンの(男性の)恋人ラファエルが悲劇を研究している学者だと知ると、悲劇のことなら何でも知ってるわよ、と発言する。また、ジルベルマン監督の最新作 *Auschwitz les bains* (2013) は、アウシュヴィッツを生き延びた 3 人の女性たちを主人公に据え、それぞれオランダ、カナダ、フランスで暮らす彼女らが、戦後 20 年以上経ってから、北フランスでともにヴァカンスを過ごすという物語である。
(42) ゲイであるシモンが結婚し子供を持つにいたった経緯については、前作 *L'homme est une femme comme les autres* 参照。
(43) 第二章、註 19 参照。
(44) 男装のときは「ナイム」を名乗り、女装したときは「アンジェラ」を名乗る。女装もするゲイということであり、性転換者ではない。
(45) David, A. (ed.), « Entretien avec Jean-Jacques Zilbermann (La folle histoire d'amour de Simon Eskenazy) » (註 38)
(46) また、シモンのいとこダヴィッドがアンジェラにアプローチしたとき、シモンはアンジェラの断りを代弁し、こう発言する、「君の顔を見ると、ガザに入ってきた時のイスラエル兵を思い出すんだって」と。ただこうした発言に対し、ユダヤ側からの応答は特に示されていない。
(47) 前作 *L'homme est une femme comme les autres* では、結婚するダヴィッドがシモンの告白を拒絶する場面が描かれていた。
(48) 前作に登場した元妻の母親である。彼女は(おそらく離婚し)今パリで一人暮らしをしている。
(49) 『これからの人生』のローラが想起される。彼女も女装するゲイであり、パリにおけるアフリカ系であったため、少なくとも二重にマイノリティだった。
(50) ただし、「彼/彼女」、つまり「ナイム」と「アンジェラ」は、その二重性よりむしろ統一性がにおいて現前しており、二重性そのものは何かのアレゴリーとして表現されてはいない。
(51) たとえば、ユダヤ系雑誌におけるインタヴューなど。Alliance, 2008. (http://www1.alliancefr.com/geraldine-nakache-news10,38,4708.html, 2013 年 12 月 20 日)
(52) Géraldine Nakache, Hervé Mimran, *Tout ce qui brille,* Lettmotif, 2011, pp.129-139.
(53) 映画内では二人の年齢について言及されないものの、シナリオでははっきり「20 歳」とされている。(*ibid.,* p.7)
(54) ただし本作には、他の「ユダヤ人-アラブ人映画」とは違う点がある。それは、ユダヤ人エリの両親を演じる二人の俳優——ダニエル・コーエン、ナヌー・ガルシア——が、ともにアラブ系の容貌を持っていることだ。とはいえ、この二人はユダヤ人俳優として知られているし、エリの家庭内にアラブ的要素を見

出すことはほとんどできない。また、エリを演じるジェラルディン・ナカシュ自身は、――これはデリケートな問題だが――北アフリカ系ではなく、ヨーロッパ系の顔立ちに見える。実際彼女は、デビュー作 *Comme t'y es belle !* ではピエ・ノワールを演じていたし、自分の容貌について問われた時は、「わたしって、アフガニスタン人に似てると思う（註 51 のインタヴュー）」と発言してもいる。

(55)　現在はビジネス・センターとして機能しているラ・デファンスだが、この街が人工的に作り上げられていく途上にあった 1970 年代、この変貌を背景に 2 つの作品が制作されている。シムノンの小説に基づいたピエール・グラニエ＝ドゥフェールの *Le Chat*（1971）と、ピエール・ルイスの小説にヒントを得たルイス・ブニュエルの『欲望のあいまいな対象』（1977）である。後者においては、この土地にスペイン系移民母娘が暮らしていた。

(56)　エリが働いているサンドイッチ・チェーンである Lina's は、2013 年末現在、パリ周辺だけで 5 店舗を数える。

(57)　向風三郎「花の都の壁の外」を参照。（http://pepecastor.blogspot.jp/2010/04/blog-post_20.html, 2013 年 12 月 20 日）

(58)　シナリオにはそういう指定がある（Géraldine Nakache, Hervé Mimran, *op.cit.,* p.112.）が、映画内でこの場所は明示されない。

(59)　シナリオには、ただ「赤いワンピース」という指定がされているだけである（Géraldine Nakache, Hervé Mimran, *op.cit.,* p.100.）が、映画内では、それが「バル・ミツワー」の衣装であるとエリ自身が発言している。

(60)　ナカシュ監督は、すでに引いたインタヴューの中で、自宅にもメズーザを取り付けていると語っている。Alliance.（註 51 参照）

(61)　エリの父親――このシークエンスには登場しない――を演じるのは、ユダヤ人俳優ダニエル・コーエンである。

(62)　ドゥリバは、『アイシャ』の監督であるヤミナ・ベンギギの作品、*Inch'Allah dimanche*（2001）で主役を務め、アルジェリアからフランスへ渡った移民一世を演じている。またノラ・ハムディ（Nora Hamdi, 1968- ）監督の *Des poupées et des anges*（2008）では、『きらきらしてる』同様、レイラ・ベクティと母娘を演じている。

(63)　アビタンが本作に「出演」するのは、写真の中でのみである。

(64)　Carole Milleliri, *Tout ce qui brille,* http://www.critikat.com/Tout-ce-qui-brille.html,（2013 年 12 月 22 日）またエマニュエル・フロワも、フィガロ紙上（2010 年 3 月 24 日付け）で同様の指摘をしている。Emmanuèle Frois, *« Tout ce qui brille » : un petit diamant brut,* http://www.lefigaro.fr/cinema/2010/03/24/03002-20100324ARTFIG00028-tout-ce-qui-brille-un-petit-diamant-brut-.php（2013 年 12 月 22 日）

(65)　リラを演じたレイラ・ベクティは、かつて *Des poupées et des anges* に出演することを決めた理由として、その作品が「マグレブ家族」の物語にとどまらず、普遍的な「家族」を描いているからだ、と話したことがある。（http://medias.unifrance.org/medias/11/132/33803/presse/des-poupees-et-des-anges-2008-%E3%83

%97%E3%83%AC%E3%82%B9%E3%82%AD%E3%83%83%E3%83%88-1.pdf, 2014年1月4日）今回の『きらきらしてる』についても、この言葉はそのまま当てはまると言えるだろう。

(66)　(http://www.abusdecine.com/interview/tout-ce-qui-brille, 2014年1月4日）またウィル・ヒグビーは、ユダヤ系監督であるカゾヴィッツの『カフェ・オ・レ』について、主人公の一人が複合的な家族とサン・ドニで暮らしている点について、「[…] 郊外とは、（フランスの主流メディアがわたしたちに信じ込ませようとしているような）有罪を宣告され、疎外された下層階級だけが押しこめられている空間ではない」と主張する。(Will Higbee, « The Return of the Political, or Designer Visions of Exclusion ? », *French Cinema, I〜IV*, Routledge, 2013, tome III, p. 280.)

(67)　バイアという名前から、「ブラジル出身か？」と訊かれる場面もある。

(68)　父親役を演じたジヌディーヌ・スアレムは、『憎しみ』における警察官、セドリック・クラピッシュ（Cédric Klapisch, 1961- ）監督の『猫が行方不明（*Chacun cherche son chat*）』(1996）など、多くの映画にアラブ系の人物として出演している。最近では、やはりクラピッシュ監督の『フランス、幸せのメソッド（*Ma Part du Gâteau*）』(2011）における、移民のための職業訓練所の所長などが、その一例である。

(69)　バイアはこの語を、全体主義や右翼はもちろん、「差別を行う人間」という、広い意味で使っていると考えられる。

(70)　DVD（*Le nom des gens,* Gie Sphe-Tf1, 2011）から拙訳。また、国内版（『戦争より愛のカンケイ』オンリー・ハーツ、2012）の字幕を参照した。

(71)　たとえば、フランス語圏を代表するベルギー人ラッパー、ストロマエ（Stromae, 1985- ）は、まさにそうした視点から *Bâtard* という曲を発表している。

(72)　歴史学者の入江昭は、「最近の歴史学は大国の関係、領土問題やパワーゲームだけに注目するのではなく、多国籍企業やNGO、宗教団体などの非国家的存在や、国境を越えた人間のつながりに重きを置いて」いると指摘した上で、特にアメリカで「人種の融合」が進んでおり、「人も社会も『雑種化』してゆく。これからの世界に希望があるとしたら、そこだと思います」と語っている。(入江昭インタヴュー、朝日新聞、2014年6月19日付、17面)

(73)　第一章、「共生と「郊外映画」」参照。

(74)　シャーザーは Saint-Denis だとしているが、誤りである。(Sherzer, *op.cit.,* p.150.)

(75)　2013年9月、新市庁舎へ業務が移転された。

(76)　Bagnolet collait parfaitement à l'histoire du film, *Le Parisien du 24 novembre 2010.* (http://www.leparisien.fr/seine-saint-denis-93/bagnolet-collait-parfaitement-a-l-histoire-du-film-24-11-2010-1163223.php, 2014年1月5日）(拙訳)

(77)　ただしここは「郊外」としてのバニョレではなく、ペリフェリックの内側、つまり「パリ」に含まれる地域である。ペール・ラシェーズ墓地の外壁や、ウルク運河も登場する。Michel Leclerc : "J'adore les obsessionnels qui emmerdent

leur entourage avec leurs idées fixes !", Universciné.（http://www.universcine.com/articles/michel-leclerc-j-adore-les-obsessionnels-qui-emmerdent-leur-entourage-avec-leurs-idees-fixes, 2013 年 12 月 20 日）

(78)　バニョレの象徴とも言うべき双子の高層ビル、レ・メルキュリアルは、1975〜77 年、この計画の一環として建てられたものである。

結び

(1)　当初、革命の理念を広めるという「使命」を帯びていた革命戦争が、やがてはナポレオンによる帝国主義的戦争に変質してしまったことと、通じる部分があるだろう。

(2)　しかし彼らは、長くビドンヴィル暮らしを余儀なくされた。序章の「移民映画」の項参照。

(3)　増田ユリヤ『移民社会フランスで生きる子どもたち』岩波書店、2011 年、192 頁。

(4)　今橋映子「19 世紀パリ論の成立」、『都市と郊外』（今橋編著）NTT 出版、2004 年、193 頁。

参考文献

はじめに

ANDERSON, Benedict, *Imagined Communities,* Verso Books, 2006.（『定本 想像の共同体』白石隆、白石さや訳、書籍工房早山、2007 年）

CLARKE, David B. (edit.), *The Cinematic City,* Routledge, 1997.

GASTON-MARTHE, Catherine, *La Société française au miroir de son cinéma,* Le Cerf, 2001.

HIGBEE, Will, *Post-beur Cinema: North African Émigré and Maghrebi-French Filmmaking in France since 2000,* Edinburgh University Press, 2013.

LOSHITZKY, Yosefa, *Screening Strangers,* Indiana University Press, 2010.

MERCIER, Louis-Sébastien, *Tableau de Paris,* Slatkine Reprints, 1979.（『十八世紀パリ生活誌　タブロー・ド・パリ（上・下）』原宏訳、岩波書店、1989 年）

POWRIE, Phil (edit.), *French Cinema, I～IV,* Routledge, 2013.

SASSEN , Saskia, *The Mobility of Labor and Capital: A Study in International Investment and Labor Flow,* Cambridge University Press, 1988.（『労働と資本の国際移動――世界都市と移民労働者』森田桐郎ほか訳、岩波書店、1992 年）

SASSEN , Saskia, *Guests and Aliens,* Norton, 1999.

SHIEL, Mark; FITZMAURICE, Tony (edit.), *Cinema and the City: Film and Urban Societies in a Global Context,* Wiley-Blackwell, 2001.

TARR, Carrie, *Reframing difference: Beur and banlieue filmmaking in France,* Manchester University Press, 2005.

石川清子「出奔するマグレブ系「移民第二世代」の娘たちの物語とテリトリー：レイラ・セバールの八十年代の小説を中心に」、『静岡文化芸術大学研究紀要 1』、2000 年

今橋映子編著『都市と郊外』NTT 出版、2004 年

清岡智比古『東京詩』左右社、2009 年

渋谷哲也「ステレオタイプからの脱却」、『上智大学ヨーロッパ研究所研究叢書第 2 号・ヨーロッパ映画における移民たち』上智大学ヨーロッパ研究所、2008 年

前田愛『都市空間の中の文学』筑摩書房、1982 年

序章

CHADYCH, Danièle; LEBORGNE, Dominique, *Atlas de Paris, Evolution d'un paysage urbain,* Parigramme, 2007.

COHEN, Jean-Louis; LOTIE, André, *Des fortifs au périf,* Picard, 2000.

FIERRO, Alfred, *Histoire et Dictionnaire de Paris,* Robert Laffont, 1996.（『パリ歴史事典』

鹿島茂監訳、白水社、2000 年）
GAGNEUX, Renaud; PROUVOST, Denis, *Sur les traces des Enceintes de Paris,* Parigramme, 2004.
PITTE, Jean-Robert (ed.), *Paris, Histoire d'une ville,* Hachette, 1993.（『パリ歴史地図』木村尚三郎監訳、東京書籍、2000 年）

喜安朗『パリの聖月曜日』平凡社、1982 年
中島智章『パリ　名建築で巡る旅』河出書房新社、2008 年
堀井敏夫『パリ史の裏通り』白水社、1984 年
松井道昭『フランス第二帝政下のパリ都市改造』日本経済新聞社、1997 年
マルクス（カール）『マルクス・コレクション VI フランスの内乱・ゴータ綱領批判・時局論（上）』辰巳伸知；細見 和之；村岡晋一他訳、筑摩書房、2005 年

第一章
ABEL, Richard, *Encyclopedia of Early Cinema,* Routledge, 2010.
ARAGON, Louis, *Paysan de Paris,* Folio, 1972.（『パリの農夫』佐藤朔訳、思潮社、1972 年）
AUSTIN, Guy, *Comtemporary French Cinema,* Manchester University Press, 1996.
BARDECHE, Maurice; BRASILLACH, Robert, *Histoire du cinéma, Tome 1,* Les Sept Couleurs, 1964.
BERTELLINI, Giorgio, *Italy in Early American Cinema: Race, Landscape, and the Picturesque,* Indiana University Press, 2009.
BRETONNE, Rétif de la, *Les Nuits de Paris,* Folio, 1986.（『パリの夜――革命下の民衆』植田裕次訳、岩波書店、1988 年）
BUSS, Robin, *French Film Noir,* Marion Boyars, 1994.
CADÉ, Michel, « A la poursuite du bonheur：les ouvriers dans le cinéma français des années 1990 », in *Cahier de la Cinémathèque 71,* 2000.
CADÉ, Michel, *L'Écran Bleu,* Presse Universitaire de Perpignan, 2004.
GARY, Romain, *La vie devant soi,* Gallimard, 1975.（『これからの一生』荒木亨訳、早川書房、1977 年）
HIGBEE, Will, *Mathieu Kassovitz,* Manchester University Press, 2006.
KOBEL, Peter, *Silent movies : the birth of film and the triumph of movie culture,* Little, Brown, 2007.
LAURENT, Natacha (dir.), *Étrangers d'Ici,* Privat, 2012.
LOSHITZKY, Yosefa, *Screening Strangers,* Indiana University Press, 2010.
MERCIER, Louis-Sébastien, *Tableau de Paris,* Slatkine Reprints, 1979.（『十八世紀パリ生活誌　タブロー・ド・パリ（上・下）』原宏訳、岩波書店、1989 年）
MOULET, Luc, « Le Néo-irréalisme français », in *Cahier du cinéma, 475,* 1994.
NANCY, Jean-Luc, *L'Intrus,* Editions Galilée, 2010.（『侵入者――いま「生命」はどこに？』西谷修訳編、以文社、2000 年）

O'SHAUGHNESSY, Martin, *The New Face of political Cinema,* Berghahn, 2007.
POWRIE, Phil (ed.), *French Cinema, I〜IV,* Routledge, 2013.
SPAAS, Lieve, *The Francophone film,* Manchester University Press, 2000.
RENOIR, Jean, *Écrits[1926-1971],* Ramsay, 2006.（『ジャン・ルノワール エッセイ集成』野崎歓訳、青土社、1999 年）
TARR, Carrie, *Reframing difference: Beur and banlieue filmmaking in France,* Manchester University Press, 2005.
TARR, Carrie, « Ethnicity and Identity in the *cinéma de banlieue* », in POWRIE, Phil (ed.), *French Cinema in the 1990s,* Oxford University Press, 1999.
TARR, Carrie, « Diasporic Women Film-Makers in Western Europe », in BERGHAN, Daniela, STERNBERG, Claudia (ed.), *European Cinema in Motion,* Palgrave Macmillian, 2010.
VINCENDEAU, Ginette, *La Haine:French Film Guide,* I.B.Tauris, 2005.

荒又美陽『パリ神話と都市景観――マレ保全地区における浄化と排除の論理』明石書店、2011 年
石川清子「出奔するマグレブ系「移民第二世代」の娘たちの物語とテリトリー：レイラ・セバールの八十年代の小説を中心に」、『静岡文化芸術大学研究紀要 1』、2000 年
今橋映子編著『都市と郊外』NTT 出版、2004 年
喜安朗『パリの聖月曜日』平凡社、1982 年
清岡智比古『エキゾチック・パリ案内』平凡社新書、2012 年
キング（ラッセル）『移住・移民の世界地図』竹沢尚一郎他訳、丸善出版、2011 年
サドゥール（ジョルジュ）『世界映画全史（1〜11）』丸尾定他訳、国書刊行会、1992-1999 年
シュヴァリエ（ルイ）『労働階級と危険な階級』喜安朗、木下賢一、相良匡俊訳、みすず書房、1993 年
『上智大学ヨーロッパ研究所研究叢書第 2 号・ヨーロッパ映画における移民たち』上智大学ヨーロッパ研究所、2008 年
『駿河台大学論叢（11）』駿河台大学、1995 年
中条省平『フランス映画史の誘惑』集英社、2003 年
ベンヤミン（ヴァルター）『パサージュ論（全 5 巻）』今村仁司ほか訳、岩波書店、2003 年
堀井敏夫『パリ史の裏通り』白水社、1984 年
松井道昭『フランス第二帝政下のパリ都市改造』日本経済新聞社、1997 年
港千尋『パリを歩く』NTT 出版、2011 年
リシャール（ギ）編『移民の一万年史』藤野邦夫訳、新評論、2002 年

DVD
ALBOU, Karin, *La Petite Jerusalem,* Paradis Distribution, 2006.（『リトル・エルサレム』）

AMEUR-ZAIMECHE, Rabah, *Wesh Wesh, qu'est-ce qui se passe ?,* ARTE ÉDITIONS, 2003.（『ウェッシュ、ウェッシュ、何が起こっているの？』）
ARCADY, Alexandre, *Le Grand Pardon II,* Studiocanal, 2010.（『流血の絆』パック・イン・ビデオ、1994 年）
ARCADY, Alexandre, *L'Union sacrée,* Metropolitan Vidéo, 2002.
ARCADY, Alexandre, *Comme les cinq doigts de la main,* Universal, 2010.
AUDIARD, Jacques, *Un prophète,* UGC Vidéo, 2010.（『預言者』トランスフォーマー、2012 年）
BARKER, Reginald, *The Italian,* Grapevine Video, 2003.
BALASKO, Josiane, *Les Keufs,* TF1 Vidéo, 2006.
BARATIER, Jacques, *La ville bidon,* Doriane Films, 2008.
BEAUVOIS, Xavier, *Le Petit Lieutenant,* Studio Canal, 2006.
BENGUIGUI, YAMINA, *Inch'Allah dimanche,* Sony Pictures Entertainment, 2002.
BENSALAH, Djamel, *Beur sur la ville,* Orange Studio, 2012.
BOISSET, Yves, *Dupont Lajoie,* TF1 Vidéo, 2007.
BOUCHAREB, Rachid, *Hors-la-loi,* Studio Canal, 2010.
BRISSEAU, Jean-Claude, *De bruit et de fureur,* Carlotta Films, 2006.
CHAREF, Mehdi, *Le thé au harem d'Archimide,* Wagram vidéo, 2001.
CHIBANE, Malik, *TRILOGIE URBAINE*（*Hexagone, Douce France, Voisins, voisines*）, BAC FILMS, 2007.
DEPETRINI, Anne, *Il reste du jambon ?,* Gaumont, 2011.
DOILLON, Jacques, *Petits frères,* MK2, 2008.
ELBÉ, Pascal, *Tête de Turc,* Warner Bros., 2010.
ESTROUGO, Audrey, *Regarde-moi,* Gaumont, 2008.
ESTROUGO, Audrey, *Toi, moi, les autres,* Universal Studio Canal Video, 2011.
FERROUKHI, Ismaël, *Les Hommes libres,* France Télévisions Distribution, 2012.
GASTAMBIDE, Franck, *Les Kaïra,* Gaumont, 2012.
GILOU, Thomas, *Raï,* Lancaster, 2007.
GOBBI, Sergio, *L'Arbalète,* LCJ Editions, 2004.（VHS『アスファルト・ウォリアーズ 鮮血ストリート殺人』RCA コロンビア・ピクチャーズ・ビデオ、1989 年）
GUITRY, Sacha, *Ils étaient neuf célibataires,* StudioCanal, 2003.
JESSUA, Alain, *Les Chiens,* StudioCanal, 2012.
JOLIVET, Pierre, *Mains armées,* TF1 Vidéo, 2012（『虚空のレクイエム』エプコット、2013 年）
JOLIVET, Pierre, *La Très très grande entreprise,* Pathé, 2009.
KECHICHE, Abdel, *L'esquive,* Lancaster, 2005.（『身をかわして』）
KECHICHE, Abdel, *La Faute à Voltaire,* CECCHI GORI E.E. HOME VIDEO SRL, 2006.
KECHICHE, Abdel, *La graine et le mulet,* FOX PATHÉ EUROPA, 2010.（『クスクス粒の秘密』）
KLAPISCH, Cédric, *Paris,* Studio Canal, 2009.（『パリ』トップ・マーシャル、2011 年）

KLOTZ, Nicolas, *La Blessure,* Shellac Sud, 2009.
LECLERC, Michel, *Le Nom Des Gens,* Gie Sphe-Tf1, 2011.（『戦争より愛のカンケイ』オンリー・ハーツ、2012年）
MIMRAN, Hervé ; NAKACHE, Géraldine, *Tout ce qui brille,* Pathé, 2010.（『きらきらしてる』）
PAGNOL, Marcel, *Regain,* CMF, 1995.（VHS）
PERON, Serge Le, *Laisse béton,* Pom Films, 2010.
RICHET, Jean-François, *Ma 6-T va crack-er,* CIDC INTERNATIONALE DE COMMUNICATION, 2002.
SALEH, Kamel, AKHENATON, *Comme un aimant,* Studio Canal/Lic, 2012.
TUCKER, George Loane, *Traffic in Souls,* Public Domain Flicks, 2009.（『暗黒街の大掃蕩』）
VERNEUIL, Henri, *Peur sur la ville,* Studio Canal, 2007.（VHS『ジャン＝ポール・ベルモンドの恐怖に襲われた街』東芝映像ソフト株式会社、1990年）
ZIDI, Claude, *Les ripoux,* Opening, 2005.
SERREAU, Colline, *Romuald et Juliette,* Optimum Home Releasing, 2007.
Tengour, Abdelkarim, *Tout l'argot des banlieues : Le dictionnaire de la zone en 2 600 définitions,* Opportun, 2013
ZEM, Roschdy, *Mauvaise foi,* Studio Canal, 2007.
ZILBERMANN, Jean-Jacques, *La Folle Histoire d'amour de Simon Eskenazy,* BAC, 2010.
＊MCCUTCHEON, Wallace, *The Black Hand,* 1906.（https://www.youtube.com/watch?v=FRyLyAUgItw　）

＊日本語タイトルの後にDVD情報が付記されていない作品は、日本で公開されたものの、まだソフトがないもの。

カソヴィッツ（マチュー）『カフェ・オ・レ』パイオニアLDC、2001年
カソヴィッツ（マチュー）『憎しみ』パイオニアLDC、2001年
クレール（ルネ）『巴里祭』ビデオメーカー、2008年
クラヴジック（ジェラール）『タクシー2』パラマウント ホーム エンタテインメント ジャパン、2007年
クラヴジック（ジェラール）『タクシー3』角川映画、2009年
クラヴジック（ジェラール）『タクシー4』角川映画、2009年
クレール（ルネ）『巴里の屋根の下』ファーストトレーディング、2011年
クレール（ルネ）『リラの門』IMAGICA TV、2008年
ゴダール（ジャン＝リュック）『勝手にしやがれ』ジェネオン・ユニバーサル、2012年
コッポラ（フランシス・フォード）『ゴッドファーザー コッポラ・リストレーション DVD BOX』パラマウント ホーム エンタテインメント ジャパン、2008年
スウェイム（ボブ）『愛しきは、女 ラ・バランス』松竹、1987年（VHS）

セロー（コリーヌ）『女はみんな生きている』角川書店、2011 年
チャップリン（チャーリー）『移民』株式会社コスミック出版、2012 年
デュペイロン（フランソワ）『イブラヒムおじさんとコーランの花たち』ハピネット・ピクチャーズ、2006 年
トリュフィー（フランソワ）『大人は判ってくれない』日本ヘラルド映画、2004 年
ピレス（ジェラール）『タクシー』ポニーキャニオン、1999 年
ブニュエル（ルイス）『欲望のあいまいな対象』ジェネオン・ユニバーサル、2012 年
ベリ（クロード）『チャオ・パンタン』紀伊國屋書店、2009 年
ホーフスタッド（オリヴィエ・ヴァン）『ゴー・ファースト　潜入捜査官』角川エンタテインメント、2010 年
マルシャル（オリヴィエ）『ギャングスター』グルーヴコーポレーション、2003 年
マルシャル（オリヴィエ）『そして友よ、静かに死ね』パラマウント ホーム エンタテインメント ジャパン、2013 年
リシェ（ジャン＝フランソワ）『ジャック・メスリーヌ / パブリック・エネミー No.1 Part.1 & 2』ワーナー・ホーム・ビデオ、2010 年
ルノワール（ジャン）『トニ』パイオニア LDC、2000 年

参考サイト
http://www.ceaq-sorbonne.org/node.php?id=1121&elementid=799,
http://www.histoire-immigration.fr/des-dossiers-thematiques-sur-l-histoire-de-l-immigration/la-figure-de-l-immigre-dans-le-cinema-francais-depuis-les-annees-soixan,
http://www.action-cut.com/critiques/chefs-doeuvre-oublies-les-chiens/
http://www.cairn.info/revue-confluences-mediterranee-2005-4-page-189.htm#no107,
http://www.critikat.com/Beur-sur-la-ville.html,
http://www.critikat.com/Beur-sur-la-ville.html,
http://www.institut.jp/fr/evenements/8568
http://map.revues.org/1003
http://www.abusdecine.com/interview/tout-ce-qui-brille,
http://www.unifrance.org/film/15098/ma-6t-va-cracker
http://www.bfmtv.com/economie/exclusif-tops-flops-cinema-francais-2012-417342.html

第二章
ATTALI, Jacques, *Les Juifs, le monde et l'argent,* Fayard, 2002.
BENBASSA, Esther; ATTIAS, Jean-Christophe, *Les Juifs ont-ils un avenir ?,* Hachette Littérature, 2002.
BENTOUNÈS, Khaled, *L'Homme intérieur à la lumière de Coran,* Les Éditions de la Table Ronde, 1996.
HILLAIRET, Jacques, *Dictionnaire Historique des Rues de Paris,* Les Editions de Minuit, 1963.

O'SHAUGHNESSY, Martin, *The New Face of political Cinema,* Berghahn, 2007
POWRIE, Phil (ed.), *French Cinema,* I〜IV, Routledge, 2013.
SCHMITT, Éric-Emmanuel, *Milarepa,* Editions Albin Michel, 1997.（『チベット聖者の教え』阪田由美子訳、PHP 研究所、2004 年）
SCHMITT, Éric-Emmanuel, *Monsieur Ibrahim et les Fleurs du Coran,* Magnard, 2001.（『モモの物語』番由美子訳、メディアファクトリー、2004 年）
SCHMITT, Éric-Emmanuel, *Oscar et la dame rose,* Albin Michel, 2002.（『神さまとお話しした 12 通の手紙』阪田由美子訳、PHP 研究所、2003 年）
SCHMITT, Éric-Emmanuel, *L'enfant de Noé,* Editions Albin Michel, 2004.（『ノアの子』高木雅人訳、NHK 出版、2005 年）
SCHMITT, Éric-Emmanuel, *Le sumo qui ne pouvait pas grossir,* Reclam Philipp Jun, 2009.
TARR, Carrie, *Reframing difference — Beur and banlieu filmmaking in France,* Manchester University Press, 2012
WILL, Ines, *M. Ibrahim et les fleurs du Coran - une analyse du film,* Grin Verlag, 2010.

有田英也『ふたつのナショナリズム』みすず書房、2000 年
片倉もとこ『イスラームの日常世界』岩波書店、1991 年
片倉もとこ『イスラームの世界観——「移動文化」を考える』岩波書店、2008 年
ジョリヴェ（ミュリエル）『移民と現代フランス』鳥取絹子訳、集英社新書、2003 年
ブレバン（シルヴィ）；ヴィダル（ドミニク）、他『力の論理を超えて——ル・モンド・ディプロマティーク 1998-2002』ル・モンド・ディプロマティーク日本語版編集部編訳、NTT 出版、2003 年
ベントゥネスシャイフ（シャイフ・ハーレド）『スーフィズム　イスラームの心』中村廣治朗訳、岩波書店、2007 年
本間圭一『パリの移民・外国人——欧州統合時代の共生時代』高文研、2001 年
前田愛『都市空間の中の文学』筑摩書房、1982 年

DVD
デュペイロン（フランソワ）『イブラヒムおじさんとコーランの花たち』ハピネット・ピクチャーズ、2006 年
CHENOUGA, Chad, *17 rue Bleue,* Doriane Films, 2008.
GALLANT, Philippe, *Merci mon chien,* B.A.C., 1999.
GILOU, Thomas, *La Vérité, si je mens ! 2,* TF1 Vidéo, 2012.
GILOU, Thomas, *La Vérité, si je mens ! 3,* TF1 Vidéo, 2012.

VHS
ジルー（トマ）『原色パリ図鑑』アート・キャップ、1999 年

映画パンフレット
『イブラヒムおじさんとコーランの花たち』ギャガコミュニケーションズ、2003 年
『原色パリ図鑑』BUNKAMURA、1998 年

第三章

ATTALI, Jacques, *Les Juifs, le monde et l'argent,* Fayard, 2002.
BARTOV, Omer, *The "Jew" in Cinema: From the Golem to Don't Touch My Holocaust,* Indiana University Press, 2005.
BENBASSA, Esther; ATTIAS, Jean-Christophe, *Les Juifs ont-ils un avenir ?,* Hachette Littérature, 2002.
BENBASSA, Esthere, *L'Histoire des Juifs de France,* Seuil, 2000.
L'Express, 30/08/2004
GOIX, Renaud Le, « Les gated communities aux États-Unis et en France : une innovation dans le développement périurbain ? », *Héorodte, no 122,* 2006
HILLAIRET, Jacques, *Dictionnaire Historique des Rues de Paris,* Les Editions de Minuit, 1963.
KLARSFELD, Serge, *La Shoah en France - Tome 1-4,* Fayard, 2001.
LAURENT, Natacha (dir.), *Étrangers d'Ici,* Privat, 2012.
LENTZ, Serge, *Les années-sandwiches,* Robert Laffont, 1981.
LÉVINUS, Emmanuel, *Difficile Liberté :Essai sur Judaïsme,* Edition Albin Michel , 1983. (『困難な自由』内田樹訳、国文社、2008 年)
LOSHITZKY, Yosefa, *Screening Strangers,* Indiana University Press, 2010
NOUSCHI, Marc,NOUSCHI Sylviane, *Score civilisation française,* Presse Pocket, 1991
PHILIPPE, Béatrice, *Etre juif dans la société française,* Editions Complexe, 1999.
POLIAKOV, Léon, *L'impossible choix : histoire des crises d'identité juive,* Austral, 1996.
POWRIE, Phil (ed.), *French Cinema,* I〜IV, Routledge, 2013.
PREDAL, René, « François, David et lea autres dans le cinéma hexagonal des années soixante-dix », *CinémaAction 37,* 1986
SCHMITT, Éric-Emmanuel, *Monsieur Ibrahim et les Fleurs du Coran,* Magnard, 2004.

有田英也『ふたつのナショナリズム』みすず書房、2000 年
上山安敏『ブーバーとショーレム』岩波書店、2009 年
サンド（シュロモー）『ユダヤ人の起源——歴史はどのように創作されたのか』高橋武智監訳、武田ランダムハウスジャパン、2010 年
シュミット（エリック＝エマニュエル）『モモの物語』番由美子訳、メディアファクトリー、2004 年
ジョリヴェ（ミュリエル）『移民と現代フランス』鳥取絹子訳、集英社、2003 年
ブレバン（シルヴィ）；ヴィダル（ドミニク）、他『力の論理を超えて——ル・モンド・ディプロマティーク 1998-2002』ル・モンド・ディプロマティーク日本語版編集部編訳、NTT 出版、2003 年

セン（アマルティア）『アイデンティティと暴力』勁草書房、2011 年
長谷川公昭『ナチ占領下のパリ』草思社、1986 年
田所光男「北アフリカからのユダヤ人」、『平成 14 年度・15 年度科学研究費補助金・基盤研究（C）研究成果報告書、〈20 世紀ディアスポラ・ユダヤ人のアイデンティティ〉』、研究代表者田所光男、2004 年
本間圭一『パリの移民・外国人――欧州統合時代の共生時代』高文研、2001 年
マルクス（カール）『ユダヤ人問題によせて――ヘーゲル法哲学批判序説』城塚登訳、岩波書店、1974 年
ラブキン（ヤコブ）『トーラーの名において ――シオニズムに対するユダヤ教の抵抗の歴史』菅野賢治訳、平凡社、2010 年

DVD
ARCADY, Alexandre, *L'Union sacrée,* Metropolitan Vidéo, 2002.
BOUTRON, Pierre, *Les années-sandwiches,* Editions MK2, 2005.
OURY, Gérard, *Les Aventures de Rabbi Jacob,* TF1 Vidéo, 2006.
デュペイロン（フランソワ）『イブラヒムおじさんとコーランの花たち』ハピネット・ピクチャーズ、2006 年
トリュフォー（フランソワ）『終電車』東宝東和、1981 年
ブニュエル（ルイス）『糧なき土地』IMAGICA TV、2009 年

映画パンフレット
『サンドイッチの年』（CINE VIVANT N.31）シネセゾン、1989 年
『イブラヒムおじさんとコーランの花たち』ギャガコミュニケーションズ、2003 年

参考サイト
http://www.google.co.jp/url?sa=t&rct=j&q=&esrc=s&frm=1&source=web&cd=2&ved=0CDMQFjAB&url=http%3A%2F%2Fir.nul.nagoya-u.ac.jp%2Fjspui%2Fbitstream%2F2237%2F13124%2F1%2F14510644.PDF&ei=WrYMUsyWN8fkkAW8uoGQCg&usg=AFQjCNG_DxHx7llvFAS8PrsoXyL3QKglpA&sig2=oyvYE3nT4lDozpVF1WSE8Q&bvm=bv.50723672,d.dGI
http://www.lexpress.fr/tendances/voyage/la-sous-culture-antisemite_488780.html
http://www.lexpress.fr/actualite/societe/justice/violence-betise-et-prejuges_482834.html&title=Violence%2C+b%EAtise+et+pr%E9jug%E9s&urllanguage=fr&urlaffiliate=31124
http://equipement.paris.fr/square-montholon-2469
http://www.aubervilliers.fr/
http://www.saintcloud.fr/loisirs-et-culture/histoire-et-patrimoine
http://www.cairn.info/revue-herodote-2006-3-page-107.htm

第四章

BLANCHARD, Pascal, *Le Paris Asie,* La Découverte, 2004.

CHIN, James K., « Understanding Irregular Migration from China », in ARYEETEY, Ernest, DINELLO, Natalia (ed.), *Testing Global Interdependence,* Edward Elgar Publishing, 2007.

COSTA-LASCAUX, Jacqueline ; YU-SION, Live, *Paris-XIIIe, lumières d'Asie,* Edition Autrement, 1995.

DURAS, Marguerite, *Outside,* Editions P.O.L.,1984.（『アウトサイド』佐藤和生訳、晶文社、1999 年）

GEORGE, Pierre, *L'immigration en France,* Armand Colin, 1986.

HILLAIRET, Jacques, *Dictionnaire Historique des Rues de Paris,* Les Editions de Minuit, 1963.

KHOA, Le Huu, *L'immigration asiatique,* Centre des Hautes, 1996.

KRIEGEL, Annie, *Communismes au miroir français,* Gallimard, 1974.

MARC, Paul, « The Dongbay :The New Chinese Immigration in Paris », in NYIRI, Pál, SAVELIEV, Igor (ed.), *Globalizing Chinese Migration : Trends in Europe and Asia,* Ashgate, 2002.

PINÇON, Michel ; PINÖN-CHARLOT, Monique, *Paris mosaïque,* Calmann-Lévy, 2002.

POWRIE, Phil (ed.), *French Cinema, I〜IV,* Routledge, 2013.

ROQUE, Philippe, DONNADIEU, Marguerite, *L'Empire français,* Gallimard, 1940.

VALLEE, Pascaline, « Reportage : immersion dans la petite Chine de Paris », icilachine.com.

YUN, Gao, LÉVY Florence, POISSON, Véronique, *DE LA MIGRATION AU TRAVAIL L'exploitation extrême des chinois-e-s à Paris,* Travail, genre et sociétés 2006/2 (N° 16).

小倉和夫『パリの周恩来』中央公論社、1992 年

何長工『フランス勤工倹学の回想：中国共産党の一源流』河田悌一、森時彦訳、岩波書店、1976 年

窪徳中『道教の神々』講談社、2010 年

篠永宣孝『フランス帝国主義と中国─第一次世界大戦前の中国におけるフランスの外交・金融・商工業』春風社、2008 年

立花隆『解読「地獄の黙示録」』文藝春秋社、2004 年

中国社会科学院近代史研究所編『五四運動回顧録』中国社会科学出版社、1979 年

デュラス（マルグリット）『愛人』清水徹訳、河出文庫、1992 年

本間圭一『パリの移民・外国人－欧州統合時代の共生社会』高文研、2001 年

＊ガイドブック

坂井彰代『パリ・メトロ散歩』東京書籍、2005 年

下川裕治『歩くパリ 2010-2011』キョーハンブックス、2010 年

鈴木るみこ『クウネルの旅　パリのすみっこ』マガジンハウス、2010 年

とのまりこ『散歩しながら買い物したい人のためのパリを旅する本』翔泳社、2011年
『歩いてまわる小さなパリ』大和書房、2009年
『ことりっぷ パリ』昭文社、2010年
『地球の歩き方　パリ＆近郊の町　2011～2012』ダイヤモンド社、2011年
『パリ（ポケット判）［JALガイド］』キョーハンブックス、2010年
『るるぶパリ　12』ジェイティビィパブリッシング、2011年

DVD
ALBOU, Karin, *La Petite Jerusalem,* Paradis Distribution, 2006.
DEPETRINI, Anne, *Il reste du jambon ?,* Gaumont, 2011.
LELOUCHE, Claude, *Voyou,* Filmedia, 2009
ROPERT, Axelle, *Tirez la langue, mademoiselle,* Les Films Pelléas, 2012.
SCHOENDOERFFER, Pierre, *Diên Biên Phú,* Studio Canal, 2012.
TRAN, Ham, *Journey from the Fall,* Imaginasian, 2007.

ヴァルニエ（レジス）『インドシナ』、カルチュア・パブリッシャーズ、2011年
ヴェルヌイユ（アンリ）『地下室のメロディー』紀伊國屋書店、2004年
コッポラ（フランシス・フォード）『地獄の黙示録』ジェネオン・エンタテインメント、2002年
カルネ（マルセル）『枯葉～夜の門～』アイ・ヴィ・シー、1998年
ジュネ（ジャン＝ピエール）『アメリ』パンド、2002年
テシネ（アンドレ）『ランデブー』レーベルキングレコード、2011年
ドイル（クリストファー）、他『パリ、ジュテーム』ジェネオン・エンタテインメント、2007年
ドー（ミン・トゥアン）『インドシナ激戦史1954』シネマファスト、2006年
ドニ（クレール）『パリ、18区、夜。』キネティック、1997年
ドレー（ジャック）『友よ静かに死ね』パラマウント ホーム エンタテインメント ジャパン、2012年
フォンテーヌ（アンヌ）『オーギュスタン、恋々風塵』ジェネオン・エンタテインメント、2005年
フォンテーヌ（アンヌ）『おとぼけオーギュスタン』ジェネオン・エンタテインメント、2005年
ベッソン（ジャン＝リュック）『ニキータ』パラマウントジャパン、2005年
ベリ（クロード）『チャオ・パンタン』紀伊國屋書店、2009年
マル（ルイ）『地下鉄のザジ』紀伊國屋書店、2009年
ミゲル・クルトワ『スケート・オア・ダイ』角川エンタテインメント、2010年
許鞍華『投奔怒海』EDKO Videos、1982年

映画パンフレット
『オーギュスタン、恋々風塵』ワイズポリシー、2005 年
『愛人』東宝株式会社出版商品事業室、1992 年
『地獄の黙示録』東宝株式会社出版商品事業室、2002 年

参考サイト
http://www.huiji.org/Documents_divers/Pole_recherche//Dossiers_exterieurs/migrations_etudes108.pdf
http://www.icilachine.com/reportages/reportages/690-la-petite-chine-de-paris.html
*第四章、註 55 で示した「拓殖大学海外事情研究所・華僑ネットワークセンター HP」は、同組織の改編にともない、現在は閉鎖されている。

第五章
AMARA, Fadela, *Ni Putes Ni Soumises,* La Découverte, 2003.（『売女でもなく、忍従の女でもなく』堀場一陽訳、社会評論社）
CADÉ, Michel, *L'Écran Bleu,* Presse Universitaire de Perpignan, 2004.
CENDRARS, Blaise ; DOINEAU, Robert, *Banlieue de Paris,* La Guilde du Livre, 1949.
CLARKE, David (edit.), *The Cinematic City,* Routledge, 1997.
GAUDARD, Valérie; MARGO-SCHWOEBEL, Florence; POUVREAU, Benoît, *1945-1975 Une histoire de l'habitat : 40 ensembles de logements,* Beaux Arts Editions, 2011.
HALIMI, Gisèle, *Djamila Boupacha,* Gallimard, 1962.
HALIMI, Gisèle, *La Cause des femmes,* Grasset, 1973.
KALRA, Virinder; KAUR, Raminder; HUTNYK, John, *Diaspora & Hybridity,* Sage, 2005.
KLARSFELD, Serge, *La Shoah en France - Tome 1 - Vichy, Auschwitz,* Fayard, 2001.
KLARSFELD, Serge, *La Shoah en France - Tome 2 - Le calendrier de la déportation,* Fayard, 2001.
KLARSFELD, Serge, *La Shoah en France - Tome 3 - Le calendrier de la persécution des Juifs de France (Septembre 1942 - Août 1944),* Fayard, 2001.
KLARSFELD, Serge, *La Shoah en France - Tome 4 - Le Mémorial des enfants juifs déportés de France,* Fayard, 2001.
LAURENT, Natacha (dirction), *Étrangers d'Ici,* Privat, 2012.
MAHONEY, Elisabeth, « 'The People in Parentheses » : Space under Pressure in the Postmodern City, in David Clarke (edit.), *The Cinematic City,* Routledge, 1997.
MARTIN, Florence, *Screens and Veils,* Indiana University Press, 2011.
MÉLIANE, Loubna, *Vivre Libre,* Oh! Éditions, 2003.（『自由に生きる』堀田一陽訳、社会評論社 , 2005 年）
MERLIN, Pierre, *Les banlieues* (« Que sais-je ? » No 3465), Presse Universitaire de France, 1999.
POWRIE, Phil (edit.), *French Cinema,* I〜IV, Routledge, 2013.
RACHEDI, Mabrouck, *Le petit Malik,* Jean-Claude Lattès, 2008.（『郊外少年マリク』中

島さおり訳、集英社、2012年)
RUELLE, Karen Gray ; DESAIX, Deborah Durland, *The Grand Mosque of Paris,* Holiday House, 2009. (『パリのモスク』池田真里訳、彩流社、2010年)
TARR, Carrie, « French Cinema and Post-Colonial Minorities », in HARGREAES, Alec, MCKINNEY, Mark (ed.), *Post-colonial Cultures in France,* Routledge, 1997.
TARR Carrie, « Ethnicity and Identity in the *cinéma de banlieue* », in POWRIE, Phil (ed.), *French Cinema in the 1990s,* Oxford University Press, 1999.
TARR, Carrie, « *Beur* women in the *banlieue : Les Histoires d'amour finissent mal en général* and *Souviens-toi de moi* » & « *Heroines of cross-cultural social protest* », *Reframing difference: Beur and banlieue filmmaking in France,* Manchester University Press, 2005.
TARR, Carrie, « Diasporic Women Film-Makers in Western Europe », in BERGHAN, Daniela, STERNBERG, Claudia (ed.), *European Cinema in Motion,* Palgrave Macmillian, 2010.
TELLIER, Thibault, *Le temps des HLM 1945-1975 : La saga urbaine des Trente Glorieuses,* Editions Autrement, 2008.
WEBER-FEVE, Stacy, *Re-Hybridizing Transnational Domesticity and Femininity,* Lexington Books, 2010.

東秀紀、風見正三、橘裕子、村上暁信『〈明日の田園都市〉への誘い』彰国社、2001年
石川清子「出奔するマグレブ系「移民第二世代」の娘たちの物語とテリトリー：レイラ・セバールの八十年代の小説を中心に」、『静岡文化芸術大学研究紀要1』、2000年
今橋映子『〈パリ写真〉の世紀』白水社、2003年
清岡智比古『エキゾチック・パリ案内』平凡社新書、2012年
ストラ（バンジャマン）『アルジェリアの歴史』小山田紀子・渡辺司訳、明石書院、2011年
『前夜』NPO前夜、2006年秋号
『上智大学ヨーロッパ研究所研究叢書第2号・ヨーロッパ映画における移民たち』上智大学ヨーロッパ研究所、2008年
林瑞枝『フランスの異邦人』中央公論社、1984年
ベルク（オギュスタン）『都市のコスモロジー』講談社、1993年
マンフォード（ルイス）『都市と人間』生田勉・横山正訳、新思索社、2006年

DVD
BENGUIGUI, Yamina, *Mémoires d'immigrés - l'héritage maghrébin,* MK2, 1998.
BENGUIGUI, Yamina, *Inch' Allah dimanche,* Sony Pictures Entertainment, 2002.
BENGUIGUI, Yamina, *Aïcha,* France Télévisions Distribution, 2009.
BENGUIGUI, Yamina, *Aïcha, Job à tout prix,* France Télévisions Distribution, 2011.

BENGUIGUI, Yamina, *Aïcha - volume 3,* France Télévisions Distribution, 2011.
BENGUIGUI, Yamina, *Aïcha - volume 4,* Vacances Infernales, France Télévisions Distribution, 2012.
BOUCHAREB, Rachid, *Hors-la-loi,* Studio Canal, 2010.
CHARHON, David, *De l'autre côté du périph,* TF1 Vidéo, 2012.（『アンタッチャブルズ』ビクターエンタテインメント、2013年）
CHENOUGA, Chad, *17 rue Bleue,* Doriane Films, 2008.
FAUCON, Philippe, *Samia,* Editions Montparnasse, 2002.
FERROUKHI, Ismaël, *Les Hommes libres,* France Télévisions Distribution, 2012.
HOOFSTADT, Olivier Van, *Go Fast,* EuropaCorp, 2009.（『ゴー・ファースト　潜入捜査官』角川エンタテインメント、2010年）
LE BESCO, Maïwenn, *Polisse,* TF1, 2012.
LUCIANO, François, *Le procès de Bobigny,* Zylo, 2006.
VARDA, Agnès, *L'une Chante L'autre Pas,* ARTIFICIAL EYE, 1977.（『歌う女、歌わない女』ハピネット・ピクチャーズ、1998年）

参考サイト
http://www.yaminabeqnguigui.fr/datas/presse/Aicha.pdf
http://www.bobigny.fr/jsp/site/Portal.jsp
http://www.insee.fr/fr/,
http://www.jil.go.jp/foreign/jihou/2011_11/france_01.htm,
http://www.bobigny.fr/jsp/site/Portal.jsp,
http://www.bobigny.fr/jsp/site/Portal.jsp
http://gofast.asmik-ace.co.jp/index2.html
http://www.arsvi.com/2000/0903r02.htm
http://www.atlas-patrimoine93.fr/pg-html/bases_doc/inventaire/fiche.php?idfic=029inv052
http://www.Yamina Benguigui.fr/datas/presse/Aicha.pdf
http://www.youtube.com/watch?v=gGaZvwRmSAg
http://aicha.yaminabenguigui.fr/
http://www.atlas-patrimoine93.fr/documents/patrimoine_en_SSD_13.pdf
http://www.histoire-immigration.fr/la-cite/le-reseau/les-actions-du-reseau/2009-journees-europeennes-du-patrimoine/hopital-avicenne-cimetiere-franco-musulman-bobig
http://euromedcafe.org/interview.asp?lang=fra&documentID=15

第六章
ANISSIMOV, Myriam, *Romain Gary, le caméléon,* Folio, 2006.
BARTOV, Omer, *The "Jew" in Cinema: From the Golem to Don't Touch My Holocaust,* Indiana University Press, 2005.

BONA, Dominique, *Romain Gary,* Mercure de France, 1987.
CANTONNE, Jean-Marie, *Romain Gary : de Wilno à la rue du Bac,* Actes Sud, 2006.
GARY, Romain, *Les Racines du ciel,* Gallimard, 1972. (Texte définitif)
HEYWARD, Susan, *Simone Signoret: The Star as Cultural Sign,* Continuum International Publishing Group Ltd, 2004.
LAVOIE, André, La Sagesse devant soi, in *Cinébulles, vol.22,* primtemps 2004, 2004.
LOSHITZKY, Yosefa, *Screening Strangers,* Indiana University Press, 2010.
O'SHAUGHNESSY, Martin, *The New Face of political Cinema,* Berghahn, 2007
POWRIE, Phil (ed.), *French Cinema, I〜IV,* Routledge, 2013.
SHERZER, Dina, « Comedy and Interracial Relationship: Romuald et Juliette (Serreau, 1987) and Métisse (Kassovitz, 1993)», in POWRIE, Phil (ed.), *French Cinema in the 1990s,* Oxford University Press, 1999.
SHLENSKY, Lincoln, « Otherwise Occupied: The Israeli-Palestinian Conflict in the Francophone Cinema », in DEBRAUWERE-MILLER, Nathalie (ed.), *The Israeli-Palestinian Conflict in the Francophone World,* Routledge, 2010.
TARR, Carrie, « Ethnicity and Identity in the *cinéma de banlieue* », in POWRIE, Phil (ed.), *French Cinema in the 1990s,* Oxford University Press, 1999.
TARR, Carie, *Reframing difference: Beur and banlieue filmmaking in France,* Manchester University Press, 2005.
TARR, Carrie, « Jewish-Arab Relations in French, Franco-Maghrebi and Maghrebi CInemas », in HIGBY, Will, LEAHY, Sarah (ed.), *Studies in French Cinema,* Intellect, 2011.
Le Parisien du 24 novembre 2010.

ヴィーゼル（エリ）『夜』村上光彦訳、みすず書房、1995 年
ストラ（バンジャマン）『アルジェリアの歴史』小山田紀子・渡辺司訳、明石書店、2011 年
入江昭、インタヴュー、朝日新聞、2014 年 6 月 19 日付、17 面
高橋義人「アウシュヴィッツ・その後」京都大学教養部報、1983 年 1 月号
田所光男「パリ・ロジエ通り界隈——浸透するユダヤ的差異」言語文化研究叢書 3（名古屋大学大学院国際言語文化研究科）2004 年

DVD
ALBOU, Karin, *La Petite Jerusalem,* Paradis Distribution, 2006.(『リトル・エルサレム』)
ARCADY, Alexandre, *Le Grand Pardon,* Studiocanal, 2010.
ARCADY, Alexandre, *L'Union sacrée,* Metropolitan Vidéo, 2002.
BRISSEAU, Jean-Claude, *De bruit et de fureur,* Carlotta Films, 2006.
GRANIER-DEFERRE, Pierre, *Le Chat,* Studio Canal, 2010.
KLAPISCH, Cédric, Chacun cherche son chat, M6 Vidéo, 2007. (『猫が行方不明』紀伊國屋書店、2010 年)

KLAPISCH, Cédric, Ma part du gâteau, Universal Studio Canal Video, 2011.
LECLERC, Michel, *Le Nom Des Gens,* Gie Sphe-Tf1, 2011.（『戦争より愛のカンケイ』オンリー・ハーツ、2012年）
MARRACKCHI, Laila, *Marock,* Ecim, 2008.
MIMRAN, Hervé ; NAKACHE, Géraldine, *Tout ce qui brille,* Pathé, 2010.（『きらきらしてる』）
MIZRAHI, Moshe, *Madame Rosa,* Henstooth Video, 1996.（VHS）
SERREAU, Colline, *Romuald et Juliette,* Optimum Home Releasing, 2007.
ZEM, Roschdy, *Mauvaise foi,* Studio Canal, 2007.
ZILBERMANN, Jean-Jacques, *La Folle histoire d'amour de Simon Eskenazy,* BAC, 2010.

カソヴィッツ（マチュー）『カフェ・オ・レ』パイオニアLDC、2001年
カソヴィッツ（マチュー）『憎しみ』パイオニアLDC、2001年
デュペイロン（フランソワ）『イブラヒムおじさんとコーランの花たち』ハピネット・ピクチャーズ、2006年
ブニュエル（ルイス）『欲望のあいまいな対象』ジェネオン・ユニバーサル、2012年

サイト
http://www.erudit.org/culture/cb1068900/cb1088384/26085ac.pdf
http://www.lang.nagoya-u.ac.jp/proj/sosho/3/tadokoro.pdf#search='%E3%83%A6%E3%83%80%E3%83%A4%E4%BA%BA+%E3%83%9E%E3%83%AC%E5%9C%B0%E5%8C%BA+%E5%A4%A7%E5%AD%A6+%E3%83%91%E3%83%AA+%E8%A5%B2%E6%92%83'
http://rosannadelpiano.perso.sfr.fr/Gary.htm#bio
http://lci.tf1.fr/cinema/news/entretien-avec-jean-jacques-zilbermann-la-folle-histoire-d-amour-5570444.html
http://www1.alliancefr.com/geraldine-nakache-news10,38,4708.html
http://www1.alliancefr.com/geraldine-nakache-news0,38,4708.html
http://www.abusdecine.com/interview/tout-ce-qui-brille
http://www.critikat.com/Tout-ce-qui-brille.html
http://medias.unifrance.org/medias/11/132/33803/presse/des-poupees-et-des-anges-2008-%E3%83%97%E3%83%AC%E3%82%B9%E3%82%AD%E3%83%83%E3%83%88-1.pdf,
http://www.universcine.com/articles/michel-leclerc-j-adore-les-obsessionnels-qui-emmerdent-leur-entourage-avec-leurs-idees-fixes
http://www.leparisien.fr/seine-saint-denis-93/bagnolet-collait-parfaitement-a-l-histoire-du-film-24-11-2010-1163223.php,
http://pepecastor.blogspot.jp/2010/04/blog-post_20.html

結び
増田ユリヤ『移民社会フランスで生きる子どもたち』岩波書店、2011 年
今橋映子編著『都市と郊外』NTT 出版、2004 年